中学物理教学研究

主　编　周兆富

编　委　刘小丰　符方阳　陈如兵　陈弘皓
邓超祥　任富华　李术广　吴嘉乐
李　勇　梁晓华　王才海　梁利享
吴　维　李永春　吴　帅　廖　宇

陕西新华出版传媒集团
陕西科学技术出版社
Shaanxi Science and Technology Press
——西　安——

图书在版编目(CIP)数据

中学物理教学研究 / 周兆富主编. —西安:陕西科学技术出版社, 2021.6
ISBN 978-7-5369-8006-8

Ⅰ.①中… Ⅱ.①周… Ⅲ.①中学物理课-教学研究 Ⅳ.①G633.72

中国版本图书馆 CIP 数据核字(2021)第 055358 号

中学物理教学研究
周兆富 主编

责任编辑 林成岗
封面设计 前程设计

出 版 者 陕西新华出版传媒集团 陕西科学技术出版社
西安市曲江新区登高路 1388 号 陕西新华出版传媒产业大厦 B 座
电话 (029)81205187 传真 (029) 81205155 邮编 710061
http://www.snstp.com
发 行 者 陕西新华出版传媒集团 陕西科学技术出版社
电话(029)81205180 81206809
印 刷 陕西天地印刷有限公司
规 格 787mm×1092mm 16 开本
印 张 13
字 数 270 千字
版 次 2021 年 6 月第 1 版
2021 年 6 月第 1 次印刷
书 号 ISBN 978-7-5369-8006-8
定 价 28.00 元

前言

一切过往都是今天的序曲,回顾过去可以让今天的脚步更加坚实、让明天的方向更加明确。本书共分3个部分,其中"我国教学研究发展概况"部分,在回顾了百年教研活动发展的历程中,让您知道我国中学教学研究活动曾经做过什么;在"中学物理教研活动"部分,说明了中学物理教研活动应当做什么;在"中学物理教研活动案例"部分,为读者提供了丰富的可复制、可参考、可创新的教学研究活动样本。本书承载着我国教学研究活动历史的记忆,传承了全国教育教学研究人员以及中学教师在教学研究方面的先进教学思想和方法,是中学物理教学研究的好参谋,是开展各类教研活动的好助手。

谨以本书献给所有热爱、组织和参与中学物理教学研究活动的您!

一、寻根溯源,展开了教研活动的历史画卷

本书第一部分"我国教学研究发展概况"中,追述了中学教学研究活动的起源,介绍了我国教研组织机构及活动情况,说明了教研活动的分类和作用,阐述了教研活动的策划与实施方法。

阅读这部分内容,可以让您初步了解我国教研活动概况,知道为什么开展教学研究活动,教学研究活动由谁来组织,用什么样的形式和方法开展教学研究活动。作者分别从培训、视导、竞赛、名师工作室和课题研究等方面介绍了相关的研究方法和内容,从如何选题、怎样开展活动、对活动的总结和评价方面进行了详细的说明,是中学所有学科教学研究方面的行动指南。

二、问题引领,指导中学物理教学研究活动

本书第二部分"中学物理教研活动"中,介绍了开展中学物理学科教学研究活动的方法,细化了省、市、县(区)、镇和学校教研组开展活动的方法和途径。

阅读本部分内容,可以解决为什么开展教学研究活动,如何选择教研活动主题,如何设计、组织和参与教研活动等问题。针对怎样实施各类教研活动,通过教研活动达到什么目的等问题,本书给出了答案,是中学物理教学研究方法的活动手册。

三、走进课堂,讲中学物理教学及研究故事

本书第三部分"中学物理教研活动案例"中,介绍了全国各类教研活动,围绕课堂教学、考试命题、云技术应用、微课制作与应用、课题研究和名师工作室等活动,用讲故事、说方法、谈理念的方式，针对如何繁荣物理学科教育，怎样提升教研活动的质量和影响力给出了示范样本和参考答案。

本书是提升教学研究活动方法的说明书，是传播先进教学思想、开展中学物理教学研究活动、讨论与交流教学改革方法与经验的园地，是教学研究活动组织、策划和参与者的良师益友。

周兆富

2021 年 1 月 3 日于广东佛山

目录

第一部分　我国教学研究发展概况

第二部分 中学物理教研活动

第三部分　中学物理教研活动案例

第一部分

我国教学研究发展概况

第一章 教研活动的沿革

第一节 教研活动与制度发展

教研活动是教育工作的重要组成部分,也是教育理论研究者和学校教师共同关注的焦点,在促进教师专业成长和中小学教学质量提高方面发挥了重要的引领与指导作用,教研活动的内涵发展正在引领基础教育走向新的发展之路。研究我国教研活动的起源与沿革,可对教研工作的开展起到承前启后、引领未来的作用。

一、1905—1949 年的教研活动与制度①

我国教学研究经历了2000多年漫长的萌芽期。早在春秋战国时期,中国就出现过政府学术研究机构,比如稷下学宫,宋明帝东观设有道、儒、文、史4馆(4科),这些学馆具有藏书、研究和教学职能。隋唐时期,政府也设有研究机构和学校性质的部门。中国教研制度历经2000多年的萌芽期,正式发端于20世纪初。中国教研制度近百年来经过雏形、拓展型、正规化、政府主导型、规范化和竞争型6种历史形态的相继演变,同政治经济制度,特别是教育制度变迁相伴随行。

1905年清政府设立学部,附设编译图书局、京师督学部、学制调查局、高等教育会议所和教育研究所等机构,府、州、县设教育学会分会。1908年,中国出现了506个教育学会,有37118名会员;1909年发展为723个,有48432名会员。在此期间,国外也开始运用教育研究方法于教育改革实践之中。1911年,我国参照日本体制成立了学部的顾问、咨询机构——中央教育会,成为中国历史上第一个中央教育行政机关附属研究机构,相当于后来的大学研究院和中央教科所,教育学科的研究主要以自由式团队研究和个人自主研究完成。

民国初期(1917—1926年),在文化教育科学化之后,大学教员选聘机制与学者分级分档制度的确立、大学权威维护与学术自由保障的制度化,使中国教研制度框架进入多向发展期。中国教研制度历经雏形与复辟阶段,1927—1936年,各省、市、县的教育行政管理机构逐渐向正规化推进,中国教研领域与整个教育系统融为一体。抗战期间,国民政府继续沿用"正规化"政策,在大学设立学术研究院及学术机关,如"国立中央大学""中央研究院""中央图书馆"等,并设置大学学术委员会为全国最高学术、教育评议及管理机关,同时期还设置了"部聘教授"岗位,建立了院士制度,设立了教育

① 聂劲松. 中国教研制度的形态演进[J]. 湖南科技大学学报(社会科学版),2010,13(1):128-132.

研究委员会和学术审议委员会等。①

20 世纪 30 年代的中国，国难日益严峻，社会思潮亦有所变化，民族主义呈上升之势。在国家存亡和学术生存多重危机的刺激下，一些教育学者认识到，当时国内教育界缺少适当的团体组织，需要团结起来，以美国教育学会为榜样，成立一个全国性的教育专业组织，以利于研究事业之进行、谋划教育学术之进步。中国教育学会在此背景下应运而生。② 民国时期，我国陆续出现许多各类科学技术协会，如 1932 年中国物理学会成立。该学会是在中国科学技术协会领导下挂靠在中国科学院物理研究所的群众性学术团体。中国物理学会业务范围是围绕物理学科及相关学科开展学术交流、科学普及、物理教学、名词审定、期刊出版和国际交流等方面的工作。③

二、1950—1976 年的教研活动与制度

中华人民共和国成立后，以保障教学正常进行的政府主导的教研体系逐步形成，中央人民政府提出了“有步骤谨慎地对旧有学校教育事业进行改革工作，团结一切爱国知识分子为人民服务”的指导思想，全国教研工作处于起始阶段。各大学、中小学于 1952 年前后，在政府的主导下相继成立了各学科教研组，建立必要的教研制度，开展了系列教学研究活动，为教育改革、加强思想政治教育、学习苏联经验和加强与改进教学工作服务。

50 年代初的教研活动已初步科学化、系列化和制度化，当时开展的教研活动有定期举行教研会议，集体学习教学大纲、制定教学计划、研读教材、研究改进教学内容和教学方法，举行公开课、观摩课、示范课、超前课、研究课、教改课，开展教学研究和教学改革交流活动等。1952 年 12 月，教育部召开中学教育工作汇报会，在《关于教育工作汇报的通报》中指出：“省（市）教育厅（局）和学校在提高质量方面当前应抓住以下几个重要环节”，其中第 1 条就是：“加强教学工作，领导改进教学是提高教学质量的基本途径，今后教育各部门必须将教学工作切实领导起来，为了加强对学校教学工作的领导，教育厅（局）应加强视导工作，有计划地培养视导人员，建立视导机制和制度，还应创造条件设立或健全教学研究室进行教学研究工作，以加强学校教学工作的具体指导。”④

1956 年，湖南省设立了省教研室，成为湖南省第 1 个专门的教育科学研究机构，主要抓中、小学和中等师范学校的教学工作。此后，在各地、市、县也先后设立了教研机构。省和地方教研机构的设立，标志着有专门人员从教学岗位分离出来从事教研工作，教研由学校教师的活动转变为教研人员和教师共同的活动，各级教研机构成为对

① 聂劲松. 中国教研制度的形态演进[J]. 湖南科技大学学报（社会科学版），2010，13（1）：128-132.

② 张礼永.“教育学危机”与大学教育学者的应对——民国时期中国教育学会成立之考述[J]. 高等教育研究，2013，34（5）：53-61.

③ 王士平，杨国桢. 中国物理学会 80 年[J]. 物理，2012，41（8）：506-512.

④ 从立新. 教研组织的“一枝独秀”及其“职能转变”[J]. 教育学报，2011，7（3）：47-55.

教研活动进行层层组织、指导的有序活动。

1960 年,中央教育科学研究所正式成立,政府主导的教研制度基本形成,实现了中国教研制度的首次重大转型。① 此时,已经正式使用“教研室”的名称,进一步明确了教研室的职能为教学研究和教学指导,教研员的主要职责是管理教学研究和教学指导工作。1957 年,教育部颁布了《教育部关于中学教研教学研究组工作条例(草案)的通知》,这个条例明确了教研组的主要任务:“制定教学整体研究计划,组织教师集体业务学习,组建年级备课组,并指导开展集体备课活动,设计研究性公开教学课,培养青年教师,开展本学科课题研究及总结本学科教学改革经验教训等。”②同年,教育部提出各省、市应建立教师进修学院和教学研究室。从此,各省加快了教研室的建制,开展教研活动,对表现优异的教师授予了教研员的称号。③

“文革”时期(1966—1976 年),由于各类学校教学秩序混乱,教育政策多变,许多教研室被取消或停止正常运转,教学探索也偏离了原来的方向,部分教研活动被取消。在此期间,各省、市、县教研室部分存在,职能发生了很大变化,学校内部的教研组仍然存在,也开展了一些教研活动。④

三、1977—2000 年的教研活动与制度

改革开放以后,科技与教育经历了重整与恢复阶段,教研制度日臻完善并充满活力。1977—1982 年,教研制度侧重于重整和规范化准备期,初步形成了中国教研制度的主要构架。1978 年成立全国教育科学规划小组。1979 年召开第一次全国教育科学规划会议,成为我国教研走向规范化的标志,中央和地方出台了系列加强和改进教育科研工作的文件,教育科研机构得到了恢复和重建。

1978 年后,全国各地陆续恢复了教研室的设置,教研员的任职资格与职责有了更加明确的规定,教研工作得以强化,确定了教研员为教师提供业务培养的职能。1980 年 8 月,教育部指出:“各省、市、区等教研室应当为教师进一步学习系统知识、专业知识,提升教师专业素养和能力创造条件。”教研室和教研员的工作有了明确的方向。⑤如 1984 年,湖南省已经形成了一个全省性的教育科研网络,除了教科所外,每个地、州、市都设立了教育科学研究室(长沙市设教育科学研究所),每个县、市和省辖市的

① 聂劲松. 中国教研制度的形态演进[J]. 湖南科技大学学报(社会科学版),2010,13(1):128-132.

② 何东昌.《中华人民共和国重要教育文献》序言. //中国地方教育史志研究会,《教育史研究》编辑部. 纪念《教育史研究》创刊二十周年论文集(9)——中华人民共和国教育史研究[C]. 2009:2.

③ 卢乃桂,沈伟. 中国教研员职能的历史演变[J]. 全球教育展望,2010,39(7):66-70,88.

④ 赵亚梅. 新中国成立以来湖南省基础教育教研制度研究[D]. 长沙:湖南师范大学,2008.

⑤《中国教育年鉴》编辑部. 中国教育年鉴(1949—1981)[M]. 北京:中国大百科全书出版社,1984:761.

区也都设立了教育研究室。省、地、县教研单位间存在业务上的指导与被指导的关系。①

各级教研机构恢复建立初期,工作重点主要是放在对中小学使用国家统编教材的辅导和各学校教改经验的总结上。通过总结实践经验,将“以教学为中心”具体化为“三个为主”,即以课堂教学为主、以教科书为主、以发挥教师主导作用为主的原则,全国严格按部颁教学大纲的要求,以全国统编教材为基本内容,狠抓课堂教学。② 在此期间,各级教研部门充分重视对教材教法的研究,定期开展听课、评课及专题报告会等教研活动,开展以提高教师的业务素质、指导教学实践、提高教学质量为目的的教育理论和实践研究,出版各类有关教学研究的杂志。20 世纪七八十年代,教研工作的出色表现,缓解了当时由于“文革”造成的教师青黄不接问题,使中国基础教育顺利实现了为社会转型服务,为培养“四个现代化”建设所需人才服务的目标。

1980 年以后,随着多种教学改革实验的进行,除了人民教育出版社外,中国科学院心理研究所、北京师范大学、上海教育学院、中央教科所教改实验组等单位编印了多套实验教材,省级教育科学研究所则致力于教材教法的研究和高考指导及命题工作、学科教材教法研究和整个地方教育改革实验的组织领导工作,各地方教育研究机构通过成立学科教研网络系统,组织学科教学竞赛活动,深入课堂听课和评课,组织优秀教育科研成果推广应用,总结推广各自的经验等。各级教研机构是具有中国特色的产物,是中小学课程、教材与教学改革的领头羊和主力军,为中小学教师素质的提高和教育教学质量的提升作出了贡献。③

1990 年,国家教委出台《国家教委关于改进和加强教学研究室工作的若干意见》(以下简称《意见》),确定了教研室的 7 大基本职责:①根据中小学教学需求,研究教育思想、教育理论、课程设置、教学内容、教学方法、教学手段和学科教学评价等;②根据本地实际,提出执行教学计划、教学大纲和使用教材的意见,为教育行政部门决策提供依据;③根据地方教育行政部门的部署,组织编写乡土教材和补充教材;④组织多层次多形式的教学研究活动,帮助广大教师执行教学计划,钻研、掌握教学大纲和教材,不断改进教学方法,努力提高课堂教学效益;⑤总结、推广教学经验,组织教改实验,探索教学规律,推动教学改革;⑥指导和帮助教师开展学科课外活动;⑦组织对教学检查和质量评估,研究考试方法的改革。《意见》规定:教研员应承担为教育行政部门决策提供依据,组织教材、教学检查和质量评估,研究教育,组织教学研究活动,总结、推广教学经验,指导教师等职能。1998 年,国家教委基础教育司制定的《教研室工作规程》中规定了教研员的学历、教育观念、知识能力、态度及思想作风等相关方面的内容。④在此基础上,教研制度与队伍建设日趋完善,各省、市、县分别成立了教研室,其主要功

① 《中国教育年鉴》编辑部. 中国教育年鉴(地方教育):1949—1984[M]. 长沙:湖南教育出版社,1986:892.

② 冯象钦,刘欣森. 湖南教育史[M]. 长沙:岳麓书社, 2002:263.

③ 聂劲松. 浅析新中国特色教研制度的历史成就与基本经验[J]. 当代教育论坛(上半月刊),2009(9):12-15.

④ 卢乃桂,沈伟. 中国教研员职能的历史演变[J]. 全球教育展望,2010,39(7):66-70,88.

能和职能为负责本地区部分教学管理学科教学研究和指导工作，进行各层次教学质量检查等。

四、2001—2021 年的教研活动与制度

2001 年，教育部发布的《基础教育课程改革纲要（试行）》指出："各中小学教研机构要把基础教育定为课程改革中心工作，充分发挥教学研究、指导和服务等作用。"随着基础教育课程改革的逐步深入，教研部门的核心作用日益凸显，其工作成效直接影响着各级课程改革的进程。在新课程改革背景下，各省、地、市、县教研部门的职能定位逐步从以教学为中心转变为以课改为中心，从原来的教学管理和教学研究 2 大职能转变为以课程教材改革为中心的教学研究、教学指导、服务等方面，推动了全国建立以校为本的教研制度。在我国的课程改革从课程理念、课程管理到课程内容全方位的变化过程中，各级教研部门发挥了重要的作用。教研部门通过组织课程标准和多版本教材的教师培训、开展教学设计和案例研究、支持以校为本的教研活动等，保证了课程改革的顺利实施，帮助教师尽快适应新课程，并促进教师专业化成长，提高了当地的教育教学质量。2002 年，教育部发布《教育部关于积极推进中小学评价与考试制度改革的通知》，其中正式提出"学校应建立以校为本、自上而下的教学研究制度，鼓励师生参与教学改革，从改革实践中提出教研课题"。[①]

2004 年，教育部选择广东、山东、海南和宁夏 4 省（区）进行课程改革实验。广东省教研室以先进理念指导新课程教学改革，广东省教研室结合本省实际，在师资培训、选课指导、教学设计、教学评价等方面进行了探索和指导，组建了新课程师资培训队伍，追踪课程改革的进程，及时总结经验，以课题研究推进新课程的实施，集中全省骨干教师，及时破解课改难题。在广东省教研室的引领下，教材成为实施课程的资源，教师的创造力得到张扬，一大批省、市、县（区）名师脱颖而出，还出现了许多有影响力的特级教师和正高级教师，全省的强师工程也成为助力课程改革的动力之源。

2020 年 5 月，《广东省教育厅关于建立健全新时代基础教育教研体系的实施意见》（以下称《实施意见》）发布，为新时代的教研工作谋划了建设蓝图。《实施意见》指出，深化教育教学改革、促进基础教育高质量发展是教研新体系建设的重要使命，坚持改革创新、促进教研工作转型发展是教研新体系建设的内在任务使命，今后教研机构将保持完整性与独立性，把推进课程改革、指导教学实践、促进教师发展、服务教育决策作为重点工作，切实履行落实国家课程方案、开发地方与校本课程、开展教学改革实验、组织教学研究、实施教学诊断与改进、建设课程教学资源、培育推广优秀教育教学成果、为教育管理决策提供服务等职责。教研任务将聚焦服务学校教育教学任务主体、服务教师专业成长、服务学生全面发展、服务教育管理决策，打造有质量、有实效的教研体系。与中小学密切合作、与高校教科研部门合作，强化区域、城乡、学校交流和

---

① 梁威，卢立涛，黄冬芳. 中国特色基础教育教学研究制度的发展[J]. 教育研究，2010，31(12)：77-82.

协作,实现共享、共育、共同促进是当前和今后教研工作的重点与热点。①

第二节　中小学教研组活动的发展

教研是学校教育的产物,是教育工作的重要组成部分,也是教育理论研究者和学校教师共同关注的焦点。② 学科教研组是中小学教师从事教学与研究的合作团体,担负着教学与研究、学习与培训、管理与服务等职能。学科教研组,是校本研修的主阵地,是构成学校核心竞争力的基石,是提高教学质量、实施素质教育的核心抓手。

一、我国教研组活动制度的建立

我国中小学教师专业学习共同体——教研组,其活动制度是在中华人民共和国成立之初设立起来的,它既有一定的中国特色,也学习了苏联教学研究指导组的组织形式和制度。苏联的教学研究指导组存在于大、中、小学,为了规范和管理教学,提升教师的政治和业务素质,明确要求同学科 3 人以上的教师组成教学研究指导组,人数不够的可与相邻的学科教师共同组成,所有参与教学的教师,包括校长、系主任、行政人员必须是其成员。教学研究指导组的任务是拟定一学期详细的教学计划和半学期的教学进度表,预定各项教学及其他工作的时限和执行人员;研究提升讲课、实习、学生学习等质量的途径与方式;提高教师的政治素养,组织检测和考试等。③ 可见,苏联的教学研究指导组是主管部门强制建立,负有计划、实施考核等行政职能和教学研究指导功能的学校组织,带有很强的行政管理色彩。

(一)东北三省创建学校教研组

作为学习苏联的前沿主管部门,东北三省要求各校建立教研组。1950 年,大连中小学普遍成立了各科研究小组,其主要职责是组织示范教学、检查评比教学笔记和教师的教学。④ 1951 年,山西省教育厅要求全省中小学成立教学研究组,其主要工作是制定教学计划,观摩、研讨、检查各学科教学,组织教员政治和业务学习。⑤ 这些组织虽然名称各异,如教学研究小组、各科研究小组、教学研究指导组,但其对短期内规范学校教学、提升教师的业务能力起到了一定的作用。

---

① 曾令鹏,钟守权,梁惠燕. 用教研新体系强力支撑广东基础教育高质量发展[J]. 广东教育(综合版),2020(8):6-9.

② 赵亚梅. 新中国成立以来湖南省基础教育教研制度研究[D]. 长沙:湖南师范大学,2008.

③ A. П. 阿尔辛节夫,张蓝田. 关于苏联高等学校的教学研究指导组问题[J]. 人民教育,1950(2):34-36.

④ 克服向苏联学习中的形式主义——教学工作检查报告[J]. 人民教育,1950(6):42-47.

⑤ 胡艳. 新中国 17 年中小学教研组的职能与性质初探[J]. 教师教育研究,2011,23(6):50-55.

(二)政府早期对教研组的要求

1952年,教育部颁发的《中学暂行规程(草案)》中规定:"中学各学科设教学研究组,由各科教员分别组织之,以研究改进教学工作为目的",其任务为讨论及制定各科教学进度,研究教学内容及教学方法。中小学教学研究小组(以下简称教研组)最初是地方教育管理部门学习苏联模式,在教育部的要求下在全国推行。1954年,政务院发布《关于改进和发展中学教育的指示》,明确指出,教学是学校的中心任务,要做好教学工作,提高教学质量,"各级教育行政领导机关应把在职教师的学习切实领导起来,列为工作任务之一,关于学习的组织形式,凡各地已行之有效的,如教师进修学院、函授学校、教学研究会、定期报告会等方式,均应结合当地情况,予以推广"。[①] 1957年,教育部颁发《中学教研组工作条例(草案)》。这一时期,我国创立了各级教研机构,开展了大量的教研活动,但主要是学习与借鉴苏联的教研经验。20世纪50年代后期,学校教研组的作用逐步显现出来。[②]

(三)影响教研组建设的重要文件

1957年,教育部颁发《中学教研组工作条例(草案)》(以下简称《条例》),对中小学教研组的创建、组织形式、活动目标、工作方法和内容都有详细规定,是指导中小学教研组建设的重要文件,对当时的教研组建设起着重要的引领作用。如《条例》中规定,教研组工作的内容是:"学习有关中学的教育方针、政策和指示,研究教学大纲、教材和教学方法,结合教学工作钻研教育理论和专业科学知识,总结、交流教学和指导课外活动的经验。"这表明教研组是为了保持与提高教学质量而建立的"教师集体学习组织",原本没有什么"研究"含量的苛求。鉴于教师的本职就是上课,且课业繁重,面对学生需要处理的问题甚多,每天工作的时间较长,故上述关于教研组工作的规定,即使现在看来也是合情合理的。

《条例》还规定,教研组的教学研究工作是建立在教师个人教学研究基础之上的,以教师自愿为原则,不能做硬性规定,并且不宜占用过多时间,以免流于形式,加重教师负担。但同时要求同一学科所有教师参加教研组,并对教研组活动时间和频率做了规定,"教研组每2周或3周开一次会,每次会议时间不超过2小时"。在这种制度框架下,教研组是一个强制性的教师组织,教师的身份角色首先由教研组给予,教师自身的发展建立在教研组认可的基础上,由教研组推出,同其他政治机构的成员一样,只要是教师没有人能游离于这个组织之外。正是由于教研组的这种行政属性,全国各学科教研组的工作内容和活动方式相似,而且沿用至今。[③]

① 何东昌.中华人民共和国重要教育文献:1949—1957[M].海口:海南出版社,1998:306-307.

② 龚兴英.中小学教研活动的历史演变与发展走向[J].教师教育学报,2015,2(3):82-95.

③ 胡艳.新中国17年中小学教研组的职能与性质初探[J].人民教育,1950(6):42-47.

二、中华人民共和国成立30年教研组建设与发展

《中学教研组工作条例(草案)》对教研组的内容有明确规定,即"组织教师进行教学研究工作,总结、交流教学经验,提高教师思想、业务水平"。具体为:①学习有关中学教育的方针、政策和指示;②研究教学大纲、教材和教学方法;③结合教学工作,钻研教育理念和专业学科知识;④总结、交流教学和指导课外活动的经验。

中华人民共和国成立初期,为了规范教师教学,教研组采取多种方式 ,规范教师的教学行为,如要求教师教学有计划性,要备课,甚至要求按一定的格式撰写提纲和教案。山西省某校规定教师撰写教学提纲的内容包括:①每一单元的目的;②思想方法的培养和指导;③如何联系实际,并从联系实际中说明问题;④补充材料及布置实验准备。这些规范都通过教研组来落实。不少学校专门制定"关于备课、上课、指导学生作业暂行办法草案",要求教师在每次授课前,根据课或单元的教学计划,制定课时教学计划,内容包括:①学科、日期、班级;②课题;③教学目的;④教学流程;⑤教具准备;⑥课后知识积累。规定教师不做课前准备不许上课。这些工作的检查,集体备课、集体教研、示范教学、外出参观、出版教学笔记和示范壁报等,都是教研组的活动方式。①

中小学教研组要协同上级部门检查教师教学,建立苏式教学模式,如采用五段教学法、五分制评分法进行教学和学分评定。通过集体备课、听课、教研、交流教学经验,提高教师专业水平。很多学校成为提高教师素质,总结和推广优秀教师的教学经验,培养典型,帮助提高教师教学水平的重要场所。50年代后期,这种集体备课、听评课以及示范课观摩教学,已经成为教研的常态,并扩大到区县和省市层面,当时很多省组织各学校优秀教师,以集体备课和市内业务高手指导的方式雕琢优秀课,向全市展示。② 组织教师进行业务学习,提升业务素质,是教研组的重要工作。

60年代,教研组已经形成很多提升教师素质的专业学习经验:①通过师徒制培养新教师;②专业补缺性的小讲座和训练;③督促个人自修。教研组通过定任务、定时间、定辅导教师、定自修书目等方式,督促教师个人自修,对提升教师素质发挥了很大作用。③

"文革"期间,我国各中小学教研组基本不复存在,个别存在的教研组也无法开展正常的教研活动,教研组处于名存实亡状态。

三、改革开放后中小学教研组的建设

改革开放以后,各学校注重教研机构和教研团队的建设,广泛动员和组织中小学教师参与,并取得了实质性的进展。1978年,《全日制中学暂行工作条例(试行草案)》规

① 汪世清.有关备课的一些问题——参观东北几个中学教学工作的体会[J].人民教育,1953(6):41-42.

② 胡艳.新中国17年中小学教研组的职能与性质初探[J].教师教育研究,2011,23(6):50-55.

③ 天津南开中学.提高教师业务水平的几点做法——北京、天津部分中学办学经验座谈会材料[J].人民教育,1963(6):19-21.

定，教师必须钻研教材，了解学生的学习情况，研究和指导学生的学习方向，研究和改进考试内容和方法。教育研究者主要包括专职研究人员、教师、教育行政管理人员、教育系统的科学家。① 教师在各中小学的教学研究活动主要由教研组组织开展。

进入20世纪80年代，随着学校规模的日益扩大，在一些学校出现了行政化组织——年级组，但是跨年级教研组的教研工作无法由年级组承担，因此在年级组体制下保留了学科教研组，实行以年级组为主体年级组与教研组并存的双层管理体制。教研组是集教学科研管理于一身的基层组织，既是相同或相近学科教师组成的专门从事教学科研的学术团体，又是校长赖以落实教育方针法规和对教师教学进行管理的机构，还是学校管理从经验型、行政型转到科学型的桥梁。80年代之后，随着学校规模的扩大，学校行政重心开始下移，以确保学校管理对学校的整体控制能力，更加深化教研组的管理职能，将听课教学检查和教师人事管理等原本属于学校行政机构的管理权下放到教研组，教研组长不仅负责制定学校教学计划，组织集体备课，还要完成教学处交付的日常考勤，安排公开课，组织教案与作业检查等业务，并且参与与教师教学相关的教学竞赛、教师进修、业务考核、职称评聘等事务。学校教研组工作出现了规范化、综合化、协同化的特点。② 90年代中后期，有关教研组的业务和职能也发生了变化，如在《实用教育大词典》中阐述教研组职能的范围，包括：①根据学校教学制定本组工作计划并定期检查落实情况，期末撰写工作总结；②协助安排教师的课程，业务学习，组织教师进修，加强集体备课和经验交流，帮助教师解决困难；③鼓励教师从事教育科研，积累教学资料，指导学生开展课外活动，组织好期中、期末考试，命题阅卷，评分总结，讲评等有关活动。中小学教研组的主要任务是组织同学科教师进行教学研究，并协助学校进行学科教学管理，帮助教师提高教学技能，总结经验，互助学习，指导学生进行课外活动。

四、新课程背景下教研组的建设

在我国基础教育领域中，中小学教研组在基础教育发展和质量保障过程中扮演着重要的角色，在新一轮基础教育课程改革不断深化的新形势下，中小学教研组在促进学生全面发展、提升教师专业水平、推动学校内涵建设等方面的重要作用日臻明显。教研组建设的方法涉及多方面的内容和要素，从研究对象资源分布可归纳成以下5类：①优化制度建设，规范教研组行为；②精心设计方案，建立教研活动载体；③建立评价机制，促进教研组持续发展；④定位教研组长角色，发挥教研组长在教研组建设中的引领作用；⑤遵循教研组建设的发展性原则。③ 除了这些常规性的教研制度外，教研组还要有随学校变革和教研组推进及教师发展状况不断创新的制度，体现对教师发展的引领性与激励性。教研组制度建设逐步走内涵发展之路，建立理论学习制度，以

---

① 聂劲松. 浅析新中国特色教研制度的历史成就与基本经验[J]. 当代教育论坛：上半月刊，2009(9)：12-15.

② 李叶峰. 新中国成立以来中小学教研组建设的历史考察[J]. 教学与管理，2010(3)：20-22.

③ 徐伯钧. 我国中小学教研组建设研究述评[J]. 教育研究，2016，37(9)：73-82.

“学”促进教育教学理念的更新；建立课题研究制度，以“研”促进学术氛围的形成；建立跨学科听课制度，以“听”促进动态的内化。①

校本研修是教研组存在的基本形态，解决教学中出现的问题是校本研修最直接的动因，教师的专业素养也在解决问题的过程中不断积累。校本研修的内容非常丰富，教育教学的一切问题都可以成为校本研修的对象，而校本研修的形式随着人们对教研组性质认识等因素的变化也不断地变化。在校本教研中，集体备课是通过教师之间交换意见、碰撞思想、合作探讨、资源共享，实现知识共有，达到提高课堂教学效益和促进教师专业化成长的目的。

在新课程背景下，教研组是承担着课程实施、研究教学、组织教研、培养教师、实行校本课程、开展校本研修的基层组织。近年来，我国各中小学教研组已经营造出一种新型的、民主开放的教研组合作模式，将教研教育建设成为一个学习共同体、实践共同体、研究共同体，为课程改革作出了突出的贡献。

第三节　国家和群众性2种教研机构

我国基础教育教学研究制度是基础教育质量提高和内涵发展的重要保障，教学研究人员是帮助中小学教师提升专业发展水平的主要指导力量，随着课程改革的推进，全国各地建立的省、市、县(区)三级教科研网络是有效推进课程改革、促进课程改革目标全面实现的重要保障。② 三级的教研制度具有不可置疑的优越性，通过全学科，全学年、全员性、零距离的教研活动，与教师的日常教学建立经常、直接、实质的联系，将孤立的教师结成群体，在沟通、交流分享中，有效地促使教师的专业不断提升。③

一、各级教研机构设置与名称

2012年，全国首届教研工作会议召开，教育部基础教育课程教材发展中心开始承担全国教研的顶层设计职能责任。2014年年初，教育部正式将联络服务地方教研部门的职责委派给教育部基础教育课程教材发展中心，这标志着我国五级(国家、省、市、县、校)教研制度的建立。④

我国各级教研机构之间特定历史渊源，在机构设置、职能定位、内部构成等方面呈现出很大差异。全国31个省级教研机构共有23种名称，有教科院(所)，包括教育科学研究院、教育科学研究所、教育研究院等；还有省级教研机构，挂教科院和教研室2块牌子：有直接以省教研室为名，如河南省基础教育教学研究室；有在名称上明确了教

① 张慧.以制度保障为本　扎实推进教研组建设[J].上海教育，2008(Z1)：73.

② 林松年.谈新形势下省、市、县三级教科研网络的建设[J].教育革新，2005(3)：5-6.

③ 丛立新.中国基础教育三级教研组织研究[J].教育科学研究，2011(9)：5-27.

④ 漆涛，胡惠闵.基础教育教研职能变迁70年的回顾与反思——兼论教学研究的概念演化[J].课程·教材·教法，2019，39(9)：79-87.

育主管部门,如浙江省教育厅教研室;也有直接沿用教育学院的名称,如黑龙江省教育学院;还有通过更名以体现新的机构定位,如辽宁省基础教育教研培训中心等。在省级教研机构中,有 2/3 以上机构属于合并设置,有接近 1/3 机构为独立设置。

地级市教研机构的名称更加多样,有教育科学研究院、教育科学研究所、教育研究院(中心)、教研室、教育学院等多种形式。地级教研机构中独立设置的约占 1/4,合并设置的约占 3/4,区县级教研机构独立和合并设置各占 50%。各教研机构的名称都是由自己定,如海南省保亭县整合原进修师范学校、教研室和电教站,命名为“教研培训中心”;陵水县融合了原教师进修学校和电教站,命名为“教师继续教育中心”;安定县为“教育教学研究培训中心”,琼中县为“教师培训管理中心”等。[①] 目前,全国各省、市、县教研机构还处在整合、拆分和组合期,其机构名称和隶属关系比较复杂。各地教研机构一般按照“小学教研”和“中学教研”分段设置业务部门,还有一些市县把“中学教研”分为“初中教研”和“高中教研”2 个部门。几乎所有教研室都按学科配备专职教研员,其中语数外、理化生、政史地涉及中、高考学科的教研人员配置最齐,而科学、艺术、信息技术、通用技术和综合实践配置的相对较弱,有些是由其他学科教研员兼职。

教研机构隶属关系多元,自下而上的创建背景带来的另一个问题就是教研机构的复杂性和多样性。目前,全国省级教研室的设置主要有 4 种类型:①隶属于教育行政部门(如天津、上海等);②隶属于教育学院(如黑龙江);③隶属于教科院/所(如北京、重庆);④隶属于其他部门(如湖北教育研究所,隶属于湖北省教育厅和湖北第 2 师范学院双重领导)。[②]

中国教育学会除各分支机构外,各省、市、县(区)也对应有相关的教育学会和分支机构,其中学会理事和秘书等职位由原有教科研或大学相关人员担任。近年来,各学会领导职位已经同政府机关等公职人员脱钩,学会成为独立于政府与事业单位之外的学术研究机构。

据中国教育学会官网显示(表 1-1),学会常设办事机构是秘书处,下设 54 个分支机构。[③]

表 1-1　中国教育学会机构列表

教育与政策与法律研究分会	小学教育专业委员会	初中教育专业委员会
高中教育专业委员会	家庭教育专业委员会	舞蹈教育专业委员会
中小学安全教育与安全管理专业委员会	基础教育评价专业委员会	教育行政专业委员会
农场教育专业委员会	教育出版研究专业委员会	学校文化分会
脑科学与教育研究分会	教育新闻宣传分会	传统文化教育中心

① 王春娇. 海南教研机构:呼唤整合与统一[N]. 海南日报,2016-02-16(B05).

② 梁威,李小红,卢立涛. 新时期我国基础教育教学研究制度:作用、挑战及展望[J]. 课程·教材·教法,2016,36(2):11-16,73.

③ 中国教育学会简介[EB/OL]. http://www.cse.edu.cn/index/index.html? category=4.

续表

国际交流中心	财富教育中心	美育研究分会
班主任专业委员会	学前教育专业委员会	青少年创新思维教育研究中心
教育学分会	比较教育分会	学校教育心理学分会
教育统计与测量分会	中青年教育理论工作者分会	教育史分会
教育经济学分会	教育理论刊物分会	教育实验研究分会
中学语文教学专业委员会	历史教学专业委员会	地理教学专业委员会
外语教学委员会	物理教学专业委员会	中学数学教学专业委员会
化学教学专业委员会	生物学教学专业委员会	中小学德育研究分会
体育与卫生分会	音乐教育分会	美术教育专业委员会
小学语文教学专业委员会	小学数学教学专业委员会	科学教育分会
书法教育专业委员会	中小学劳动技术教育专业委员会	中小学信息技术教育专业委员会
教育管理分会	特殊教育分会	工读教育分会
少年儿童校外教育分会	教育督导分会	中小学整体改革专业委员会

二、各级教研机构职能和定位

2000 年，教育部基础教育司下发的《教学研究室工作规程（征求意见稿）》中指出：教研室的基本职责是对当地基础教育课程进行研究与指导，履行教育教学业务的管理职能，为教学服务，为学校服务，为教师服务。2001 年 6 月，《基础教育课程改革纲要（试行）》规定：“各中小学教研机构要把基础教育课程改革作为中心工作，充分发挥教学研究、指导和服务等作用。”①同年，《教育部关于进一步加强和改进基础教育教学研究工作的意见（讨论稿）》指出：“要加强教研机构和教研队伍建设，充分发挥教研系统的研究指导服务的职能，加强学科之间的沟通和整合，改变过于强调学科本位；要从学生成长、教师提高、学校发展的需要出发使教研工作植根服务于学校的教学需求；教学研究应该以课程改革为导向，紧紧围绕课程实施中的问题开展研究；改革教学研究的形式和方法，灵活运用案例分析、问题解决、调查研究、实践探索、区域交流等多种教研活动方式，努力提高教学研究的针对性和实效性；加强对学校教学和教研工作的指导。”②

在新课程背景下，省级教研机构的职能和定位发生了根本变化，根据课程改革发展的需要，各省级教研部门及时转换了工作思路、方法和方式，有效地服务课程改革。各省级教研部门把服务作为工作的重点，一是充分发挥教研机构事前调研、事中建议、

① 潘涌. 教研员职能转变与使用机制改革[J]. 教育发展研究，2008(Z4)：17-20.

② 赵起月. 课程改革背景下教研员角色的个案研究[D]. 上海：华东师范大学，2010.

事后落实的作用，主动当好参谋，增强为教育行政决策服务的功能，通过对基层进行区域调研和指导形成调研报告，对当地教育行政部门决策提供依据；二是通过指导服务的菜单式工作方式，面向基层学校的实际需要，集中力量拿出高质量的教研成果，提供有关学科对教学有价值的教育建议方案；三是以教师发展为本，为教师专业成长提供优质的服务，搭建成长的平台。①

市级教研机构主要是为实现服务于决策和创新理念，指导实践与科研兴教的目标，从管理、引领、服务、培训、支持和帮助方面入手，做好承上启下的服务工作，为教育行政部门决策服务、为学校教育教学质量提升服务、为教师专业成长服务、为学生发展服务。

湖南省岳阳市教育科学技术研究院围绕"服务决策，创新理论，指导教学"3 大职能，找准定位，内强素质，外树形象，走出了内涵式发展的道路。他们利用既贴近基层，又贴近党委、政府的特点，使其成为党委、政府教育的思想库，充当教育行政部门指导工作的智囊团，加强资源的意识、谋事意识、服务意识，使教研机构成为广大教师专业发展的导航仪，在全市设立了"中小学教师竞赛金鹗奖""农村现代化远程教育优质课教学竞赛""中小学教师信息技术课件竞赛""实验教学创新竞赛""英语口语赛""优秀论文竞赛"等 7 大赛事。在学生层面，设立了"青少年科技创意大赛""自制航模、车模竞赛""独唱、独奏、独舞竞赛"6 大赛事，以校本教研为抓手，以研促教促培，把教师发展的基地放到学校，指导学校加强校本教研制度建设，督促和指导学校扎实做好教学常规工作，增强常规教研的有效性，实施课堂细节描述，提高听课质量；强化教学反思，开展教育叙事研究，开展优秀教研组建设工程，整合教育资源，建立片区联合教研组等活动。②

三、各类教研工作内容与方式

教学研究内容主要包括"研究、指导、服务"3 个方面。其中，"研究方面"主要包括教育科研课题研究，教材、教法的分析与研究，教师日常教学问题研究，教育教学中特定主题的研究；"指导方面"主要包括学科团队建设，帮助完善教学教研计划，为教师个人发展提供支持，组织教师之间的交流与合作，对教师进行基本功训练，指导课堂教学改革，指导教研活动的有效开展等；"服务方面"包括开展中小学教师培训工作，推广先进教研成果，考试命题与学业质量分析，开展教学视导，组织业务评比，服务政府决策等。教研方式主要有集体调研、个人调研、听评课、示范课、专题讲座、联系蹲点校、组织区域教研、专题研讨等。③

在教研工作机制和方式创新中，普遍被认可的主要经验和做法有：①树立典型，以点带面。通过创办示范教研室（组）、建设名师工程、开展名师课堂、导师制教研方式，

① 汪海. 新课程下省级教研机构应有的三个视角[J]. 黑龙江教育学院学报，2009，28(11)：28-30.

② 祝宇. 对新时期教育科研机构定位的几点思考——以湖南省岳阳市教育科学技术研究院为例[J]. 教书育人，2015(23)：43-45.

③ 平芳. 我国教研内容与方式研究[D]. 上海：华东师范大学，2018.

发挥骨干教师的辐射带头作用,以点带面推动区域教研发展。②创建教研联合体。通过城乡捆绑合作教研、区域集体备课、建立教研学术委员会、学科课堂教学改革研究团队、三级教研网、送教下乡、携手助教以及网络教研等活动促进区域联动。③机制建设与创新。除常规教研外,通过蹲点包片制度,菜单式培训,专题式培训,建立教研基地、联络点、实验学校等,及时了解基础情况,推广先进的教学经验。教师们普遍认为对提升教师素质最有效的教研活动有案例研究、课例研讨、校本教研、听课、评课、说课、同课异构、集体备课、专业培训、专家指导、同伴互助和自主学习等。[①]

湖南省岳阳市教育科学技术研究院强化指导职能,促进教师专业发展,其培训形式由单一的讲座丰富为对话、沙龙、论坛等,教研员深入学校调研和指导工作,改变教研自上而下的"鉴定式"为平等公开的"探讨式",帮助青年教师走向成熟化、骨干教师走向风格化、名师走向艺术化,实施"名师工程""助教工程",采用"一帮一"帮扶方式、集体备课、拜师学艺、深入课堂指导等方式助力教师成长。教研机构成为提高教育教学质量的助推器,在沟通课改方案、课标、教材与教学之间关系,沟通教师上课与学生学习之间关系,沟通管理与教学管理之间关系,在聚焦课堂、提高教学质量、规范教学行为等方面做了大量工作,为基础教育的可持续发展提供了智力支撑和专业服务。[②]

四、学会教研机构职能与作用

中国教育学会同中国各学科学会是教学研究活动的主要力量之一。改革开放后,以中国教育学会为代表的各类群众性学术团体的成立,为教研活动开辟了另一方天地,各学会组织的各类教研活动,教师教学能力大赛,学生学科大赛,填补了国家层面的教研空缺,为我国教育教学改革、促进教学发展作出了贡献。

(一)中国物理学会与教学研究活动

中国物理学会成立于1932年,是在中国科协领导下的群众性学术团体,挂靠在中国科学院物理研究所。中国物理学会的业务是围绕物理学科及相关学科,开展学术交流、科学普及、物理教学、名词审定、期刊出版和国际交流等方面的工作。[③]中华人民共和国成立后,1951年8月,中国物理学会第一届会员代表大会在北京召开。会议决定创办《物理通报》以帮助改进中学和大学物理教学。1979年,原由华东师范大学编辑出版的《物理教学》丛刊改为中国物理学会领导的刊物。1985年4月,在昆明召开第3次物理教学委员会会议,在教学研究委员会下设立中学物理、高工物理、高等工专物理、高等师专物理、农科物理、电大物理教学等分委员会。学会主办的与中学教研活动

---

① 付宜红.关于教研机构(部分地市及县区)基本情况的调查报告[J].基础教育课程,2013(3):51-55.

② 祝宇.对新时期教育科研机构定位的几点思考——以湖南省岳阳市教育科学技术研究院为例[J].教书育人,2015(23):43-45.

③ 王士平,杨国桢.中国物理学会80年[J].物理,2012,41(8):506-512.

有关的期刊有《物理》《物理教学》《物理学报》《化学物理学报》等。中国物理教育学会组织的大型活动有全国中学生物理竞赛、每2年一届的全国中学物理青年教师大奖赛等，其活动影响力遍及全国。

（二）中国教育学会与教学研究活动

中国教育学会为教育部直属单位，拥有完善、民主的组织机构，是我国目前规模最大的教育学术性团体组织。学会遵循“百花齐放，百家争鸣”的方针，在平等开放、学术自由的环境中不断探讨教育学中的理论和实际问题，推进教育事业的改革和发展，培养教育人才，为繁荣我国的教育科学，推进教育事业的不断改革和发展作出了贡献。根据《中国教育学会大事记》记载，中国教育学会发展大致可分为4个阶段：

（1）中国教育学会的筹备和设立分会。1979—1982年先后成立15个分支学会，包括教育学研究会、马克思主义教育思想研究会、中国少年先锋队工作学会、比较教育研究会、幼儿教育研究会、语文教育研究会、外语教学研究会、历史教学研究会、地理教学研究会、物理教学研究会、数学教学研究会、特殊教学研究会。

（2）1983—1989年先后成立21个分支研究会。学会学术讨论会主要以“三个面向”为指导，探讨我国当时的普通教育改革，并出版《三个面向与教育改革》论文集。

（3）1990—1999年在学术交流上形成每年举办1次不同主题的全国学术讨论会，会议主题多为教育理论的发展、教育改革的发展、学校的发展与人才的培养。

（4）2000年以来，学会每年举办1次学术研讨会及学术论坛等交流活动，还确定课改实验区和实验学校，出版了《中国教育科学》刊物，打开了对外交流的窗口。①

中国教育学会学术年会是中国教育学会长期经营和精心打造的品牌学术活动。年会荟萃基础教育领域精英，展示基础教育改革创新成果，以主题报告、学术研讨、专题交流、热点对话、经验分享、成果推广、技术展示等形式，关注国内、国际基础教育领域改革发展重大理论和现实问题，研讨交流重要学术和实践成果，影响和服务教育公共治理决策，助推校长教师专业成长和职业发展，已成为具有基础教育博览性质的综合性学术盛会。

（三）中国教育学会物理教学专业委员会与教学研究活动

1981年11月，中国教育学会物理教学专业委员会（当时称为中国教育学会物理教学研究会）成立，学会的工作任务是开展中学物理教育教学研究，团结广大会员和中国物理学会教学委员会，各高师院校、各省市自治区中学物理教学专业委员会、教研室等力量，开展中学物理教育教学研究，组织物理学术活动，推动物理教学改革，促进物理教学国际交流活动。分会设有学术委员会、高师工作委员会、教研员工作委员会、职教工作委员会、竞赛工作委员会及对外联络部。会刊、会报有《物理教师》《中学物理》和《中学生物理报》，秘书处设在人民教育出版社物理室。专委会成立以来，坚持学术活动的正确导向，紧密围绕物理教学改革和发展中的理论与实际问题，创造性地

① 刘奕．中国教育学会研究［D］．昆明：云南师范大学，2016.

开展群众性的学术研究活动，为提高中学物理教学质量，全面实施素质教育，作出了专委会应有的贡献。学会坚持正确的学术导向，定期举办各类学术活动，为教育改革和发展服务；关心中学物理教师的专业发展，为他们的脱颖而出搭建平台；以高师院校教学理论引领，指导中学物理教学研究；关注中学生的成长，坚持开展有利于学生素质发展的各种活动；组织调研活动，为教育领导部门出谋划策；参与制定课标，编写教材，为课程改革做贡献。

第二章 中学教研活动的分类

第一节 研讨与培训活动

研讨与培训是教研活动中最常见的形式之一。培训是针对教师宣传党和国家的教育方针、政策，传递先进的教育教学理念、教学方法；研讨是针对教育领域或某一具体讨论主题，在集中场地进行研究、讨论交流的会议。培训和研讨在促进教学改革和教师成长过程中发挥了很大作用。

一、国家级培训模式演变

（一）多种培训模式探索阶段

自2010年教育部财政部全面实施“中小学教师国家培训计划”（以下简称“国培”）以来，每年“国培”实施文件都提出新的创新培训模式，这些培训模式是促进教师专业发展，推动基础教育课程改革顺利实施的关键因素。2011年，随着“国培”的全面启动，涌现出了不少培训模式的探索和研究，袁凤琴和袁真强提出了“三突出”培训模式：突出培训内容的系统性与整体性，突出培训过程管理，突出教学支持服务体系。①以黑龙江省教育学院的“国培”实践探索为例，阐述了教研和培训一体化的“研培结合”模式，在这一时期还陆续出现了“联系、建构、反思、延续”的4C培训模式、“知识—能力—实践—体验”等模式。随着2013年《教育部关于深化中小学教师培训模式改革 全面提升培训质量的指导意见》和2014年《“国培计划”——教师工作坊研修实施指南》的发布，培训模式发生了重要变革，教师工作坊研修、网络研修与校本研修的整合培训模式成为关注热点。2013年，教育部启动“全国中小学教师信息技术应用能力提升工程”，采取网络研修与校本研修整合的培训模式，通过顶层设计、自主选学、系统评测的策略实现关注差异，面向应用的目标，翻转课堂的培训模式也走进了“国培”。2014年，在“学员为本、分类培训、连续培养、注重实效”的理念下，开展了互动参与、网上结对、辐射带动的培训。

（二）催化内动力的混合式培训

2015—2018年，“国培”管理重心下移，建立省、市、县三级系统的教师培训体系，培训理念从“输血式”转为“造血式”，通过优化项目设置，明确项目重点创新培训模

① 袁凤琴，袁真强．“国培计划”培训模式的构建[J]．贵州师范学院学报，2011，27(5)：76-78.

式,来培养种子教师催化教师发展的内生动力,通过推行集中面试、网络研修和现场实践相结合的混合培训,促进教师边学习、边实践、边提升,探索出一批具有时效性的学用结合培训模式。出现了如北京师范大学基于大背景、宽基础、厚专业、强实践的课程理念,浙江省携手共建城乡义务教育共同体,广东第二师范学院基于大数据的个性化培训模式,江苏省各校长培养基地、地方政府、名校长所在学校三方合作的培训模式等。

(三)自主选学点菜式培训

从2019年起,“国培”进入了提质增效的新阶段,突出扶贫攻坚,对乡村教师培训全覆盖,分层分类,提升教师、校长的核心素养和关键能力,在项目实施中突出应用导向,强调生成高质量的培训成果。如浙江省采取了“自主选学”的模式,构建了菜单式、自主性、开放性、网络化的教师培训的自主选学平台;黑龙江省依托继续教育网,构建了“迁移混合研修模式”,做到线上线下混合研究、相互迁移;北京大学构建了远程学习支持服务模型,组建教学专家、辅导教师、教学助理、教学监督四级教师团队为学员提供不同的服务;送教下乡也成为培训的一个重要方式和方法。

为了建设高素质、高水平的校长、教师队伍,加快培养优秀校长、教师,2015年首期“中小学名校长领航研修班”开课,2018年“双名(名校长、名师)工程”启动。培训遵循“整体规划、个性指导、训用结合、连续培养、协同创新”的思路,通过3年的跨年度、分阶段递进式培训,采用集中培训、网络研究、访名校培训、交流访学、返岗实践、成果展示等方法,发挥了名师、名校长的示范引领作用,开展了教育扶贫、送教下乡、支教讲学等帮扶方式,辐射和带动薄弱学校。

二、案例与主题研讨培训

(一)问题(案例)研讨式培训①

是以参加培训的教师为主体,针对问题进行研究讨论,以解决问题为中心的培训模式。主要通过培训者创设问题情境,与培训者和受训教师共同研究、讨论、实践、探索,提出解决问题的策略。研讨式培训的关键是必须强化“研讨”特征,研讨必须是围绕问题进行,目的是激发受训教师的学习兴趣,活跃思想、分享经验,形成以教师发展为本,以教师需求为导向,以解决问题为核心,以提高课堂教学效率为目的的培训模式。让教师在发现问题、分析问题、研究问题、讨论问题和解决问题过程中提升。研讨式培训的教学程序及步骤为:

(1)抛出问题,研讨对策:如呈现给教师一份有问题的教学设计,让学员分组讨论,找出问题,形成小组解决问题的对策。让教师在熟悉的问题中发现问题、提出问题、分析和解决问题,从而形成问题意识。

(2)交流互动,精讲点拨,构建理论:各小组形成解决问题对策后,培训者同参训

① 张仁芳,尹丽娜.对研讨式培训模式的运用与思考[J].长春教育学院学报,2014,30(5):95-96.

者进行多元互动交流,根据交流结果对重点、难点内容进行精要讲解和点拨,把实践中存在的问题上升到理论高度。

(3)修改案例,形成框架:在讨论中各抒己见、集思广益,形成正确的学生观、教学观;对研究成果进行分析评价,取长补短,形成特色案例。研讨式培训成败的关键是问题的选择,要知道教师需要什么,在培训过程中能给教师什么,培训的收获是什么。在培训过程中要立足课堂,基于问题,关注案例,树立问题意识,在问题的讨论、交流、分析评价过程中提升教师的素质。

(二)主题研讨式培训

主题研讨式培训模式是为了有效改变以往培训过程中,单纯重视专家讲座,学员被动接受的培训方式。其核心在于突出培训过程中的交流与研讨,增强学员的参与意识,发挥学员在培训过程中的主体作用,强调学员主动参与,突出教师与学员之间、学员与学员之间相互交流研讨。主题研讨培训模式的关键是必须强化研讨主题,研讨活动必须是在确定主题的前提下,围绕具体针对性问题展开,不追求内容的全面,但一定要具有针对性、实用性。主题研讨式培训的基本流程和关键步骤为:

(1)确定研讨主题:学科培训涉及的内容广泛,从中确定具有代表性和培训价值的研讨主题,本身就是一个研究课题。在确定研究课题过程中,要深刻把握课程理念和改革实践的最新进展,要尽可能地在培训之前发放调查问卷,广泛征求学员意见,了解学员需求,要组织专家研讨论证,从而确定主题。

(2)圈定研讨问题:每一个研讨主题之下,必须包含许多具体的内容,要在主题之下,以问题的形式表征研讨内容。这需要在研讨主题下遴选和确定具体的研讨问题,主题所包含的核心理论和理念性问题,实践中表现最为突出的问题。

(3)整合专家资源:研讨主题问题确定后就是教师队伍的组合问题。教师组合强调"三结合",即理论专家、培训专家、中小学教师或教研员相结合,整合构建培训专家队伍,要求研讨问题必须提前与专家沟通交流,征求意见,达成共识,然后由专家针对问题准备研讨内容,设计研讨方案。

(4)组织实施研讨:突出培训过程中的交流与研讨,增强学员的参与意识,发挥学员在培训过程中的主体作用,是研讨式培训的核心。如果学员对所研讨的主题不是太熟悉,可以在专家报告引领的基础上开展多种形式的研讨,如师生课堂交流、参与式研讨、小组合作研讨、答辩式研讨等。在研讨过程中要强调主体参与,以增强培训效果。

(5)自我总结交流:每一个培训主题完成以后都要进行总结交流,交流的长短时间不定,交流形式多样化。可以给每个参训者总结培训收获的机会,提炼思想观点,及时发现培训问题,征求培训意见,及时改进培训。①

---

① 周卫勇,姜春美."主题研讨式"培训模式的回顾与反思[J].山东教育学院学报,2006(6):1-3.

三、项目实践与网络培训

(一)讲授、研讨、实践三位一体培训

在教师培训过程中,根据被培训教师的特点,经常采用讲授式、研讨式、案例式、模拟式、体验式等教学方法,实现教学相长。在教师培训过程中,讲授、研讨、实践3种教学方式具有互补性,将讲授法、研讨法和实践法综合运用,能够有效地增强培训效果。讲授、研讨、实践三位一体培训实施各步骤为:

(1)课程的开发和准备:要选择课程的主题,要受教师欢迎,范围大、影响大、参与度高,如高绩效团队建设课程。

(2)选择培训对象:根据课程主题,确定培训对象是教学管理人员还是教师,要思考培训对培训对象的影响和作用。

(3)教学方式的设计:在教学方式设计上主要考虑选用哪种方式,如何组织,什么时候讲授,什么时候研讨,什么时候实践。如高绩效团队建设课程培训,可采用以下方式:一是采用讲授的方式,借助社会人、狼群、蚁群、交响乐团等若干例子,向学员传递个人与团队的关系。二是理解团队的意义,轮流采用“研讨—实践—研讨—讲授”的方式,让学员思考:你认为团队有哪些要素,你应如何组成团队,然后通过游戏、交流、研讨方式寻找团队成功元素,提高团队绩效概念和特征,专家结合大家的讨论给予短点评。三是团队发展的主要阶段,部分采用实践、讲授。通过活动引领学员认同合作与冲突的方式,在团队合作中成长,在团队冲突中融合,轮流采用讲授、实践、研讨、讲授的方法解决问题。

3种教学方式的综合运用,可使各种教学方式自身优势得到合理发挥。比如课程中的基本概念、知识性的内容,采用讲授式是最合理的;实践体验和研讨思考,能够将讲授内容进行精心梳理、总结、拔高,弥补以往讲授存在的被动局限、受众思维不足问题。3种教学方式的综合运用,关键在于构建其内在的逻辑关系,从最大层面上实现环环相扣,层层深入。引入式讲授是实践的基础,实践是研究的基础,研讨是总结式讲授的基础,互为补充,缺一不可。这种培训不仅可让培训学员学会知识,更重要的是可在实际工作中运用并得到提升。①

(二)为课堂服务的项目培训

项目的研发是教师培训的起步阶段,只有抓好项目研发,确保培训项目满足教师的需求,才能为教师培训取得良好效果,打下坚实的基础。要想满足教师的需求,必须准确把握不同发展阶段教师的情况,要关注职称、年龄、学科、教学经历、实际能力等问题。

项目培训的关键是确定培训方案。一份完整的项目培训方案,包括主题培训目

---

① 沈振鹏.讲授、研讨、实践在干部培训课程开发中的综合运用研究——以《高绩效团队建设》课程开发为例[J].农业部管理干部学院学报,2018(3):15-20.

标，培训内容，培训形式，培训时间和地点等内容。项目的培训团队应当有经验丰富的名师、理论研究的专家、教授、熟悉教师成长规律的咨询培训师等，要充分考虑不同年龄段、工作岗位、教师的心理及培训教学计划表、培训时间、培训过程等细节。培训可采用发布培训内容，供教师自由选择项目，通过平台让教师自主登录报名的形式。

项目培训要围绕打造精彩课堂，提高教师素质的中心开展，在培训过程中首先要整合、组建优秀的师资团队。培训要改进教学方式，导师、专家授课时间一般为1.5小时，留1小时让学员交流讨论，把过去由教师单向传授转向为培训导师与参训学员的共同交流。课堂讲授、研讨互动、集中答疑、学习小组交流等环节能让课堂气氛更加活跃，效果更好。为了增强培训效果，讲课教师必须认真备课，培训项目的内容在主题范围内。

（三）网上研讨与培训

网上研讨和培训有直播和录播2种类型。与线下的研讨会一样，直播也是在指定的时间举办，并有专家讲座，专家可与观众互动。由于采用了视频直播的方式，因此观众也可获得很好的现场参与感。网上研讨会的内容可以很好地保存。[①] 网络教研的流程步骤为：

（1）建立网络教研平台，为网络教研的开展创设空间条件。

（2）建立网络教研制度，提出具体的开展思路、操作方法、评价机制等。

（3）抓实网络教研过程，要有计划、有目标地组织好网络教研的开展，确保网络教研活动有序、高效地进行。

（4）建立反馈、评价机制：要建立必要的反馈、评价机制，对活动、教师等进行考评和反馈，提高教研活动的参与率和实效性。

第二节　教学视导活动

教学视导是教学管理或研究机构对学校教育工作进行的视察、监督、辅导等活动，是按照视导的原则和要求，由教育行政机关和教研部门对各类学校的各项工作，进行观察、调查和考核，做出审慎的分析和准确的评定，最后指出成绩和缺点，给予明确的指示和辅导，并提出改进意见与建议，使其行政管理和教育、教学工作的质量逐步得到提高的教研活动。

一、省级教学视导

作为省级教育管理和教研部门，开展视导工作的情况并不多见。为了规范全海南省基础教育学校的教学管理，强化对教学教研工作的指导，全面提升教学质量，2013

① 蒋丽明.项目、课堂与服务：提高教师培训实效性的三个着力点[J].名师在线，2020(27)：95-96.

年10月和2014年3月，海南省教育厅和教育业务主管部门先后对陵水黎族自治县、海南师大附中等地区和学校进行视导工作。第1次视导主要是针对基层单位，以调研、诊断、指导为属性，以调适、改进管理和提高教学效益为目的，采用“听、查、看、访、结”等形式，通过现场观察、分析评价、研究诊断，提出改进建议的创新教研活动。① 第2次视导内容涵盖了3个方面：一是常规管理，视导各校课程计划执行情况、教学常规，开齐、开足课程情况，评估学科教师的备、教、改、辅、考、评情况；二是课堂教学与学生状况的视导，主要考查教学理念更新、教学行为改变以及学生的课堂表现、学习状态；三是区域教研及校本教研情况。②

2019年，黑龙江省基础教育专家团通过观评议课、上示范课、问卷调查、青年教师培养及开展新课标解读、高考备考策略探析的专题讲座等形式，对新疆阿勒泰地区东三县4所高中进行全方位视导。专家团队共听评课127节，上示范课34节，做专题讲座57次，培养青年教师32位，完成学科视导报告14篇，总计6.6万字。视导主要做法：一是组建“1+2”专家团队，即每个学科选1名省级教研员和2名一线骨干教师，分别从理论和实践层面上进行示范引领；二是采用“蹲守式”跟进指导，每1名骨干教师，在6天的视导时间里，只深入1所中学，通过示范课组织、观评议课、开展专题讲座的方式，全方位融入该校该学科教研组活动，全程跟进备课、上课改进等各环节，真正做到问诊把脉，指证问题，引领发展。

总的视导报告共分3部分：一是视导的基本情况概述，对视导过程和方法进行简述；二是4所高中学校教学现状及存在的问题，对其取得的成绩、存在的问题及原因进行较全面的说明；三是改进措施及发展建议。建议要以学科核心素养培育为导向，强化新方案、新课标与新教材的培训；以教与学的方式转变为抓手，突出学生主体地位落实和素养发展；以校本教研制度建设为保障，丰富教师专业发展路径与方式。③

二、常规教学视导

随着教育改革的不断深化，中学视导工作出现了可喜变化，丰富了视导实践，开拓了视导领域，强化了视导在管理系统中的地位与功能。一是各级教育行政部门把“检查、督促、指导”职能纳入视导机制；二是组织经验丰富的老同志组建了视导组、调研组、咨询组开展扎实有效的工作，对基层的教学工作有视、有导、有具体的帮助；三是开展了丰富多彩的视导工作，如以检查教学常规为目标的督促指导活动、以调整结构布局为目标的调查研究活动、以加强教学工作为目标的评估验收活动、以提供信息动态为目标的咨询服务活动等。

在视导中做到“有视有导，又视又导，寓导于视”，全面视导和专题视导相结合的

① 戴欣. 海南省第二次教育教学视导在海中和保亭开展[J]. 新教育，2014(7)：5.

② 陈夫义，苏盛葵. 实施教学视导，促进内涵发展——海南省首次省级教学视导综述[J]. 新教育，2014(1)：14-15.

③ 季平. 2019年黑龙江省基础教育专家团赴新疆阿勒泰地区四所高中学校教学视导报告[J]. 黑龙江教育学院学报，2019，38(11)：78-81.

视导，开展了总结性、检查性、调研性、巡视性视导，采用了随机视导、定期巡视、长短结合的视导方式，视导出现了传统与创新并存的现象。①

在课程改革开始后，视导作为促进学科发展、提升教学质量的重要手段，受到了教育行政部门和学校的重视。为了提高视导的有效性，在这一期间各教研部门首先加强了学科指导，制订视导工作方案，精心选配视导人员，明确视导内容。教学方面，主要关注课堂教学，检查课堂教学是否有效、是否体现自主学习的理念、是否渗透合作学习的方式方法，是否关注学生全面成长，是否积极推进课程改革、关注教学研究、检查学校课题研究申报过程和研究成果、关注校本教研。为了提升视导的效益，一般情况下都在视导前召开相关会议，在视导中及时处理好出现的新问题、新情况，视导结束后及时做好工作总结，并重视结果的应用。这期间出现了许多创新的指导工作方法。根据不同时期教学情况，教学视导方法、目标、内容都不同，比如开展专题性的视导、诊断性视导、评比性视导等。②

三、视导主要方法

从逻辑关系上看，“视”是前提，“导”是目的，“视”为“导”的实施提供积累丰富的信息元素，而“导”则是对这些信息元素的整合和升华。从行动程序看，“导”是方向，“视”是手段，只有明确“导”的目标，才能找准“视”的角度；只有把握“导”的重点，才能聚焦“视”的力度；只有讲究“导”的策略，才能展现“视”的高度，从而实现教学视导为教学服务和引领教学的目的。教学视导内涵多元、途径多样、方法多种，但无论是何种类型，“看、听、查、测、思、写、讲、评”是教学视导的基本要素。③

1. 调研型视导

以调查、了解、研究、指导为主要目的的视导，一般在不熟悉学校教学情况或较长时间没有视导的学校进行，目的是发现问题。它的侧重点在“视”，即通过视导人员听“推门课”、查“课程表”、看“五常规”等方法，找出教学工作的薄弱环节，帮助学校改进教学管理和教学工作。

2. 突破学科，定班听课型视导

视导人员选择好一个班，从上午第 1 节至下午第 2 节每节课都听，上什么课就听什么课，评课时不把重点放在每一节课教了哪些知识点、知识传授是否正确，而是重点分析你是怎样教的，学生是怎样学的，学生的主体作用和教师的主体主导作用发挥得怎样，各种教学手段、教学媒体运用是否符合现代教学理念，课程的开设和课时的安排是否符合规定。实践证明，让视导人员跳出学科局限，把注意力较多地放在教育思想、教育观念、教育方法等重要因素的评价上，有效地促进了视导人员学习不同学科教育

---

① 严善昌. 教学视导的重大突破[J]. 上海教育科研，1988(4)：46.

② 张涛涛. 教学视导有效性研究[J]. 中国教育学刊，2008(8)：15-16.

③ 何灿华. 从教学调研到教学视导——基于《浙江省义务教育教学管理指南》的教学视导实践行动[J]. 教学月刊：中学版，2010(4)：8-11.

理论的积极性。

3. 突出主题型视导

每学期可确定一个主题，其作用是在一定时间内将教学研究的注意力集中在某一事件的探索上，致力于问题的解决。它侧重点在“导”，通过视导人员对比、实证、讲评等方法，找出教学管理的异同点，引导学校重视教学过程改进。如常用的同课异构的视导，通过对一节课的不同设计，根据不同的学生设计不同的教法、学法；在同课展示过程中，把不同教学理念转化为可演绎的教学行为，比创意、比教艺、比实验、比风格；在同课反思互动过程中，从理念、方法、手段、效果等方面进行审视，碰撞交流，多元互动，总结经验，找出不足，探寻解决问题的策略和方法，鼓励和引导教师形成各自独特的教学风格。

4. 探索研究型视导

以某种教学理论为指导，根据教学研究实际需求，对于某一项目进行专题视导，致力于研究的深化，侧重点是检查这种教学理论和教学要求在教师中的理解认可度，通过视导人员全面会诊，开出改进良方，在区域层面进行展示，提高课题研究的学术交流效果。视导过程中的材料汇报、课堂观察、亮点采集、问卷调查、质量检测等方式，侧重捕捉教学实践的生长点。如在一年级“开学前”的教学视导，其目的是让学校能够放慢进度，遵循学生认知规律，提升兴趣，养成良好的学习习惯。可以在视导中倡导语文课开展“说一说、看一看、画一画、试一试、练一练、比一比”等游戏活动，在数学课中开展“数一数、比一比、分一分”等游戏活动，在英语课中开展“听听、唱唱、说说、玩玩、看看、做做、想想、演演”的游戏活动，在视导、指导和改进过程中促进教学质量的提升。[①]

5. 诊断、评价、培训型视导

视导前根据《课程标准》研制课堂评价量表，完善诊断标准。其评价量表从关注教师的教学设计、实施和成效入手，注重解决怎样把课上得更好、更有效问题，研究如何让学生学、怎样学得更有效问题，从关注教师的教转化到关注学生的学，从以学生为本的理念转化到以学生为本的实践。评价量表主要是 2 个维度，一个是教师的教学行为，另一个是学生的学习行为，其内容包括教学设计、教学组织、学生活动、学习效果、学科特点等。

视导重心下移，深入学校和课堂，对学校课堂进行诊断，从而改进教师的教学行为，提高教师课程能力，以课堂为抓手，提高教学质量。这种视导的方式可以采用全员下校辅导、全覆盖下校辅导、重点学科下校指导、单学科下校指导。对山区和农村学校进行教学指导、送教等方式，通过数据分析、学校个案分析、学校需求等方式，借助督

① 何灿华. 从教学调研到教学视导——基于《浙江省义务教育教学管理指南》的教学视导实践行动[J]. 教学月刊:中学版,2010(4):8-11.

导、评估、学业考试和质量检测对课堂教学进行诊断,进一步提升教学质量。①

第三节　竞赛评比活动

为了进一步提高学校教师的教学教研能力,不断促进学校的内涵发展,我国各省、地、市、县开展了以青年教师基本功大赛为代表的系列活动,对促进教学改革和教师成长起到了推动作用。同时,为了提高青少年学习的兴趣及积极性,激发其思考与创造能力,将健康的竞争机制引入中学生的学习之中,提升学生的核心素养和创新精神,及时发现和培养优秀青年人才,各类创新能力大赛和学科竞赛对促进学生发展起到了一定的推动作用。

一、青年教师基本功大赛

近年来,广东省、江苏省等省、市、自治区教育厅,以及地、市、县分别组织青年教师基本功大赛,涵盖了中小学各学段、各学科及职教类各学科,大赛一般采用由下向上逐级评比推荐的形式展开。教学基本功大赛是提升青年教师教学水平的重要途径,是展现青年教师风采的舞台,大赛要求选手有扎实的基本功、深厚的文化底蕴和机智的临场应变能力,比赛的目的是唤起青年教师对本真课堂的追求,在于让青年教师更深刻地理解何为新课程所倡导的理念,怎样自主建构、发展学生的思维,培训解决问题、分析问题的能力。2018 年江苏省初中数学教学基本功大赛共有 7 个项目,分别是基础知识测试、解题能力测试、板书设计、即兴演讲、教学设计、课件制作和模拟上课。②

江苏省中学地理青年教师教学基本功测试项目有:

(1) 粉笔字:教学基本功大赛中粉笔字的比赛为写一段文字或一首诗,总体上要求书写工整,笔画清晰流畅,间架结构合理,章法布局得当,整体观感舒适。

(2)板图板画:板图板画是地理学科的专业技能,比赛中多以某一教学内容为题,教师既要考虑地图轮廓形状的准确,又要关注其教学适用性,文字、图例等要素应贴合教学主题。

(3)即兴演讲:以教育教学思想或学科教学内容为参考,选取部分问题让教师开展即兴演讲,考查教师的应变能力和讲演能力。

(4)教学设计与模拟课堂教学:教学设计是课堂教学的提纲,在基本功大赛中,选手要先根据命题完成教学设计和课件制作,再进行模拟课堂教学。

(5)专业知识测试:以考促教,以考促研,青年教师教学基本功大赛专业知识测试内容涵盖教育教学理论知识、高考试题、地理课程标准解读、评析和命制地理试题。

(6)教学基本功的新内涵:时代在发展,核心素养的提出,使全媒体时代背景下的

① 杨昆华.探索基于课程标准的区域教学视导与评价[J].云南教育:视界时政版,2019(Z1):31-32.

② 周炼.参加江苏省青年教师教学基本功大赛的思考[J].中学数学月刊,2019(3):64-65.

教学基本功有了新的内涵与外延。例如：如何做到将自媒体与地理课程整合，如何把研学旅行和课程开发与实施有机结合，如何把大数据精准推送和作业供给侧改革结合，这些教学基本功的新内涵对青年教师来说既是挑战，也是机遇。

二、微课展示和大赛活动

（一）全国中小学优秀微课征集活动

2018 年，由教育部教育管理信息中心、中国教育发展战略学会、全国教育信息化专业委员会举办的第四届全国中小学优秀微课征集活动通知中，对微课设计要求、设计指标进行了描述。

（1）设计要求：要求选题要简明，内容须科学正确、结构完整、逻辑清晰，用规范技术和语言，要达成教学目标且形式新颖、精彩有趣；视频要有片头片尾，显示标题、作者、单位等信息；主要教学内容和环节有字幕提示或说明；视频格式为 MP4、MPEG、WMV；时间一般为 8 分钟，最长不宜超过 10 分钟。

（2）微课设计指标（表 1-2）：

表 1-2　微课设计指标

一级指标	二级指标	指标说明	得分	合计
教学选题 10 分	选题简明	利于教学，选题设计必须紧扣教学大纲，围绕某个知识点、教学环节、实验活动等展开，选题简洁，目标明确		
	选题典型	解疑定位精准，有个性和特色，应围绕日常教学或学习中常见、典型、有代表性的问题或内容进行设计，能够有效解决教与学过程中的重点、难点、疑点等问题		
教学内容 30 分	科学正确	概念描述科学严谨，文字、符号、单位和公式等符合国家标准，符合出版规范；作品无著作权侵权行为，无敏感性内容导向		
	结构完整	所提交的作品必须是微课视频，还可以提供与选题相关的辅助扩展资料（可选）：微教案、微习题、微课件、微反思等，便于评审。 微教案的设计要素齐全，内容要精确，注重实效。 微习题要有针对性与层次性，主观、客观习题的设计难度等级要合理。 微课件设计要形象直观、层次分明、重点和难点突出，力求简单明了。 微反思应该真实细致，落到实处，拒绝宽泛、套话		
	逻辑清晰	教学内容的组织与编排要符合当前中小学生的认知逻辑规律，设置合理，逻辑性强，明了易懂		

续表

一级指标	二级指标	指标说明	得分	合计
视频规范20分	技术规范	微课视频录制方法与设备灵活多样(可采用DV摄像机、数码摄像头、录屏软件等)。 微课视频一般不超过10分钟;视频画面清晰、图像稳定、构图合理、声画同步,能全面真实反映教学情景		
	语言规范	使用规范语言,普通话或英语需标准,声音清晰,语言富有感染力		
教学活动30分	目标达成	达成符合学生自主学习、方便教师教学使用的目标,通用性好,交互性强,能够有效解决实际学习及教学问题,高效完成设定的教学目标,促进学习者思维的提升、能力的提高		
	精彩有趣	符合创新教育理念,体现新教材教学方法,教学过程深入浅出,形象生动,精彩有趣,启发引导性强,有利于学生学习积极性和主动性的提升		
	形式新颖	微课构思新颖,富有创意,类型丰富(讲授类、解题类、答疑类、实验类、其他类)		
网上评价10分	网上评价	作品提交后,将在网上进行展示并提供给学生学习和教师教学应用,根据线上的观看点击率及投票率等产生综合评价分值		
总分100分				

(二)安徽省第四届微课评选活动要求和说明(节选)

微课是用于课堂教学与学生自主学习的微型课程资源,根据学科和教学内容特点,微课一般可分为讲授类、应用类和实验演示类3种。微课的开发要符合课程标准的要求,教学目标清晰、定位准确,重、难点突出,能够帮助学生理解和应用知识,发展学生基本学科思想。遵循教育规律,符合学生的认知特点,生动活泼,启发性、引导性强,能激发学生学习的主动性和积极性。适应多种技术条件应用的需求,要充分考虑网络技术与微课的结合,有利于资源在各种平台环境中共享。

微课开发所交付的材料应包括微课视频、进阶练习和学习任务单。

(1)微课视频是围绕单一的、严格定义的知识点,用视频形式呈现的教学资源,时间长度一般在5~10分钟。微课视频一般用于解释知识点的核心概念或内容、方法演示、知识应用讲解。微课学习时间的碎片化不等于课程设计的碎片化,是课程内容的浓缩,具有完整的结构。微课视频的设计一般包括学习目标设计、情景设计和核心概念(内容)的引入、阐述和解释、归纳与小结4个环节。

微课的制作方法主要包括拍摄和录屏等，也可以采取拍摄与录屏相结合的方式，依据教学需求进行编辑加工制作，力求生动活泼，恰到好处，讲究美感。微课制作过程可分为前期视音频录制、后期加工制作以及视音频文件压缩发布3个环节。

（2）进阶练习是基于标准的测试，是类似游戏通关的在线检测系统，学习一段视频教程后要完成相应的练习题，只有当学习者全部答对一套题目后，才可以进入下一个单元的学习。这种在线检测一般可分为概念辨析、熟练练习和应用拓展3种题型。

（3）学习任务单是由教师设计，用于为学生自主学习微课程提供“学什么”和“怎样学”建议的学习导航，包括学习任务、学习过程、学习方法建议以及配套学习资源推荐。学习任务单强调任务驱动和问题导向，把学习任务转化为激发学生思考的问题，让学生在问题解决过程中达成学习目标。

表1-3 “微课学习任务单”设计模版

一、学习指南
1. 课题名称（提示：用“版本+年级+册+学科名+内容名”表示）
2. 达成目标［提示：达成目标不同于教学目标。请用“通过观看教学视频（或阅读教材，或分析相关学习资源）和完成‘微课学习任务单’规定的任务+谓语+宾语”表述，旨在让学生明确预习任务］
3. 学习方法建议（提示：帮助学生避免思维弯路，注意有就写、没有就不写，不要“喧宾”夺了“任务”之“主”）
4. 课堂学习形式预告（提示：简要说明课堂教学组织形式，也可用流程图代替。其目的是使学生明确微课学习知识与课堂内化知识的关系）
二、学习任务
通过观看微课自学，完成下列学习任务（提示：含必要的提示等帮助性信息）
三、资源链接（提示：提供相关资源链接）
四、困惑与建议（提示：此项由学生自主学习之后填写）

（4）微课教学要求符合课程标准的要求，教学内容容量合适（控制在5～10分钟），组织结构合理，具有相对独立性、完整性，符合学生的认知水平，教学方法选用得当，教学手段运用合理，教学过程主线清晰，有适当有效的学习评价及反馈。能够对学生的知识建构和能力发展起正面促进作用，成为变革课程教学方式、提高学生学习质量的重要手段。

（5）微课设计要求选题与目标明确，适用对象明确，要采用有效的教学策略，教学方法富有创意，能够针对不同的教学内容、教学对象，合理应用教学方法，不拘泥于传统的课堂教学方式，教学方法可以是讲授、解题、答疑、练习、实验、活动、演示，等等。教学过程精炼完整，主题切入迅速，主线清晰，重、难点突出，包括教学问题的提出、教学内容的讲解、知识点总结等环节。教学媒体多样化，以最直观的方式给学习者展示学习内容，提高教学效率。练习的设计具有针对性与层次性，应围绕所选知识点，形式多样，主观、客观习题设计难度等级合理。

(6)后期制作要求重点要添加微课片头，合理设置微课声音、视频技术指标。声音要避免音量偏小，杂音。视频要解决画面不清晰、抖动、鼠标晃动等。片头不超过5秒，应包括：微课知识点、课程名称、主讲教师单位名称和姓名等信息。课程名称应具体详细，与教材标识相一致。

三、“一师一优课，一课一名师”活动

“一师一优课、一课一名师”活动是中央电化教育馆印发的《2014年教育资源开发、应用和服务重点工作》中的一项主要任务和举措，即在全国具备网络和多媒体教学条件的中小学校，普遍开展“一师一优课，一课一名师”活动，组织每位教师提供一堂应用数字教育资源的代表课，进行在线晒课交流，大面积促进信息技术与教育教学深度融合。

（一）活动特点

活动名额不受限，人人可参加。活动给教师带来福音，它不受名额限制，每一位教师都可以上传自己上课的视频、教学设计、资源等参与比赛。很多教师经过这次比赛，最终获得县优、市优、省优、部优，大大提高了教学自信。活动有助于转变思想，为教师提供相互学习的机会；活动让更多一线教师汇聚在一起，形成一种大智慧、大课堂。教师可以通过国家教育资源公共服务平台查看对于同一节课，不同的教师是怎样构建课堂的，从中学到很多，也让一些还停留在传统课堂的教师看到了项目教学、主题教学、微课等新型教学形式是如何开展的。通过筛选部优、省优、市优、县优课，使教师看到更为真实、精彩的课堂。①

（二）“优课”研究内容

在活动中的“课”，是指教学内容相对完整的课，如语文教学中的1篇课文，或数学教学中的1节。教师只是展示、交流其中的1个课时，但提供交流的研究课应包括以下内容：关于课程标准的研究，关于教材内容的研究，关于学情的研究，一堂完整的课堂教学设计，所用课件及相关资源（或资源链接），课堂实录，学生当堂学习效果评测结果及分析，同行教师或专家观课、评课记录，课后自我反思。其中，课堂实录（指教学过程视频）应展现课堂教学的所有内容，过程完整，画面清晰，提倡进行适当的后期剪辑处理，在适当环节插入教学资源呈现画面，保证资源呈现画面清晰可见。

（三）“优课”作品包内容

活动中教师展示、交流的基本单元为1个“作品包”。作品包须设为1个独立文件夹，由1个课堂教学视频及相关文件组成。作品包必须包含的文件类型有10个：

① 王佳莉.“一师一优课，一课一名师”活动实施现状分析与对策研究——以南通市港闸区为例[J].中国教育技术装备，2019(17)：21-23.

①课堂实录;②课件设计;③课标分析;④教材分析;⑤学情分析;⑥教学设计;⑦评测练习;⑧效果分析;⑨观评记录;⑩课后反思。对于区域没有平台条件的,教师可以通过电子邮件、光盘、硬盘等其他方式报送。

四、中学生竞赛类活动

(一)全国中学生物理竞赛

全国中学生物理竞赛是在中国科协的领导下,由中国物理学会主办,各省、自治区、直辖市自愿参加的群众性的课外学科竞赛活动。凡报名参加全国中学生物理竞赛的学生均在地方竞赛委员会指定的地点参加预赛(笔试),由全国竞赛委员会统一命题和制定评分标准,各地方竞赛委员会组织赛场和评定成绩,竞赛时间为3小时,预赛成绩优秀的学生可参加复赛。复赛的笔试题由全国竞委会统一命题和制定评分标准,满分为160分,笔试时间为3小时;复赛实验考查由地方竞赛委员会命题和评定成绩,满分为40分,实验时间为3小时;复赛实验考查的日期、地点和组织办法由各地方竞赛委员会根据实际情况自行决定,参加复赛的人数不得少于本省、自治区、直辖市参加决赛人数的5倍。

(二)全国中学应用物理知识竞赛

全国中学应用物理知识竞赛在全国中学应用物理知识竞赛委员会的统一领导下进行,通过课外竞赛的途径,进一步配合我国基础教育整体改革的实施。通过竞赛过程体现新的教育理念,执行新的课程标准,实施新教材,推动现代教学方式的改革,以利于课改精神在课堂内外的落实。坚持自愿参加的原则。由于本竞赛是激励性的竞赛,因此采用按比例进行奖励的办法,即分别以当年参加初、高中竞赛的总人数为基数,初、高中奖励的具体比例分别是:初中——一等奖为3‰,二等奖为6‰,三等奖为10‰,凡获奖的学生其当年的物理教师同时获优秀指导教师奖;高中——一等奖为4‰,二等奖为6‰,三等奖为10‰,凡获奖的学生其当年的物理教师同时获优秀指导教师奖。

(三)全国中学生数理化学科能力展示活动

是由中国青少年发展服务中心、全国“青少年走进科学世界”科普活动指导委员会办公室、全国中学生数理化学科能力展示活动组委会联合主办的一项展现青少年素质教育和创新能力的综合性活动。活动突出科技意识和创新思维能力的考察,旨在为在创新实践和学科能力方面表现突出的学生提供展现才智的机会,同时也为各高校自主选拔优秀人才提供优质资源。初赛获奖比例为各地区参加活动总人数的30%,其中一等奖5%、二等奖10%、三等奖15%,分别由全国组委会统一颁发省级一、二、三等奖。

初赛成绩优秀者可获参加全国总决赛资格。总决赛内容:①学科能力解题技能竞赛(笔试)(按年级、学科分组);②建模论文或实验报告竞赛(按年级、学科分组),根据选手提交的论文或实验报告进行现场答辩；③学科计算机应用能力竞赛：选手在计算机上按要求或使用指定软件完成；④创新实践能力竞赛：通过多种形式考核选手创新思维、团队协作、实践运用和动手能力；⑤团体对抗赛：以省、市为单位组织团体参加。

第四节　名师工作室活动

21 世纪初，国家有关部委推行“百千万人才工程”“强师工程”等系列人才培训战略，各省（自治区）、市、县（区）和各级学校都提出了“名师工程”建设思路，力图打造庞大的名师队伍，发挥其示范、引领、辐射作用，利用名师资源，在教育科研、学科示范中起到更大的促进作用。这股潮流随着时间的推移正在不断地扩大，目前我国大多数省、市都已建立或正在组建各类名师工作室。

一、名师工作室的定位与优化

名师工作室在促进教师专业发展的效能上超越了行政范畴，翻新了传统的集体备课、师徒结对等教师成长模式，实现了教师专业发展从个体向团队的转变，充分激发了教师发展的主动性，集聚了区域名师资源优势，调动了教师个人、科组团队、学校行政、领导专家各层面的积极性，成为促进教师成长的新家园，呈现出广阔的发展前景。

（一）名师工作室的创建与发展①

我国最早的关于建立名师工作室的文件是上海市卢湾区教育局 2000 年 9 月印发的《关于建立“名师、名校长工作室”的通知》，据此可知，上海市卢湾区创建了目前可知的最早的名师工作室。随后，北京、重庆、山西、湖北、河北、江苏等省市也相继成立了“名师工作室”“学科首席教师”等优秀教师培养团队。作为最早建立名师工作室的上海市，2002 年仅宝山区教育局就集中筹建了 18 个名师工作室，有效地解决了宝山区“名师断层”的问题。而地处珠三角地区的广东省在 2009 年启动了工作室建设工作，时称“广东省教师工作室”，在 2018 年启动新一轮的工作室建设规划中，将“广东省教师工作室”正式改名为“广东省名教师工作室”。

（二）名师工作室的定位②

名师工作室是教育生命和教师发展的共同体，是教师专业成长的有效平台，对所在地区和学校有一定的影响力和积极的带动作用，能促进学校和区域内形成良好的教育生态环境。名师工作室已经成为学校文化或单位文化的展示区、示范区，也应该成

① 赵秀红，林焕新，梁丹，等.“名师孵化器”在行动——全国名师工作室建设情况调查[J]. 云南教育：视界时政版，2020(Z2)：56-59.

② 郭志明. 名师工作室的价值定位及常态优化[J]. 小学教学设计，2020(Z1)：21-23.

为教师专业发展的高地、学术研究的阵地、教育美好的圣地。

(三)名师工作室的优化①

作为名师团队,要有顶层设计,明确发展方向和计划,确保工作室规范有序地运作。对工作室每一个成员而言,要“量身定制”个人发展规划;年度的工作情况要有记录,描述好每个人的成长轨迹,让团队成员时时对照、查漏补缺、扬长避短地开展教研活动并确保效果。

为了促进教师更好地成长,工作室鼓励成员一对一带徒,放大工作室的成效。同时,工作室要强化成果意识,授课要创优课,比赛要争取拿奖,扎实做好项目与课题研究,及时将成果形成可视性材料。作为工作室成员,要有积极的写作习惯,坚持每天都要写一点,涉及题材要丰富多样,如论文、随笔、课堂实录、专著等。

工作室团队要积极组建微信群、QQ 群等网络互动平台,优化宣传手段,提升工作室品位。在平台上,成员要积极分享专业发展成绩,各项活动的开展情况,涉及教育教学的方方面面,形成比学帮超的良好教研氛围,互相借鉴,互相促进。工作室更要优化完善考核与保障机制,从读书讲书、会课辩课、演讲演教、研学研修、送教支教、交流研讨、整合开发、写文著书等多维度考核成员的业绩。名师和工作室成员要优化自己的教学主张,形成特色鲜明的教学风格,追求有意思、有意义、有意趣的教学。

二、“工作室 +校本研修”②

在大力推进名师工作室建设,充分发挥名师工作室作用的同时,如何为区域学校提供更加切实有效的专业服务,“工作室+校本研修”模式已经成为促进教师发展的良好平台。

(一)“工作室+示范基地”模式

名师工作室基地学校,是工作室利用自身专业优势和团队优势,为学校教师研修服务。而建设区域学科示范学校,目的是通过与基地学校教师共同学习、实践、研究,对学科研修进行全方位的指导,促进学科建设,探索研修经验,形成区域校本研修范例,以迁移辐射区域其他学校。这就要求名师工作室深度参与到基地学校的校本研修中,全面指导基地校开展研修活动。通过诊断课堂、问题对话、集体备课、示范教学、专题研讨等方式指导研修活动,提高教学效能,提升教师学科专业素养。通过线下和线上多种方式,为学校教师提供随时咨询与个性化指导。名师工作室与学校教研组建设研修共同体,发挥工作室成员中的“鲶鱼效应”,激活校本研修,推动研修活动开展。

(二)“工作室+订单送教”模式

送教是名师工作室支持校本研修的重要方式之一。“订单”送教,即基于学校需

① 郭志明. 名师工作室的价值定位及常态优化[J]. 小学教学设计,2020(Z1):21-23.

② 吴群. 基于区域性名师工作室的校本研修支持模式探建[J]. 湖南教育(D 版),2020(9):48-50.

求开展的精准送教。学校根据自身的实际情况，提出需要送教的内容和形式，向名师工作室订制“送教单”，名师工作室为学校提供“量身定制”的研修课程。

为了有效地开展“订单送教”，第一步是了解学校需求。每学期初，名师工作室利用“问卷星”平台向相关学校发出问卷，由学校根据教育教学工作的需求，提出需要送教的内容、主题和形式。第二步是团队协作。“订单”收集起来后，名师工作室进行整理归类，再分工协作。第三步是后续跟进。为了进一步提升送教效果，活动结束后，工作室要持续跟进，主动为接受送教的师生解难答疑。

（三）“工作室+研修社区”模式

名师工作室通过各种途径对学校研修进行专业支持和指导，带动校本研修的发展。但外部的支持毕竟作用有限，最好的办法是为学校培育造血功能，为学校培养自己的研修领头雁。在学校校本研修中，教研组长作为学科研修的领头人，应该具有专业权威和领导力，“教研组长工作坊”就是为提高教研组长的专业指导能力而组织的研修社区。

（四）“工作室+助研资源”模式

名师工作室在开展研修活动的同时，创建了丰富的知识、方法和技术资源，为学校开展校本研修活动提供了助力。名师工作室借助微信公众号、贝壳网、钉钉、QQ 群等平台，为老师们提供便利的研修资源。

三、“共同体型+跨校研学型”

（一）专业发展共同体型工作室[①]

教师专业发展共同体型工作室是以具有专业发展意愿的教师为主体，以教师专业发展为目的的学习交流组织。共同体倡导以专业发展为目标，以自愿为前提，以“共同”团体为活动形式，以教学中的实际问题为切入点，以自我反思结合群体反思、教研并进作为学习的重要途径，把具有共同愿景的教师连接起来，在交流与总结、反思与行动中创新，用经验和创新实现教师专业发展。

如海南省的名师工作室，其运行方式就是由省级培训单位、市县培训单位、名师工作室共同发挥作用（图 1-1）。名师工作室源于行政指令，但在人员选择和发展中，处处尊重教师的自主权，协商完成运行中的活动主题。参与者的全身心投入，给工作室的运行提供了源源不断的动力。

共同体型工作室主要运行方式如下：

① 刘玥彤. 专业发展共同体视角下海南中小学名师工作室的运行研究［D］. 海口：海南师范大学，2020.

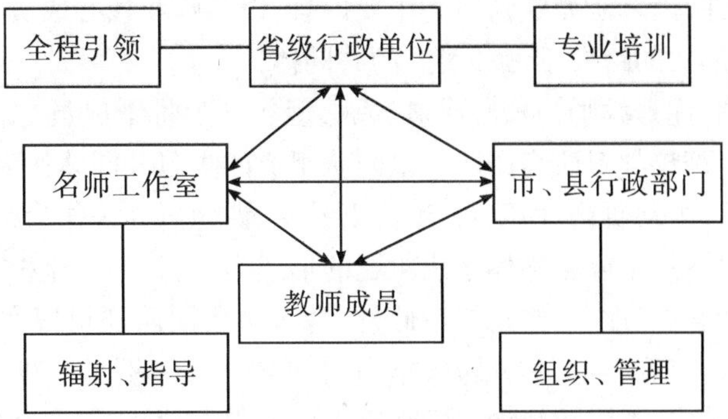

图 1-1 海南省名师工作室运行模式图

(1)送教下乡,实地帮扶:送教下乡的意义是给城乡交流搭建桥梁,做教育资源的共享者、内容和方法的传播者,工作室把先进的教育理念和方法输送到需要的地方去。可采用的方法:一是专家讲座、深入实地听课评课、交流探讨和网络研讨,二是通过研讨、现场指导、专题研究、课题研究、观摩考察等形式进行结对帮扶,三是开展专题研讨、教学诊断、经验交流等各式各样的活动引领区域教学。

(2)专家培训,共学共享:借助专家资源,由工作室集中侧重某一方面或全景式的培训,在培训教学技能的过程中,不断更新理念,让学员借助专家导师的帮助站在更高的层次上审视自身,在专家的指导下学习和成长。学员以专业知识为切入点,以课堂为活动场所,以理念为活动支撑,在角色互换过程中进行教学反思,在反思过程中运用专家的理念去分析问题、解决问题,形成理性认识,提升培训效率。

(3)集思广益,同课异构,异课同班:同课异构面对的是相同的教学内容,教师从不同的角度解析课程,运用不同的教学工具,展示不同的教学手段,将不同的教学风格展示得淋漓尽致。对于同一问题,不同的人思考的角度不同,看待问题的深度与广度也不同。同课异构可使教师取长补短,不断反思,提高自身的教学技能;教师能够在围绕特定的话题所进行的讨论中积累经验,学会沟通、倾听等合作技巧,有助于教师更加全面地看待问题;通过交流研讨拉近教师间的距离,促进教师共同发展。

异课同班则是面对同一班的学生,不同的教师进行相同学科的不同内容教学或不同学科的不同教学内容,以学生为参考系,可以看出不同的教学内容、不同的教学方法对学生的作用,从而引发更多的思考和结论。

(二)跨校学习型工作室①

工作室的定位就是要"努力打造共建、共享、共进、共荣的跨校学习共同体",借助工作室平台,以名师工作室为载体,由跨校教师个人或群体自愿结合,以平等互利共同成长为目标,形成学习共同体。教研共同体是以共同愿景为前提,以制度建成为保障,

① 本刊记者. 在"跨校学习"的沃土上绽放"趣点语文"的芬芳——访四川省特级教师骆志菊[J]. 小学语文教学,2020(24):4-6.

以组织建设为条件，以真实教学情境为主要内容，以名师和核心成员为纽带，以现代技术为支撑的多种形式的跨校学习和研究的共同体。

工作室应选取优秀教师为核心成员、成熟型教师为骨干成员、新手教师为三级帮扶成员，组建多个跨校学习研究团队。以团队组成的学习共同体作为跨校学习的组织形式，以网络学习、主题研修、团队会诊、读书沙龙、课题研究等作为跨校学习的学习形式。如线上网络学习，是以自媒体聚焦主题的形式为主，其主要流程是：策划者主题发布—组织在线讨论—点评、研修总结。此外，各个教研团队还可以在线上组织分享读书心得、视频评课、交流心得，弥补跨校学习时间与空间的不足。线下的跨校学习，可以借鉴以下几种模式：①团队会诊课堂观察诊断式跨校学习模式；②主题设计课例研讨式跨校学习模式；③菜单式跨校学习模式；④读书沙龙分享式跨校学习模式。

四、工作室学员跟岗培训①

（一）跟岗式培训课程

名师工作室是为培养未来名师的学习工作室，跟岗培训的特点主要包括针对性、参与性、体验性、实验性和灵活性5个方面。根据跟岗学习学员的实际需求，探索和总结出具有针对性、实用性且内容丰富的培训课程，即理想力课程、学习力课程、精锐力课程、发展力课程、表达力课程、协同力课程、艺术力课程、创新力课程、思想力课程和影响力课程。

（1）理想力课程：旨在帮助学员树立专业发展目标，形成职业追求的动力，培养竞争意识。通过课程学习，帮助学员朝着理想迈进，不断地将理想具体化、可视化，制定出适合自己的阶段性目标、职业生涯目标。

（2）学习力课程：培养学员读写习惯，要定期开展读书沙龙，撰写读后感。让学员在阅读中思考和领悟，认识未知的自己，挖掘想象力和创造力，促进形成有效学习力，让学员们感受到学习的趣味和魅力。

（3）精锐力课程：主要通过开展“同课异构”活动，在备课过程中不断地钻研与思考，在实施过程中不断地改进教学行为。通过精心备课，优化教学设计；通过授课中的探索和发现，以及课后的反思、总结等活动，培养学员积极进取、精益求精的精神。

（4）发展力课程：开设互联网教育课程，将信息技术融入课堂教学和教研活动中，开展培训课程和实践操作课程，让学员真实感受到“互联网+”对教育的巨大影响，激发学员将互联网技术与教育相结合的意识。

（5）表达力课程：主要是开展课题研究、论文点评等活动，在学术素养层面，让学员学会书写、听说表达；还可以组织学员进行即兴演讲等活动，让学员感受到语言表达的魅力，乐于表达，也善于表达。

（6）协同力课程：组织开展小组合作学习，在专业上互帮互助、互相促进，在情感

① 林伟. 名师工作室“浇根式”教师跟岗学习培训的探索[J]. 教学与管理，2018(10)：37-39.

上互相支持,感受团队的力量,在合作中彼此共赢。

(7)艺术力课程:通过对教学过程的优化和反思,共同探讨,采用不同的策略和方法,让课堂教学更有艺术性,让个人教学风格更有感染力。

(8)创新力课程:是通过专题讲座介绍新理念、新思维,使今后的工作有新思路、新办法。工作室搭建良好互动的学习平台,让学员通过了解前沿的教育教学观点,更新自身的教育理念,激发自身的创造力。

(9)思想力课程:通过分享一些名师名家的教育教学理念和思想流派,使学员逐渐对自己的教学风格有初步的认识,总结自己的教育风格,不断地讨论、分享和交流,在探讨中升华,奠定自己在今后的教育教学中不断成长的基础。

(10)影响力课程:通过展示相关教育名家的人生经历以及奇闻逸事等,引导学员感悟自己的教学经验,激发学员总结归纳,通过不断的反思,用文字记录自己的成长历程,在这期间,个人影响力也在慢慢形成。

(二)跟岗式培训的特色

跟岗学习培训课程以"依托课例、对话课堂、研究课题"为主体,从培训目标、课程、方式、价值4个方面切入,突出"目标个性化""课程特色化""方式创新化"和"价值多元化"的特色。

(1)目标个性化:注重培训个体化的愿景,结合课堂实际,培养其研究问题的意识,增强教师培训的实效性,强化其专业成长和发展。在培训过程中关注和洞察学员心灵,尊重和发现学员的可塑性,引导每一位学员树立发展意识,增强教师培训的发展性。

(2)课程特色化:注重构建特色化培训课程,强调以更新教育理念、追求教育智慧为主的"创新型"课程,深化以提高教学能力、解决实际问题为主的"体验型"课程,提倡以读书反思、课题研究、经验提炼为主的"反思型"课程。通过不同课程的甄选和构建,将极具特色和潜力的课程融入培训,让学员们感受到课程的吸引力,体会到学习的乐趣,探索和感悟未来的发展之路。

(3)方式创新化:在课程实施中革新教学方式,融入最新的大数据和互联网手段,实现实时互动交流,突破时空局限,让学员们走进课堂,置身真实情境,采用小组头脑风暴,由导师引导,探索多种方式的合理搭配,提升培训效果。

(4)价值多元化:引导学员转变教育观、教学观和学生观,探索和发现自己的教学风格和教育理念。引导学员探讨着力解决课堂中发生的问题和矛盾,提高学员专业实践能力。建立双向交流、相互对话、积极互动的关系,让学员们在日常交流、线上互动过程中体会到潜移默化的成长和改变。

总之,教师跟岗学习培训的核心任务是帮助学员解决问题。"问题"是培训的驱动力,植根于培训的各个环节,贯穿于培训的始终。培训还可采用问题诊断式、研训互动式、考察交流式、课例研讨式、展示辐射式、网络沟通式等多种方式,同步开展教师跟岗活动。

第五节　课题研究活动

在基础教育综合改革的进程中，课题研究这一途径，将教学与研究相结合，有力地促进了教学质量的提高与教师的专业化成长。基础教育教研课题研究的主要目的是为了改善教学，提高教学效益。课题研究一般聚集基础教育改革发展中存在的现实问题，集中解决当前基础教育热点、难点问题，为促进基础教育改革不断向纵深发展服务。教育科研课题按研究的领域，可分为基础理念研究和应用研究；按研究范围大小，可分为宏观研究、中观研究和微观研究；按研究的层次，可分为阐释性研究和综述性研究；按下发课题级别，又可分为国家级、省、市、县（区）、校级课题。

一、中小学课题研究方式

在教育研究中，由于研究者的身份和地位不同，研究的领域和研究的方法也就不同。从研究者关注的问题和研究的方式来看，大致可以分为理论研究、实践研究、理论与实践结合研究 3 种。

1. 理论研究

理论研究一般是由教育专家、教育科研人员进行的研究工作方式。研究所涉及的领域主要是教育的基础理论，如课程问题、教材问题、教学方法问题等。研究的主要途径是从理论到理论，讲究理论研究的逻辑性和思辨性。这些研究成果只能对当前的教育改革和实践作宏观上的指导，而对解决教育中的实际问题，可能一时难以起到具体的指导。这种研究的难度较大，不提倡一线教师就这方面来开展研究。

2. 实践研究

实践研究是目前处于第一线的老师开展的比较多的一种研究方式，如对教材内容如何处理才能使学生容易接受，怎样改进教学方法才能提高学生的兴趣，一题多解、一题多变、多题归一，中高考命题的动向等。显然，这类研究主要是从实际到实际，就事论事地提出问题和解决问题，关注的是研究结果的实用性和可操作性。

这一类研究只关注教学中应该“做什么”和“怎么做”，但对为什么这样做是成功的、有效的，却说不出道理，没有强大的理论支撑。所以，常常会听到老师感叹，将异地成功的经验拿到本地使用，却出现水土不服的问题，效果不佳。其实，除了学校的和学生的实际条件不同以外，其中一个主要的原因就是对这些好的教学经验没有从理论上进行总结，因此难以推广。开展这类研究对于改进教学应该是有益的，但对于真正提高自己的教学水平，特别是教学理论素养和研究水平，却收效甚微。

3. 理论与实践结合研究

把实践中存在的问题运用合适的理论进行分析、说明。这样的研究可以对实际问题进行理论上的总结和提升，为解决实际问题指出了方向和途径。这类研究关注的是教学中的实际问题，并以实际问题的解决为终结，即通过这类研究，不仅知道实际的问题是什么，也知道能解决问题的方法和途径，更知道能有效地解决问题的深层原因。这类研究在教育文献中称为“行动研究”，提倡一线教师多开展这一类研究。

课题研究流程如图 1-2 所示。

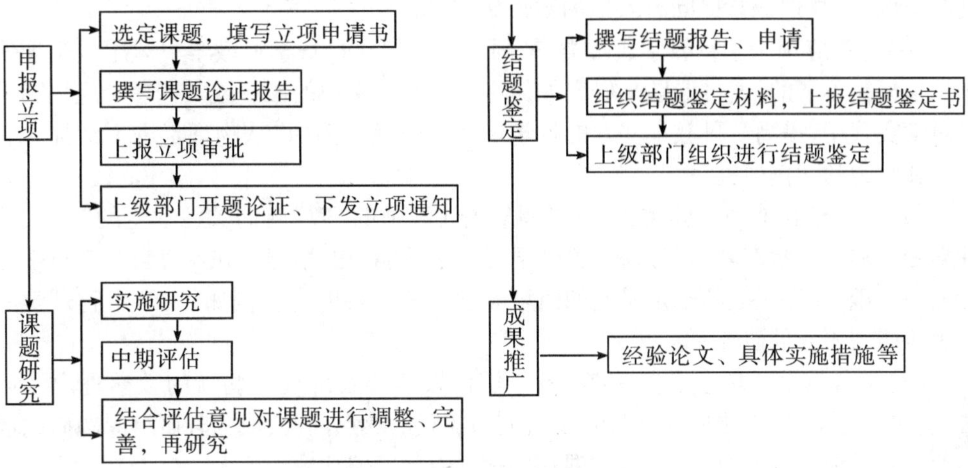

图 1-2　课题研究流程

二、中小学课题基本类型[①]

教育研究课题分类形式很多，以“北京市教育科学规划 2011—2017 年立项课题”为例，暂将中小学教育课题研究选题分为 11 种类型。

（1）学科教学本质探索类：随着新课改理念的逐渐深入，许多教师开始重新审视自身所教学科的本质与教育价值，并对课题研究方式加以探索，由此产生了学科本质探索类的课题。如“基于物理方法提高教学品质研究与实践”等。

（2）学科教学难题解决类：学科教学难题的成因复杂多样，既有客观原因，也有主观原因，是困扰教师们的棘手问题，也是研究的重点问题。例如“基于常规实验教学中的困惑及对策的案例研究”等。

（3）学科课堂教学模式类：“教学模式是指在一定的教育思想、教学理论、学习理论的指导下，在一定环境下展开的教学活动进程的稳定结构形式。”[②]为了厘清某一教学活动过程与方式，形成较为稳定的教学结构，便于教师进行规范教学，教研组教师可以探索基于某一教学活动过程与方式的学科教学模式，由此形成课题研究的选题。例如“中学物理‘图像—问题—导学’课型与模式的构建实践研究”等。

（4）学科教学内容及方法类：各学科在基础教育领域都形成了内容结构体系，学科教学的各个领域、模块等具有自身的独特性，需不同的教学方法。学科内某部分教学内容采用何种方法、何种策略进行教学更为有效，也可以作为课题来研究。例如“中学物理探究式与常规教学融合的行动研究”等。

① 李爱霞. 中小学课题研究中选题的基本类型[J]. 教学与管理，2018(4)：34-36.

② 余胜泉，马宁. 论教学结构——答邱崇光先生[J]. 电化教育研究，2003(6)：3-8.

（5）学科课堂教学技能类：教学技能不仅是教师外显的教学行为，还蕴含了教师的教育观念、理论知识、教学认知等方面内容。针对本校本学科教师在课堂教学中某些技能的欠缺或不足进行研究，通过研究来促进学科教师改善其教学技能，转变教学观念。例如“物理课堂提问有效性的案例研究”等。

（6）理论应用于学科教学实践类：教师对于如何在自身学科教学中运用教学理论知识是模糊不清的，通过课题来研究如何将教育心理学中的某一或某些理论应用到学科教学实践中，提高学科教学实践的科学性和有效性。例如“从物理走进生活提升学生创新能力的案例研究”等。

（7）学生学科能力培养类：课改强调从关注教师的“教”转向关注学生的“学”，关注学习者的学习状态和学习过程，关注学习者学习能力的培养。在反思自身学科学习特点的基础上，许多教师开始研究如何培养学生的学科能力。例如“中学生物理学习中表达能力培养的研究”等。

（8）学科教学新理念及方法类：各个学科教学开始出现一些新的教学理念及方法，这些新理念、新方法成为学科教学研究与实践的热点问题，成为教研组课题研究选题的又一类型。例如“中学物理微课辅助教学有效策略研究”等。

（9）学科核心素养培养类：通过课题研究探索学科核心素养培养的路径、方式和策略，或者在某一学科教学过程中有意识地培养学生的学科核心素养。例如“中学生物理关键能力培养的案例研究”等。

（10）学科教学资源开发类：学校与教师开始寻找与开发各种学科课程教学资源，促进学生开阔视野、实践创新、自主合作，促进学生更广泛、深入、创新和生动地学习，由此形成学科教学资源开发类选题。例如“基于科学技术馆资源的物理教学研究”“微课在物理学科自主学习中的应用研究”等。

（11）学科实践活动课程类：教育科研关注教育教学前沿，具有前瞻性、创新性、探索性等特点，学科实践活动课程成为教研组课题研究又一新的选题方向。例如“中学物理与创新实践活动融合的实践研究”等。

三、课题研究的基本内容①

（1）从课程层面寻找可研究的课题：如“不同形态的课程在本校或本地实施的策略研究”“国家课程校本化实施策略研究”“校本课程的开发与管理研究”等。

（2）从教学实施方面寻找可研究课题：如某一内容或主题的教学策略研究，其从创设情境、活动安排、资源利用、语言表达、教学手段等方面进行探索与尝试，特别要关注教学实施中问题的选择、设计以及与此相关活动的开展、反思等，如“初中物理课堂情境教学模式的运用研究”等。

（3）从教学设计方面寻找可研究课题：可以结合所教学科的特性选择某一部分内容或者某一主题进行单元式或主题式教学设计研究，从学科分析、教材分析、课标分析、目标分析、重难点分析、教学方式分析、教学流程设计、教学反思等方面展开深度研

① 张定强，裴阳．中小学教师开展课题研究的途径与方法［J］．中小学教师培训，2018（3）：29-32.

究,也可从反思视角探析教学问题。这是十分重要的研究课题,可从教学理念、教学方法、教学评价等诸多方面来反思、剖析教学实践中发生的现象或遇到的教学困境。

(4)从学生层面寻找可研究课题:学生层面的相关问题研究是选题的重要领域。例如,学生学习的心理状态、学习动机、学习兴趣以及学习焦虑、情感情绪,学生学习的方式、作业情况、自我成效感、生涯规划意识以及学生的培养策略、家校合作的策略、环境育人的策略等,都是很好的研究课题。具体如"学生自我监控策略的研究""学生课外实验训练策略研究"等。

(5)从教师成长层面寻找可研究课题:教师不仅是教学的亲历者与实施者,更是教学的研究者与反思者。学校应当开展教师成长与发展相关问题的研究,如新手教师与熟手教师的对比分析研究,教研组教研活动开展的策略研究,教师开展说课、议课、研课、磨课功能与价值研究等。

(6)从评价层面寻找可研究课题:评价是促进教学进步的重要手段,也是课题研究的重要领域。可开展课程评价、教学评价、学习评价及其相关问题的研究,如研究课标中课程内容、试题的一致性;也可具体针对考试问题进行系列化研究,如题型维度、关联维度、价值维度等,如"学生试卷时效性分析及教学策略研究""以教学诊断为目的的试卷分析研究"等。

(7)在学习反思中寻找研究课题:教师的学习主要是阅读专业书籍、报刊,在教学实践的过程中学习,在参加培训、教研活动中学习,同时在观课、评课、议课、建课等活动中学习,在这些学习中可以发现一些值得研究的课题,特别是在学习与反思的过程中对发现的"观点""漏洞""错误"及时梳理,收集素材,凝练问题,进而开展对教与学问题的系统研究,重要的是在学习前人研究成果的基础上进行拓展,形成自己对诸如教学的目的、内容、过程、方法、评价以及师生关系等一系列重要问题的思考和重新审视。通过学习与反思,可以获取自己值得去研究的问题,进而采取有效的策略改进教学实践,丰富教育智慧。

(8)从科研指南中寻找研究课题:教育科学研究部门,如全国教育科学规划办、各省市教育研究院(所)都会定期或不定期地公布一些重要的、现实的课题供教师们申报。此外,教师还可以从国家或地方最新颁布的教育政策或者现存的教育争议中找到一些研究热点,此类话题有一定的时效性,对当前教育研究的进展有一定的参考价值。

总之,课题选择要针对教育科学研究中有普遍意义的特点问题,有明确集中的研究范围、目的、任务。课题选题要坚持4个基础原则:①实用性原则。选择迫切需要解决的问题,应着眼于未来。②新颖性原则。有新意、有新知,能言人之所未言。③可行性原则。是否有研究的可能,主客观条件是否具备。④科学性原则。有事实根据和理论根据,符合科学原理和教育规律。

四、课题研究的主要方法

课题研究主要方法有文献研究法、观察法、调查研究法、实验研究法、行动研究法等方法,在课题研究过程中要注意多种方法的使用,方法要写详细,不能滥用。

(1)文献研究法。主要指搜集、鉴别、整理文献,并通过对文献的研究形成对事实的科学认识的方法。文献研究是从事教育科学研究的基础,可避免不必要的重复劳动、大量的文献信息,是教育科学研究的理论依据。

(2)观察法。观察是指人们有目的、有计划地通过感官和辅助仪器,对处于自然状态下的客观事物进行系统考察,从而获取经验事实的一种科学研究方法。被观察对象及其行为选择以及记录都对观察的效果有很大的影响。比如研究教学策略,就可以在课堂中去观察,教师用了哪些教学策略,学生的反应如何,学习效果如何。

(3)调查研究法。问卷调查是以书面提出问题的方式搜集资料的一种研究方法。它搜集的是自然状态下的实际材料,对研究对象没有任何干涉,区别于实验研究法。调查研究法基本程序与要点准备:①选定对象,确定范围,拟定问卷表、谈话提纲等,规划调查程序、方法以及各种必要的安排;②实施调查,收集材料,防止调查对象的“应试”动机、调查焦虑和防御心理;③整理材料,包括分类、统计、分析、综合。

(4)访谈法。一般分为 3 种:①完全开放式。了解基本情况,找出问题事前难以确定分析的框架。②半开放式。有确定的框架,需要了解深入的想法。③限制式。对问题已经形成初步的看法,只需简单确认,对象不可能有深入的看法或表达水平受限制,不方便采用问卷的大面积调查。

(5)实验法。在人工控制教育现象的情况下,有目的有计划地观察教育现象的变化和结果。①单组法:就 1 个组或班进行实验,看施加某一实验干预与不施加实验干预或在不同时期施加另一实验干预, 在效果上有何不同。②等组法:就各方面情况相同的 2 个班或组,分别施以不同实验干预来比较其效果。

(6)行动研究法。是指有计划、有步骤地对教育实践中产生的问题,由教育实践工作者和教育研究者相结合,边研究边行动,以解决实际问题为目的的一种科学研究方法。

第三章　中学教研活动的策划与实施

第一节　教研活动的选题与策划

在教研活动的策划过程中，首先要选好主题。在主题选取时，要思考为什么搞教研活动，活动需要什么人参加，应采用什么方式，要达到什么样的目的，产生什么效果。在教研活动的策划过程中，突出重点、合理选题成为策划有效教研活动的关键。

一、教研活动定位与选题

（一）教研活动的定位

在教研活动策划时，策划者和组织者要走出“教学指导者”的身份，要注重专业引领、学科示范，共同营造“合作研究、平等对话、经验共享、资源共建、质量共赢”的教研特色，要树立“基于问题及问题解决”的教研价值取向，将教研活动的重点放在学科课程改革实践中所遇到的突出问题上，为学科校本研修提供专业支持，让教研活动扎根于学校，落实于学科组，有效促进区域教学质量的持续提升。①

（二）活动的需求调研

教研活动的关键是选题，在学科教学实践中，教师有太多的问题需要探讨，有太多的需求有待满足，但是我们又不能期待通过一次教研活动就能解决所有的问题。因此，突出重点，合理选题成为策划有效教研活动的关键。这需要思考：“哪些问题是教师目前教学中亟待解决的？教师的哪些需求是最需要满足的？哪些需要是可以满足的？”这需要在日常教研工作中做个有心人，充分调研、论证和取舍。事实上，任何教研活动都会有问题背景，问题在于能否从中提炼出适当的教研问题和议题，进而提炼为教研活动的主题。适当的教研活动选题应当明确、具体，紧贴一线教师之所急，与活动参与者的专业需求一致。

（三）确定主题的步骤

教研活动的策划应围绕主题进行，每次教研活动都应有明确的主题。教研活动的

---

① 胡新秀. 教研员如何策划一项受教师欢迎的教研活动[J]. 教书育人，2014(22)：39-40.

主题源于教师的需求，只有活动主题满足了教师的需求，才能提高活动的有效性，才能提高教师参与活动的积极性。

教研活动主题的确立一般要经过以下几个步骤[①]：①需求搜集。即通过各种途径将教师的需要、想法搜集起来。②需求分类。即将教师的需求进行归类，分清轻重缓急。③需求筛选。即根据需求的重要程度、迫切程度进行排序。④确立主题。即在排列靠前的需求中确立教研活动的主题。

教学活动一般围绕3个方面选题：一是课堂教学方面，包括新课教学、复习课教学、试卷讲评、各类展示与示范课、课例研究、信息技术应用等；二是围绕考试命题与评价方面的教研活动，主要包括考试命题、试卷分析、备考策略、考试信息反馈、各类评价等；三是教研专业成长方面的教研活动，如教师专项培训、教研组长培训、教研成果培育、课题研究、教师研修、跟岗培训等。

二、教研活动的主要内容[②]

（1）围绕教学重难点开展主题研讨：在课堂教学中，有时会发现课前预设教案与课堂实际很有出入，为什么有这么大的不同？这些问题都可以作为教研活动的主题来研讨。通过集体交流讨论来共同解决课堂教学中的疑惑是一种很有效的途径。教学中的问题就是教研活动的主题。当然，课堂出现的问题可能很多，抓住主要矛盾，忽略次要矛盾，选取突出的热点问题，可能更受参与者的欢迎，也对教学工作更有促进作用。

（2）围绕学科特色项目和课题选题研讨：现在，各类课题研究走进了学校，课题即是研究的主题，围绕课题的进展情况设置各类教研主题，开展教研活动有利于课题研究的顺利开展。各个学校不同学科有不同的特色，教师发展方面也有不同的方向，教研活动要根据学科发展特色寻找主题，如示范科组建设、课堂教学特色培育与打造、课堂教学策略、课题研究与项目开展等。主题活动的开展要有利于特色的形成。

（3）围绕上级主题教研活动选题：每年各级教研部门都有相关的教学活动计划，这些计划就是下级教研部门和学校开展活动的主题，如中央电教馆开展的“一师一优课，一课一名师”活动，全国教育学会开展的全国青年教师基本功大赛、微课比赛，各省教研室的名师课堂、青年教师基本功大赛、实验操作与创新比赛、课堂教学展示及各类教学研讨活动等都是很好的教研主题。

（4）围绕名师工作室工作选取主题：各省、市、县（区）都成立了相应的名师工作室，它是强师工程的重要内容之一。工作室相关工作的开展本身就是很好的教研主题。制定教研主题的时候，以开放的态度、学习和研究的心态，扩大其影响力，把工作

① 陈坚. 教研活动的策划、流程与评价[J]. 教学与管理，2012(31)：33-35.

② 王维平. 浅谈教研活动主题的确定[J]. 教育学文摘，2015(9).

室的工作同教研活动有机结合，对促进学科建设和教师成长有一定的作用。

（5）设置特色创新型教研活动：根据教研组织部门的特色，可设置系列符合其本土特色的系列教师活动。这些活动主题的确定要具有可持续性、引领性和示范性，如开展系列课堂教学展示活动、解题命题比赛、教学设计、说课、案例设计与评比、微课设计与应用、学科网站建设、云课堂、翻转课堂与小组合作研讨等活动。这些活动的开展有利于教师成长和学科建设。

教研活动要有明确的主题，要有精心的准备，无论是哪种类型的主题教研活动，其根本目的都是为了促进教师的专业发展，提高课堂教学效率，促进教师教研活动能力的提升。

三、教研活动策划与流程①

（一）教研活动的策划原则

（1）有利于教师发展的原则：要鼓励教师积极参与、自主学习、自主探究、自我反思、自我创新。教研方式要突出教师的主体地位，为教师创设发展的空间，让教师在活动中得到全面发展，促使教师在教学实践中不断创新。

（2）有利于课程改革的原则：活动主题要有针对性，要准确把握教学改革的方向，切中教育实践中存在的问题；要充分考虑不同层次教师群体需求，要促进共识的达成，也要关注教学行为的持续改进。

（3）有利于全员参与的原则：教研活动要让组内的每一位教师都贡献自己的智慧，都成为研究者、思考者、实践者，而不是旁观者与陪客。有效的教研活动，应让参与者真正融入其中。

（4）有利于形式多样化原则：活动形式要紧紧围绕目的来设计策划，有助于目的达成的活动形式就是有效的形式。可设计“问题研讨”活动、“经验交流”活动，还可以是观摩课、示范课的课例研讨活动等。

（5）有利于理论联系实际原则：教学行为的改进、教研活动的策划、流程与评价经验的推广需要有教育理论的支撑，教研活动策划应充分考虑教育理论与实践的结合，让理论来引领教研活动，提升活动的质量。

（二）教研活动策划流程（图 1-3）

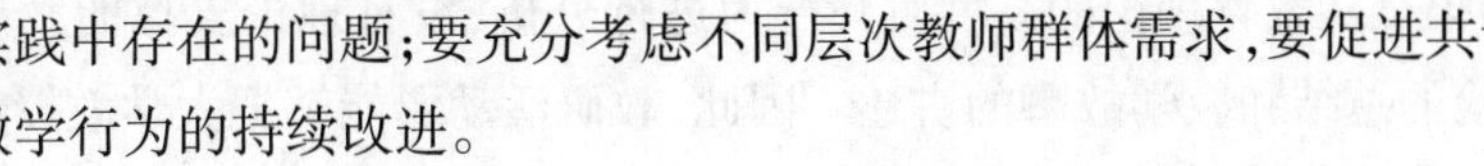

图 1-3　教研活动策划流程

① 陈坚. 教研活动的策划、流程与评价[J]. 教学与管理，2012(31)：33-35.

教研活动主题要联系教师实际，与教师的准备状态相适应，为广大教师所接受。教研活动方案制定的目标是可以评估或者测量的，操作不能过于复杂，要简便可行，方案要关注到参与者的不同需要，顾及参与者的参与点，能吸引不同层次教师深度参与。活动方案中要有明确的阶段安排和时间表。在制订方案时要将教师的情感、理论和技术3方面的准备状态都考虑进去。在做教研活动策划时，事先应对活动的结果进行预测，回答“本次活动究竟能给教师带来什么”这样一个问题。这是对教研活动有效性的追问，只有在不断的追问中修改方案，才能使方案更加完善、活动更加有效，更受教师欢迎。活动完成后应对结果进行及时的自我评估或总结，养成总结的好习惯，要在总结评估中提高反思的水平，最终达到持续改进的目的。

四、改革创新型教研活动[①]

传统的教研活动往往是围绕某一学科展开，但由于教育对象是全面发展的学生——各学科的教育已使学生成为各学科互相融合和渗透的综合体，所以教研活动也应站在大教育的视角，突破传统教育的局限性，为学生全面发展打下良好的基础。

（1）高校与中小学合作的教研模式：教师要将自己置于社会发展的需要与人的发展需要的高度，来审视教育的功能和课程的价值。许多教研活动仅停留在经验行为模式内展开，很难从教育理论的高度对其行为进行分析，没有理论支撑的教研成果只能是一种经验的总结和教学故事的讲述。因此，教研活动要能够把大学教授们的理念与中小学教师的实践相结合，在经验和理论的碰撞、融合过程中形成更高层次的成果，教研的任务不能仅局限于概括已有的经验行为模式，更要从课程的价值层面去对课程进行不断的创新。

（2）开展科学与人文并举的教研活动模式：教师要从更广阔的人文和科学背景来探究课程的性质和教育的模式。由于长期以来受我国文理分科的影响，许多教师都有自己的专业学科背景，而且很多局限于自己的专业，学科学的不懂人文，学人文的不懂科学。教研活动作为一个课程创新的主体，不能仅局限于自己的学科背景。教育不仅仅是传递文化知识，也不是简单课程的叠加和知识的联结，而是发展与完善人格的连续性的内化过程。因此，突破学科知识的局限，以现代教育思想和后现代文化观念来探究课程的价值，是课程创新的基本条件。

（3）创办跨区域和国界的教研模式：教师要用全球化的视野来认识世界的变革趋势与发展方向，结合地域的文化特征，合理拓展课程资源。教师要对全球的社会变革、文化进步以及教育改革有一个大概的认识，只有这样才能跨越地域局限进行课程创新。如许多学科开展了粤港澳大湾区教研交流，还可以开展“一带一路”沿线教研交

① 杨庆余．传统教研活动模式的突破［J］．课程教材教学研究：小教研究，2015（Z3）：41.

流和更多国际视野的教研交流活动。

(4)开办跨界教研活动模式:教育不只是学科教育,有许多教学活动本身就是跨界的教育,具备跨学科的特色,如科学创新活动、综合实践活动、小学科学课程、STEAM 课程、国际学生评估项目 PISA 测试、劳动课、各类校本课程等活动。如何创造性地拓展课程的领域,在多元化的课程管理模式下,给课程创新留出了可能的空间,也给教师的专业成长留出了可能的空间。

第二节　教研活动的组织与实施

教研活动是有针对性地解决教学中的实际问题的重要方法,通过教研活动可以全面了解学生、改进教法、研究教材,促进教师之间相互学习、相互沟通、取长补短、共同进步。当教研活动的主题确定以后,教研活动的组织与实施决定了教研活动的质量与效益。

一、组织常规的教研活动

教研组作为学校教研活动的基层单位,其活动形式和效果对课堂教学、考试成绩及教师成长有着非常重要的作用。与大型教研活动组织不同的是,学校教研活动更加注重实效,同教学联系得更加密切。

(1)听、评课式教研活动:听课和评课式教研活动是传统的教研活动形式,通过听课、评课活动可以形成良好的学习氛围,达到促进教师之间相互学习、取长补短、共同提高教学水平的目的。

(2)教法、学法研讨教研活动:教学方法是教学内容展示的重要手段,在整个教学活动中尤为重要。在教研活动中,可就教学方法、学生学习方法进行研讨,教师之间互通有无,达到资源优化,形成最优的教学方法和学习方法。

(3)说课与课例分析式教研活动:在说课前要布置好任务,做好总结安排,最终形成说课稿。说课和案例材料准备要充分,要具有典型性、科学性和实效性。要针对案例和说课进行剖析和反思,做出科学的评价,寻找有效的对策。其课例可以是一堂课、一个实验、一个教学过程中的关键事件,在对案例全方位、多角度的观察与诊断中得出定性和定量结论,达到促进教师成长的目的。

(4)教学基本功展示式教研活动:根据学校实际情况,在教研组内部开展课堂教学、实验创新、教学设计、解题、命题和说课比赛等,有利于促进教师成长,提升教学教研能力。

(5)项目与课题研究活动:教研组可根据教学发展需要开展课题研究和项目研究

活动，针对教学实际，结合教学发展的需要进行立项和研究；也可针对教学实际开展小课题研究，着力解决教学过程中的细节问题。

二、开展创新型教研活动①

（1）师徒结对互助式教研：在备课、听课、评课过程中，将师徒结对纳入教研组或备课组活动之中，使师徒结对与集体研讨相结合，形成教研组内的教研共同体，共同研讨、共同学习，通过理念学习、专题研讨、示范课、汇报课、实践课等形式促进教师成长。

（2）跨校互动联合体式教研活动：倡导各学校之间构建教研联合体，借助学校公开周、送教、支教、跨校研讨等形式，有计划地开展活动，在相互学习、对比中共同提升。

（3）定向课例研修式教研：根据教学发展的实际需要，组织开展专题式课例研究。具体流程如图 1-4 所示。

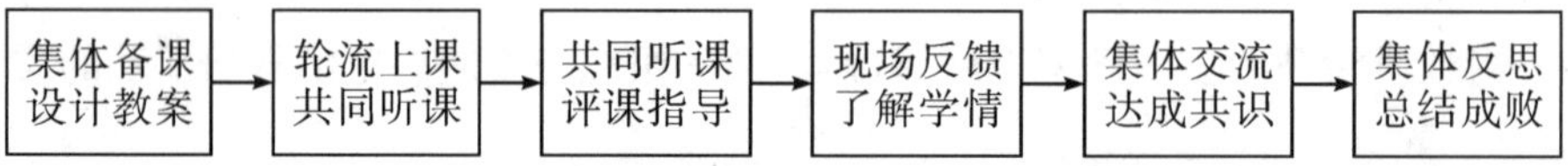

图 1-4　开展研修式教研活动的流程

（4）建立成长记录手册：在参加科组教研活动过程中，要倡导教师养成善于发现、记录、提炼和推广先进案例的良好习惯，记录成长的关键点、关键事件和重要成果，把每名教师的成长情况记录成册，形成成果的原始资源。

（5）开展轮流主持教研：通过轮流设计和主持各类教研活动，可以让每名教师都得到充分锻炼，也可以改变教研活动就是教研组长一个人的事的认识，给每名教师展示的机会，在教研组内构建平等互助的关系，使教研组成为学习型、发展型、互助型的团队。

三、实施主题式教研活动②

（1）“主题研讨—素材分析”型教研：是以教学的理论、方法、艺术、经验、探索等为主要内容的学术交流与讨论。为了提高教研活动的品质，教研组应定期确定 1 个或多个教研主题，由专家、团体或个人进行阐述，抛出研讨的主要内容，然后由小组参与讨论。此类教学活动可以作为综合教研活动中的内容，也可以作为专题研讨活动开展。如课题研讨类教研活动，其课题研究过程中，往往结合某一主题进行研讨。主题式教研活动一般分为 3 个步骤：一是确定主题。其内容要同教学活动密切相关，如“课标理念下备考策略”“实验探究的有效性研讨”等。二是实践活动。根据所确定的主题，

① 杨文娟，张玉霞，王成军. 教研组活动有哪些组织形式？[J]. 现代教学，2007(Z2)：21-23.

② 方炳道. 谈新型教研活动的组织形式[J]. 现代校长，2006(5)：53.

设计开展活动的形式，进行研讨或实践活动。三是反思。对主题教研活动情况进行反思，把研讨成果落实到教学实践过程中。

（2）“讲座—研讨—定模”型教研：在推广和研讨某一特定课堂教学模式、课型或特色项目过程中，可请专家或名师针对课堂教学中存在的困惑和问题进行分析和研究，做专题讲座，由参与其中的教师针对相关问题提出各自的观点，引发争鸣、开展辩论、达成共识、形成特色，结合研讨内容进行推广。

（3）“反思—互动—研讨”式教研活动：鼓励教师主动参与教研活动，在反思过程中寻找成功的教学经验，在交流互动中提升教研能力，形成教学特色。

图 1-5　“反思—互动—研讨”式教研活动的流程

总之，教研活动的组织与实施是一个复杂的过程，教研活动组织者要精心确定活动主题，要根据参加活动的主体确定活动的组织形式和实施方案，要在活动的组织与实施过程中关注细节、选准方法、注重效果，要让教研活动成为教师成长和学校发展的加油站。

第三节　教研活动的总结与评价

教研活动不同于教学，它不是直接作用于课堂教学和学生学习，而是通过帮助、指导一线教师研究教学策略、改善教学方法、提高课堂教学质量的一种行为。[1] 在这个过程中，教师是教研成效的转化者，是理念和实践的桥梁，也是课程改革的最终执行者。教研活动中所倡导的理念与教学方式，只有转化为教师的思想和行动才能取得实效，因此，深入了解教师参与教研的态度和行为，了解其对教研活动的认同情况，对更好地开展教研活动有很大的帮助，这就需要对教研活动情况进行总结和评价。

一、活动模式与效果的总结

（一）对主题、流程和内容的总结[2]

在教研活动结束后，要对活动模式、内容和效果进行总结。首先，要思考教研活动

① 梁威，卢立涛，黄冬芳. 撬动中国基础教育的支点——中国特色教研制度发展研究［M］. 北京：教育科学出版社，2011.

② 张曼. 基于教学行为分析的精准教研模式研究及应用［D］. 黄冈：黄冈师范学院，2020.

所选择的主题与参加教研活动的主体是否对应,在教研活动过程中,所研讨的内容在满足团体共性需求的同时是否兼顾个体的需求。由于教研活动的情景不同,呈现的教研问题也不同,成功的教研活动要让每个参加活动的个体都有收获。其次,教研活动是专业性的活动,教学研究过程要精细化、时间安排要科学化,教研内容要精准到对教学诊断、经验推广、成绩提升等定点问题上,要聚焦热点、重点和难点问题进行研讨,要挖掘教师参加教研活动的内在需求。最后,要通过教研活动修正教师僵化的教学经验,要能激发教师教学的能动性和创造性。要通过精准的教研模式细化教学评价过程,尽可能地展现清晰的课堂面貌,对具体教学活动片段或环节进行分析,简化课堂复杂程度,突出教学核心问题,帮助教师将教学反馈结果应用于教学实践。

(二)对活动成效的总结

教研活动成效主要体现在教师发展、课程建设、学科发展、教学质量提升等方面。影响教研活动成效的因素可分为内因和外因,内部因素主要包括教师对教研活动的认识和操作水平、教研经验、教研意识、教研水平、教研心态、教师需求和兴趣、教师参与度、教师认同感、自身的期望、教研信念、教师个人经历,以及教研活动本身的机制模式、内容方式、主题策划等方面;外部因素主要包括专家引领、组织文化、教师生存的压力、教育政策、支持条件、同事关系、教研的关系结构等方面。

教研成效是指对教研活动质量的评价,是对教师专业成长和教学效益提升所产生正面影响的思考。常规的教研活动评价主要包括考评制度,记录教师教研活动的时间、次数、出勤率,教研活动中的表现,以及收集活动记录、听评课记录、教学反思、教学总结等作为评价依据。这些是对参与教研活动者的评价,也是对教研活动效果的调研与评价。对教研活动的评价方式多种多样,可采用下发教研活动问卷调查表、个别访谈等,主要调研教师对教研活动态度、认识和认同、参与度,对教研活动各项内容和专题讲座的感受和收获等。对这些情况的调研,有利于下次教研活动主题确定、专家聘请及相关活动的改革,有利于提升教研活动效果。

二、教研活动认同感的调研①

(一)教研活动与教师认同感的关系

教研活动主要是围绕教学问题、教师专业发展问题、具体学科发展问题展开的。教师对教研活动的认同感是指教师对活动表现出的正面的态度和行为意向,旨在了解教师对教研活动所展示的问题及解决问题的方式方法所持的态度。教师对教研活动

① 李梅园. 中小学教师对教研活动的认同感的调查研究[D]. 上海:华东师范大学,2018.

的认同感是决定教研活动的成败,也是决定教研活动传递的有关教学理念、方法能否得到落实的关键,教师对教研活动的正面的态度和行为意向,是衡量教研活动开展有效性的重要依据。

(二)教师对教研活动认同态度的调研

教师认同由态度和行为意向 2 个变量组成。教师对教研活动的态度可细化为教师对现有教研活动是否满意、是否有价值、是否有效进行表态,采用问卷形式进行。教师对教研活动认同态度调研可采用表格形式呈现。为了利于统计和量化,对每项认同感从“十分不认同”到“十分认同”设置 5 分,让参与调研的教师填写,一般从“教师发展”“学科建设”和“教学质量提升”3 个方面展开(表 1-4)。

表 1-4

归属变量	题项
教师发展	为教师个人发展提供专业支持
	组织教师之间的合作与交流
	对教师进行教学基本功训练
	学科教师团队建设
	开展教师团队建设
	带教小学教师
学科建设	围绕特定教学主题展开研讨
	结合所听评课中日常教学问题展开研讨
	教育科研课题
	教材、教法的分析与研究
	鉴定或推广教学成果
	帮助完善学科教研计划
教学质量提升	考试命题与学业质量分析
	开展教育教学视导工作
	组织业务评比

(三)教师对教研活动行为认同意向调研

教师对教研活动行为认同意向是指教师对教研活动对其自身发展影响的评估,同样可从“教师发展”“学科建设”和“教学质量提升”3 个方面展开。每项可从“非常认同”到“非常不认同”分设 5 个档次,分值从 5 分到 1 分(表 1-5)。

表 1-5

归属变量	题项
教师发展	能对自己的教学进行反思
	能与教研员分享教育教学心得
	遇到问题能主动向教研员请教
	能与其他教师分享教育教学经验
学科建设	能研究学科教材、教法
	能组织学科教研活动
	能根据教学中遇到的问题开展主题教研
教学质量提升	意识到教学基本功的重要性
	能获得教育教学知识
	能借鉴、模拟教研员教学的思路和做法

(四)教师对教研活动关心事项调研

教师在参与实施教研活动中,对项目的关心程度取决于教师对其付出成本和收益的衡量。一项活动能让其获得发展机会越多,收效越大,教师参与意向越强,教师越倾向于付诸实践。此项调研问卷主要包括“是否有机会从教研员指导中获取教育教学知识”“是否带有机会总结提炼教学经验”等内容,每项内容可设置 5 个分值进行评测(表 1-6)。

表 1-6

题项
有机会从教研员指导中获得教育教学知识
能获得教研员指导我们总结提炼教学经验的机会
有机会借鉴和模仿教研员的思路和做法
有机会比较不同教学设计与实施优劣
近一年,有机会参与教研员组织的各类教学比赛
会与其他老师分享自己的教育教学经验
有机会从其他教师那里得到教育教学方面的帮助
总分

通过对问卷调查的数据分析和个案访谈进行整理,教研活动的策划者和组织者可对每次教研活动教师的认同感有较全面的认识,这对未来教研活动的策划、组织和开展有很重要的参考价值。

三、活动组织开展情况评价

要对教研活动人员、任务分工等制订周密计划,不能出现任何差错。要营造对话交流氛围,把握话语主动权的调控,还要设计教师的参与点,让每个环节都是有价值的活动。如何评价教研活动的质量呢?不同的评价方式体现了不同的价值追求,对教研活动质量的评价应是一种基于效果的定性评价。对教研活动而言,活动主题、方案设计、实施过程及活动效果等,是决定教研活动质量高低的重要因素,因此可以侧重从这几个方面来进行评价,对每个方面又可以设立若干具体的等级评价指标(表 1-7)。

表 1-7

评价项目	评价指标	评价等级				备注
		优	良	一般	差	
活动主题	1. 活动主题与教师需求及教学实际的关联程度如何?					
	2. 活动主题是否有典型性、普遍性?					
	3. 活动主题是否对提高教学效益有贡献?					
方案设计	1. 方案设计是否切实可行(是否充分考虑教研组实际)?					
	2. 流程设计是否合理?方案是否完备?					
	3. 方案设计是否有特色,有无创新性?					
实施效果	1. 教师参与度如何?					
	2. 互动交流气氛如何?					
	3. 理论与实践结合度如何?					
	4. 与研究主题相关的资源利用率(包括人、物、技术等利用情况)如何?					
	5. 达成共识的程度如何?					
	6. 行为改进或问题解决程度如何?					
	7. 有无价值的生成性问题产生?					
	8. 参与者是否确实感到有收获?					

教研活动必须坚持对某一专题的持续研究,造成螺旋式上升的效果。教师参与方式应多样化,参与程度要有递进,要让不同层次的教师都有参与的可能。有效教研活动反映在理论能否很好地与实践结合,研修活动能否达成明确共识,能否帮助教师形成基于实践的理论。只有理解有效教研活动的要求,才能全盘考虑,策划好方案,做好

组织工作,提高教研活动的质量。通过架起理论与实践的桥梁,研究者在多维度的解读中,通过归纳、概括、总结、提炼,将抽象难懂的理论知识内化为实践智慧,反过来又能对个体的实践经验找到阐释的理论,从而提升教师的教育理论素养和专业水平,促进教师的专业发展。①

① 高翔. 教研活动重在策划与形式创新[J]. 人民教育,2017(6):55-57.

第二部分

中学物理教研活动

第一章　中学物理教研培训活动

第一节　省、市级教研培训活动

为了提高物理教师的整体素质，建设师德修养高、业务素质精良、教学技能全面、教学基本功过硬、具有一定教科研能力、适应新时期新课程改革要求的教师队伍，各省市教科研部门坚持以多层次、多渠道、多形式、学用结合、讲求实效的原则，开展了系列丰富多彩的教研培训活动。

一、培训的基本内容

(1)有关《课程标准》的培训：课程改革初期，为了充分落实课程改革精神，打破传统教学的束缚，把课改理念深入教学一线，各省、市、自治区教研部门，分别围绕《课程标准》从理论高度到课堂教学，从课改实验到全面落实，从简单渗透到全面改革开展了系列培训，宣传了先进的教学理念，推广了先进的课堂教学方法，促进了课堂教学改革的发展。

(2)教材教法培训：物理《课程标准》出台和修订后，在课程标准背景下的各个版本中学物理教材也随之出版，为了解决在课标引领下从教教材转化为用教材，让课标和教材更好地为教学服务，各省(自治区、直辖市)依托各相关出版社，分别聘请课标研究专家、教材编写专家、一线名师和骨干教师组成专家培训团队，开展在课标引领下的教材教法培训，帮助教师解读教材，优化教学方法。通过对优秀课堂实录、优秀教学设计、案例分析等材料的研读，增强教师把握教材、设计教案、实施教学的水平，提高教师驾驭课堂教学的能力。

(3)教学基本功培训：为了提升教师的教研能力和教学基本功，帮助教师学习掌握教研的一般方法，使教师学会发现问题、筛选问题和解决问题，使教研成为教师自觉提高自己的行为，各地在赛课和理论测试的基础上，进行教师说课比赛、青年教师教学能力大赛，开展各类以课堂教学为中心的教学研讨活动，通过示范课、研讨课、展示课的形式传递先进的教学理念，通过专家讲评、教师研讨的形式提升教研能力和教学效果。

(4)强师工程：各省(自治区、直辖市)近年在本地区开展了各类旨在提升教师素养的“强师工程”，开展了各类对名师的培训活动。这些培训从理念到行动、从设计到实施，方式多种多样，培训内容具有一定的吸引力，其送课下乡、支教、跨区研讨等形式受到广大教师的欢迎。

(5)信息技术应用培训：各省(自治区、直辖市)根据教育形式发展变革的需求，开展了许多针对性的培训，如提升信息技术应用方面的普及和专项培训、针对农村教师的专项培训，研讨与培训结合类活动等。

二、培训对象和方法

(一)省级培训对象和方法

由于省级教研部门所管理的地区和学校数量庞大，各省级教科研培训对象主要由3部分组成：一是针对市、县(区)级教研员的培训，通过培训提升教研员的素质，然后由教研员组织相关的专家和名师对所管辖的学校和教师进行逐级培训；二是对名师和骨干教师进行专项培训，结合百千万人才培养工程、名师工作室等强师工程，对特定的骨干教师开展系列化培训工作；三是通过互联网和继续教育系统，对全体教师进行公需课和专业课培训，其可以突破时空限制，根据教师的需要进行定向培训。

(二)市级教师培训对象和方法

由于各地级市面对的学校相对较少，教师培训内容也较为复杂，培训方式更加灵活多样。市级教师培训对象也可分为3类：一是县(区)、镇教研员、科组长、备课组长和骨干教师。二是分区、块结构的定向培训，如新教师培训、科组长培训、实验与创新教师培训、研讨与培训一体的定向培训等；分学段或学年的全员培训，如初三或高三备考研讨与培训、初一或高一起步学年教师培训等。三是网络和继续教育的系列培训，参加上级组织的各类教研活动与培训。

(三)省、市级培训的主要方法

(1)讲授法：聘请相关专家和名师，围绕培训主题开展相关的专题讲座，如各学段、各版本教材主编开展的教材编写与使用，教材与课标、教材与教学等方面的专题讲座。讲授法是应用最广泛、效果最好的培训方法之一，其培训效果同策划者的选题、培训的内容选取和培训者的素质有直接关系。

(2)研讨法：围绕培训主题开展形式多样的研讨培训。其研讨的形式较多，常见的是围绕内容开展的专题讲座，如实施和面临问题的研讨，针对教育教学案例或示范课、研讨课的专项研讨，不同级别和类型的分组研讨，教学理论与成果展示类研讨等。研讨又可分为讲座和专题发言类研讨、小组讨论与交流类研讨、论文展示与书面交流类研讨、网络交流与视频会议类研讨等形式。

(3)传递法：通过主题演讲、案例展示、资源互通与共享、跨区交流等形式，传递先进的教学理念与方法，推广有效的教学模式与课型。

(4)自我指导和团队建设法：自我学习和指导是指通过自身的努力，在专家和名师引领下，设计个人发展规划，实现自身发展；团队建设则是通过科组建设、学科团队发展、参加相关教育教学展示与比赛的形式，实现对个体和团队的培训目的，提升其教育教学素养。

(5)远程线上培训：主要是通过在线培训和录播的形式，借助各类网络平台，通过线上会议、远程研讨与交流、网络学习等形式开展系列培训活动。网络培训可以实现跨越时空限制的学习和交流，当教师走进网络时空开展学习和培训时，展现在他们面前的是丰富的内容、多元的互动方式和全新的培训体验。

三、方案设计与实施

(一)培训方案设计原则

培训方案的设置要基于专业思考，实施专业的行动。在设计培训方案时，应遵循以下原则：

(1)主体性原则：教师是学习的主体，培训目标、内容和方法设计应从有利于教师自主发展出发，要满足教师专业发展的学习需求。

(2)实践性原则：培训内容应充分针对教育教学实践，培训方式应主要结合教育教学实践，解决教育教学中的真问题。有利于实践的知识和技能学习应当是培训的关键。

(3)引领性原则：培训提供给教师的应该是新思想、新理念、新信息、新知识、新方法和新技能，能够引领教师发展。

(4)针对性原则：培训内容有利于教师解决教育教学实际问题，针对参训教师专业发展需要。

(5)开放性原则：培训的资源是开放的，培训学习方式是开放的，培训给教师的思想、知识、方法和技能等是开放的。

(二)培训课程的设计顺序和流程

在培训课程设计时，首先要确定培训目标，其总目标要概括、抽象，如“初中物理教材培训”“高中课程标准与教学应用培训”等；培训的目标要具体、可检测，如“课标修订与高考改革关系研讨”“新课标背景下教材编写与应用”等。培训课程设计的先后顺序一般遵循先理论后实践的原则，理论方面主要包括师德、课标、素养、理念、知识等方面，实践主要是通过观摩、交流、研讨、体验等方式来实现。

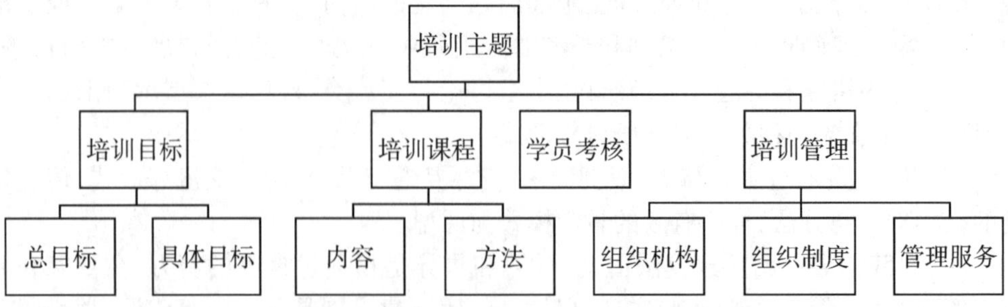

图 2-1　教师培训方案设计结构图

（三）培训内容与方式的设定

培训内容又可分为理念、知识和能力 3 个方面，其中，专业理念主要是从师德修养、物理专业理念方面进行设计；专业知识主要从教育知识、物理学科知识、物理教学知识、通识性知识方面进行设计；专业能力则是从物理学科的教学设计、教学实践、教学评价、教学研究、教育技术、课程开发、课程管理、课堂教学、课堂管理等方面进行设计。

培训方式的设定可以多样化，主要的方式有：①专题讲座——从理念、知识、观念和专业引领、方法指导方面展开；②示范课——名师示范、经验呈现、模式和课型研究等；③现场观摩——体验学习、观摩交流、问题思考等；④参观体验——通过参观和体验起到开阔视野的效果；⑤合作学习——通过经验分享、知识建构、相互学习实现共享共赢；⑥任务驱动——通过自主、合作、内在问题引领，任务驱动达成学习目的；⑦案例分析——借助案例分析和经验分享实现培训学习目标。

以上各种学习方式在培训中可以选用 1 种或多种，也可以多种并用来实现培训目的。

一、参培对象

2011年参加成都市初中物理骨干教师培训的教师。

二、培训时间安排

2011年10月19日至10月21日。

三、培训报到时间、地点

1. 报到时间：2011年10月19日上午8:50–9:30。

2. 报到地点：成都市石室初中（原成都市 30中）。

关于成都市初中物理骨干教师培训安排的通知(部分内容截图)

成都市初中物理骨干教师培训报到时需交材料清单

一、请带足生活必需品，中途不得请假。

二、须收集和研究关于中学物理方面的教育数学信息，本次研修中要进行重点探讨。

三、报到时请交以下材料：

常规作业(两个一)

1. 推荐一本好书（沐浴书香，阅读经典）。

(1) 书名。

(2) 写出你的推荐词或该书对你教育人生的自示。

2. 深度解读一个典型的案例。

第一阶段的作业(四个一)

1. 一份三年的职业生涯发展规划（要有总目标和分阶段目标）。

2. 一段实验导入的录像（用实验创设物理情景，用实验突破教学难点，用实检激发学习兴趣，5~10分钟为宜，刻成光盘，同时附上200字以内，可附图的word文字材料的打印稿及电子文档）。

3. 第一期学习记录册。

4. 一份你校考过、用过的较好的期末测试卷（八、九年级均可，题型、分值分布请参照成都市2011年中考试卷要求）。主要是分享!

图 2-2　培训方式实例

第二节　县(区)级教研培训活动

为了实现师资队伍的可持续发展，构建终身学习机制，聚焦物理课堂教学，实施素质教育，建立教师专业化发展的平台，指导物理教师专业化成长，结合物理学科特点，我国各县教研室、教师进修学校等部门，以“在实践中学习，在反思中探索，在研究中进步，在创新中提高”为原则，开展了系列有效的教师培训工作。

一、培训目标和内容

（一）培训目的

县（区）级培训一般都以提升全体物理教师实施素质教育的能力和水平为宗旨，以改革创新为动力，以新课程改革为切入点，以提高有效教学为落脚点，以上好课、命好题、考好试为目标，对中学物理骨干教师或全体物理教师开展各类培训活动，使之在思想观念、师德修养、运用教育信息化的水平、教科研能力、开展探究式教学等方面有较大层次的提高，形成全员研修、全程学习、持续发展的良好局面，逐步造就一支师德高尚、业务精湛、适应素质教育的新型物理教师队伍。

（二）培训对象和内容

县（区）级培训对象可分为3类：一是中学物理科组长（备课组长）培训。此培训是以构建优质物理教研组团队为目标，培训内容从团队理论构建到学科教学都可以涉及，还可适度渗透教学改革的一些元素。二是名师或骨干教师培训。培训是以促进教师成长为目标，内容从教学理论到教学实践都可融入培训之中。三是各学科全员培训。涉及的内容较为广泛，如教材培训、课标培训、教学研讨、中高考备考培训、新教师入职培训等。此类培训更加有利于实际教学中的应用。

（三）培训目标

培训目标具体是：①优化配置，整合教育资源；②更新观念，探索教学改革；③促进教师成长，培植名师团队；④推广先进技术，提升科研能力；⑤构建网络平台，形成教研联合体，构建教师成长的良好平台。

二、培训方法和措施

培训课程的学习形式是多种多样的，常见的培训形式有讲座、与专家互动、案例教学、观摩交流、观课议课、同课异构、微格训练、现场诊断、反思、教材研究、课题研究、外出学习、网上学习等。在各类专题培训过程中，应有意识地将多种学习形式合理穿插起来，培训学习方法灵活多变，选择最适合的。

（1）理论和专业学习：依托各级继续教育网络平台展开集中培训，组织物理教师团队进行定向专题培训，通过多种方式与教师进行交流，了解教师在理论学习和专业成长中的困难，为教师排忧解难。

（2）研讨和观摩：组织骨干教师、教学能手、学科带头人开展观摩课、公开课、送教下乡等活动，组织全体物理教师参与听课，并进行研讨和点评；关注课堂教学中教师的教学组织能力和主导地位的合理定位，重视学生学习主体作用的发挥，让学生在自主、合作、探究过程中学习、反思和成长。

（3）构建教研联合体：根据学校地理位置、教师间的优势互补等建立适当的教研组合作伙伴关系，定期开展校际教研活动，相互促进，共同提高。开展多样化的培训研讨活动，如听讲座、观摩研讨、观看专题录像、案例分析、经验分享等。每学期至少开展1次大型的研讨活动，做到有计划、有组织、有记录、有总结，精心安排，典型高效。

(4)开展校本教研：加强对教研组长的培训，建立学科教研团队，制定切实可行的教研计划，开展校级教研活动；重视课改理念在日常课堂教学中的渗透和实施；结合校本培训，开展学校日常教学研讨，使教师专业发展成长常规化、常态化。

(5)开展网络教研：为了实现教研活动的常态化，充分发挥网络优势，开设网上教研阵地，及时将教学教研中遇到的实际问题、教学中的心得体会、有效高效的教学方法等发布到网上，组织学科教师参与研讨，共同提高。

三、培训的实施步骤

中学物理教师培训方案的制订，要有利于对教师进行系统思维的构建，要抓住核心要素方向，要深入关注教学细节。培训内容选取不要过大、过广、过泛，模块设置、专题内容选取和课时安排要让被培训者感到实用，培训结构要设置合理、培训问题要准、案例要有代表性、培训方式要符合被培训者的认知特点。培训一般分为4个阶段：

(1)进行理论学习。将专题培训与理论自学相结合，更新学习观念，初步认识教师专业化发展的紧迫性和必要性，初步树立教师个人专业化发展的短期目标和长远规划。

(2)制定活动计划，做到有目的、有计划、有的放矢，使后期的活动高效有序地进行。

(3)根据培训要求，按照计划分阶段、有组织、有目的地开展教研活动，进行听课、观课、评课，聚焦课堂教学中出现的问题，相互交流，研讨提高。

(4)做好总结。对各阶段的成功经验进行归纳，对各阶段表现优秀、成绩突出的个人和单位进行表彰；发现不足，对存在的问题做好整改，以指导下一步的工作。

一、项目背景（政策依据、培训需求）
二、培训对象（群体、人数、特征）
三、培训主题
四、培训目标（总目标、具体目标）
五、培训原则
六、培训课程（模块、专题、内容要点、课程结构说明）
七、培训模式与方式（总体模式、具体实施方式）
八、培训师资（来源、人数、结构、层次）
九、教学计划（课表:时间、专题名称、教学方式、教师姓名、地点）
十、过程考评与成果考核（过程考核事项与要求，成果及考核要求）
十一、项目组组织、分工与职责
十二、管理活动计划（时间、活动事项、活动方式、负责人、参与人员、地点）
十三、内部质量监测计划（时间、内容、方式、人员、地点）
附:经费执行预算

图2-3　教师培训项目实施方案模板

第三节　镇、校级教研培训活动

物理教研实践活动是广大教师转变教学观念、提升教学水平、促进教师专业发展的重要载体，也是物理教师专业成长和教学能力提高的有效途径，还是帮助教师解决困惑、实践教学理念、促进互助合作的平台。

一、分层培训

教研活动要有声有色、有情有效，必须依托教师发展的理念，切合学校与个人的需求，力求培养的主体在学校、发展的主体在个人。其中，研讨培训是教研活动诸多形式中较为高效的一种。一般在学校里往往会有不同年龄层次的教师，他们的教学阅历、教学经验、专业素养和职业精神等方面不可避免存在着客观差异。基于这些差异，可将教师分为积累期、成熟期、资深期等若干发展阶段或发展层级。学校针对“积累期”教师、“成熟期”教师、“资深期”教师分别开展培训目标不同的教研实践活动，来提升他们的专业素养。以基础型研讨培训提升“积累期”教师业务能力、以拔高型研讨培训开拓“成熟期”教师思考深度、以引领型研讨培训托举“资深期”教师立言立说。相关培训形式可采用任务驱动式培训、理论讲解式培训、小组研讨式培训，或者是多种培训形式的结合。在这样多措并举的实践中，物理研讨培训的结合点是主导主体的彼此促进，生长点是以研促教的教研方式，延伸点是以教师发展为任务的人本精神。

（一）基础型研讨培训

基础型研讨培训教研实践活动的主题以常态课教学策略的培训为主，具有基础性、普适性的特点，主要针对“积累期”教师，培训目标是提升教师的教学水平，使其掌握基本的教学策略和方法。在培训过程中，主要采用任务驱动式培训和理论讲解式培训，2 种培训程序略有差异。

1. 任务驱动式培训

在任务驱动式培训中，以培训前布置任务为前提，培训过程中充分发挥被培训者的主体地位和参与意识，并实现不同层次教师的互补和资源共享。这种培训方式比较适合小规模的培训对象。通过这些任务驱动式培训教研实践活动的开展，使“积累期”教师对教学内容安排是否恰当，难点是否突破，教法是否得当，教学手段的使用，教学思想、方法的渗透等是否符合新课程标准的要求，教师的教学基本功等方面进行中肯、全面的评价和探讨。通过听课和评课活动，加深“积累期”教师对教材的理解和教法的把握，提高他们的课堂教学水平。

2. 理论讲解式培训

针对较大规模培训对象时，主要采用理论讲解式的培训方式。单纯的理论讲授并不受一线教师欢迎，对促进教师成长作用也不大，教师们喜欢理论与实践相结合的培训，喜欢听能反映出先进教学理念的故事和案例，这就要求在培训过程中通过理论和案例相结合，让教师充分理解所讲授内容的核心。

（二）拔高型研讨培训

拔高型研讨培训教研实践活动的主题以如何组织听课、评课、教研活动的培训为主，具有提升性的特点，主要针对“成熟期”教师。培训目标在于进一步提升教师的教学水平，使其掌握基本的听课、评课和组织教研活动的流程和方法。学校提前布置培训前任务，要求“成熟期”教师每人上1节同课异构课，并要求上课教师进行说课和提交评课稿，由专家评委对其上课内容进行点评。专家评委针对校级之间教师们的讨论，帮助“成熟期”教师改善教学方法，总结课堂教学的主要特征并提出改进意见，进一步提升“成熟期”教师的教学能力。参与培训和上课的教师在培训结束后，结合上课情况和课后点评，写出培训反思总结。

（三）引领型研讨培训

引领型研讨培训教研实践活动的主题以名师引领示范课堂教学研究、撰写研究论文、开展课题研究的培训为主，具有引领团队开展研究的特点。主要针对“资深期”教师，培训目标在于提升教师的研究能力，让教师掌握基本的教学研究、撰写研究论文和开展课题研究的方法。

1. 名师引领的示范课

围绕物理核心素养培养，从教材处理、教学手段、学科素养能力的具体培养、师生交流等方面，对物理学科教学进行探索。通过名师引领的示范课堂教学研究实践活动，让名教师渊博的学识、先进的教学理念和驾驭课堂的能力得到充分展现，使学校的“资深期”教师从中吸收营养，快速成为骨干教师和名师。

2. 课题研讨活动

教师的科研课题要立足课标，深入课堂，让教研和教学水乳交融，将理论与实践紧密结合，使课题与课堂珠联璧合。课题研讨实践活动的主要形式有课题开题、中期检查、课题结题等。要求课题组主持人或主要成员善于把课题研究同教学实践相结合，在教学过程中研究，在研究过程中改善教学，不断把研究成果和教学成果有机地结合起来；课题组成员要善于观察、记录、实践、研究和提炼成果，要能在研究过程中提升教研能力，提高教学水平，促进自身成长。其中，专题教学讲座和课例展示相结合的课题研讨型教学实践活动，有利于教师们研究成果的交流和分享，可提高“资深期”教师课题研究的能力，提升学生高阶思维的发展与解决实际问题的能力。

二、培训制度的建设①

校本培训是适应新时期学校发展要求的必然选择，为此要从实际出发，认真做好

① 陈恒，柴国利. 浅谈教师进修学校在校本培训中的作用[J]. 长春教育学院学报，2010，26(4)：145-146.

本地区校本培训制度建设的规划工作,并指导、督促和参与学校的校本培训研究,引导学校逐步建立并完善以校为本的培训制度。

(一)加强培训力度

一是加强校本培训理论的学习与研究,转变观念,让教师从情感上接受校本培训的新理念。明确新时期教学工作改革的目的和任务、方式和方法,深刻认识校本培训是校本教研的最重要体现,是整合校本管理、校本课程等活动的纽带,是创办学校特色的重要支撑。强化质量意识,努力提高教育教学质量,总结出合适可行的校本培训方法。

二是建立有效的管理机制,推动校本培训的实施。建立校本培训的督导与评估制度,使校本培训工作有效促进学校发展,使教师在实践中培训、在培训中成长,使校本培训能够扎实有效地开展。进一步完善培训网络,树立大的教育培训观,充分整合培训力量,定期开展优秀培训组、备课组、先进个人及培训成果评比活动,促进校本培训发展。

三是要培养学科典型,要培养名教师典型。对校本培训中涌现出来的师德典型,在教育教学中有创新精神、在教科研中有独特见解的教师,要认真总结、全面打造,可通过“先进教师事迹报告会”“名教师送教下乡活动”等促进校际的交流与合作,积极营造比、学、赶、帮、超的良好氛围,让教师在互学中成长,让校本培训在互动中发展,引导校本培训上水平、上台阶。

(二)搭建网络平台

在校本培训中,要针对学校师资水平、信息渠道有限的问题,为教师建立信息化培训环境和信息化培训网络。要创设大容量的信息平台,及时收集整理全国各地有关校本培训及新课改的政策法规、方法步骤、经验信息等资源,建立信息资源库,供教师网上查用。充分利用现代化技术手段,对教师实行跨时空的培训,使教师享受到优质的教育资源。要抓好微格教学,把名教师、专家的优质课、专题讲座制成光盘播放,让教师在名师名家的教学理念和教学特点的引领下提高素质。有针对性地把教师的课堂教学实况摄录下来,通过看录像分析问题,提高教学水平。做好网上答疑,把校本培训中具有普遍性的问题在网上定期解答,实现培训者与教师的网上交流与对话,为教师创设宽松的学习环境和学习空间。

(三)建立评价考核机制

建立有效的评价考核、激励机制,健全校本培训的管理与考核制度。要制定并实施评价标准和考核细则,将培训理念、培训目标、培训途径、培训管理等要素纳入考评细则进行量化。要加大培训质量的权重,使评价方法科学、客观,使检查评价机制不断完善。要加大检查督导的力度,对校本培训实施情况分阶段进行检查,有针对性地解决校本培训中的新问题，确保校本培训的针对性和实效性。要正确运用评价结果，表彰先进，促进工作。建立校本培训的长效激励机制，激发学校和教师的参与热情，促进校本培训工作更有活力、更有效益，力求做到公平、公正。

总之，校本培训是一项长期的系统工程，创新是校本培训最主要的本质，校本培训应该不断创新和不断发展。只有这样，校本培训才能成为整个教师培训中的一个有机组成部分，才能推动整个教师培训的开展，才能让全员教师的专业素质不断提升。

第二章　中学物理教学检查指导活动

第一节　省、市级教学检查指导活动

各省教育厅教学教研院(或教研室)负责对所管辖市的教育教学管理、检查和指导工作,对个别县、校的教育教学进行抽查。市负责对所管辖的县(区)和学校进行检查和指导工作,检查的形式有开学检查、视导、专项检查等,部分省、市还定期对所管辖学段下发相关的初中、高中物理学科教学指导意见、教学行为规范等文件,对中学教学的课程管理、教学管理、教学实施、课外指导、教学评价、教学研究、组织保障等问题提出要求。

一、检查指导依据是课程标准

各省、市教育科研和管理部门在深入学校检查指导过程中,往往把学校对课程管理和设置作为重点,按照《课程标准》的要求和有关课程设置的文件及教学指导意见对学校进行全面检查和指导。

(一)教育部关于课程设置的说明①

加强课程的综合性、选择性,注重学生经验,加强学科渗透。各门课程都应重视学科知识、社会生活和学生经验的整合,改变课程过于强调学科本位的现象。国家通过设置供选择的分科或综合课程,提供各门课程课时的弹性比例和地方、学校自主开发或选用课程的空间,增强课程对地方、学校、学生的适应性,鼓励各地发挥创造性,办出有特色的学校。

(二)关于课程管理的要求

学校应当按照国家课程方案、课程标准开齐、开足、开好课程,不得以任何名义增加或缩减规定的课程、课时。学校要加强实验课教学,按照课程标准和教材要求开齐、开足、开好实验课,指导、鼓励学生进行课外实验活动,提高学生动手实践能力、自主设计实验能力。尊重教师专业自主权,支持教师对国家、地方、学校课程进行整合,支持教师开发校本课程,鼓励教师承担学校特色课程教学和学生社团指导等工作。尊重学生课程选择权,义务教育学校设立自主选课学习日,高中学校扩大选修学分在学生毕

① 教育部关于印发《义务教育课程设置实验方案》的通知[M]//周兵. 中国基础教育学科年鉴:体育与健康卷. 北京:北京师范大学出版社,2011:36.

业学分中的比重,促进学生个性发展。①

(三)教学指导意见和课程标准的关系

各省、市分别根据教学发展进程,在不同阶段制定了不同学科的教学指导意见。其中,物理学科分为初中和高中物理教学指导意见,是在对初中、高中物理教学实际和总结、反思其他省新课程实验实施经验和教训的基础上,通过对初中、高中物理课程标准和物理新课程各版本教材的研究而制定的,是界定初、高中物理教学内容、教学深广度的标准,是学生学业评价的重要依据,每一位教师应认真学习、准确把握。其中的"课程标准内容"采取按章直接从初中、高中物理课程标准中摘录的方式,便于教师检索。也就是说,课程标准是制定各学科教学指导意见的纲领性文件,是教师教学工作的指南,是编写教科书和测评教学质量的依据,教学指导意见更加强调的是如何落实课程标准的相关内容。

二、检查指导重点是课堂教学②

课堂是实施素质教育的主渠道,是深化基础教育课程改革的核心环节,对于有效落实国家课程方案,提高课堂效率,提升教学质量,推进素质教育,具有十分重要的意义,各省(自治区、直辖市)市教科研部门深入学校进行检查和指导的重点是深化课堂教学改革的落实情况。

(一)检查和指导课改理念的落实

深化课堂教学改革,必须创设有利于学生积极参与的教学环境,遵循学生认知规律和教学规律,根据学生的个性差异因材施教,保护学生的好奇心和求知欲,鼓励学生独立思考、主动学习,真正实现课堂教学以学生发展为本。要转变教与学的方式,使教学过程成为师生互动、教学相长的过程,必须进一步深化课堂改革,注重学生学习的过程,积极倡导自主、合作、探究等多种学习方式,鼓励引导学生大胆质疑,主动学习。要建立相互交往、共同发展的新型师生关系,必须进一步深化课堂教学改革,创设民主、平等、合作、和谐的课堂氛围,使学生成为学习的主体,使教师成为课堂教学的策划者和组织者、学生学习的引导者和促进者。要实现新课程强调的知识与技能、过程与方法、情感态度与价值观三维目标的有机整合,必须进一步深化课堂教学改革,使教学目标统领教学各个环节,贯穿教学活动始终。

各省、市教科研部门对课改理念落实情况一般从"促进学生全面发展""变革教学方式""建立新型师生关系""实现新课程课堂教学目标"4 个方面进行检查。检查采用听课、座谈、个别访谈、问卷、专题调研等方式。

① 山东省教育厅关于印发山东省中小学教学基本规范的通知[J]. 山东省人民政府公报,2015(13):14-20.

② 辽宁省教育厅关于进一步深化中小学课堂教学改革的指导意见(试行)[J]. 辽宁教育,2012(2):7-8.

(二)检查指导课改实践情况

各省、市教科研部门对课堂教学改革落实的检查和指导往往涉及教学计划制定、课程资源开发、备课、上课、考试和评价等诸多方面的内容,检查采用查阅原始资料、听课、评课等形式,而指导的方式更加灵活,除听、评课外,还通过专项培训、专题讲座、教学研讨、课题开发、各类教学展示活动等形式展开。

1. 对制定学期(学段)教学计划的检查与指导

教育教学计划的制定要符合国家课程方案和课程标准的要求,符合校情、学情,不得盲目追求教学进度。要对教育教学计划的执行情况进行阶段性检查和总结,及时反馈信息,不断调整和完善教育教学实施方案。

2. 对开发课程资源的检查与指导

教育工作者在教育教学中能够积极开发并合理利用校内外各种课程资源,认真研究教材,熟悉本学科教材的编写意图和特点,熟悉学段或各年级之间教材的衔接,熟悉相关学科之间的联系,熟悉教材的完整结构。在实施课程教学时,能结合学生实际和教学条件,创造性地使用教材,全面落实课程目标。

3. 对备课和上课的检查与指导

备课内容主要包括研究课程标准和教材,分析学情,合理确定教学目标,准确把握教学重点难点,预测学生的认知障碍,科学设计课堂作业,备好所需教具学具,选择教学手段、学生学习方式和教学组织形式等。通过集体备课与个人备课相结合的方式,提高备课质量。教学目标的设置要做到明确具体、可操作、可测评、可达成。课堂练习的设计要有针对性、层次性。认真撰写教案,教案要因课程、教师、学生和教学环境的不同而异,突出教案的个性化设计。

课堂教学要面向全体学生,善于根据教学内容、课型、学情的不同,运用适宜的教学组织形式。利用自主、合作、探究等学习方式,加强师生、生生之间的交流与互动,最大限度地提高学生课堂教学的参与度。要关注学习困难学生的学习状态,选择和运用适宜的教学方式方法,调动学生的学习积极性,促进学习困难的学生参与课堂教学。教学手段和教学组织形式的运用合理有效,不搞形式主义。处理好预设与生成的关系,及时把握和运用生成性课程资源,防止机械照搬教案。重视课内书本学习与课外实践学习的衔接。

4. 对作业的检查与指导

加强对学生作业设计的研究,增强作业的开放性、探究性和实践性。关注学生的个体差异,增强作业的层次性、适应性和可选择性,满足学生的不同需求。引导学生认真完成教材上的作业。根据学生的实际需要,提供学生可选择的补充性作业。全面了解每一位学生的作业情况,根据对反馈信息的科学分析,有针对性地对学生进行指导。减轻学生过重的作业负担,按照有关规定严格控制作业量。

5. 对考试评价与教学反思的要求

各类考试要以课程标准为依据,加强与社会实际和学生生活经验的联系,重视对学生分析问题、解决问题以及实验操作等方面能力的考查。每次考试结束后,在全面分析学生试卷的基础上,认真实施矫正教学,启发学生举一反三,巩固学习成果,提高学习能力。

定期对课程资源开发、教案设计、上课、作业、教学、考试、学生学习与生活指导等教育教学活动进行反思,总结经验,找出问题,明确方向,在不断实践与反思中,明确和形成自己的教育教学特色。

三、检查指导常用方法是视导①

(一)教学视导的作用与意义

教学视导是"视"和"导"的结合,基础是"视",重点在"导"。"视"就是观察、视察,包括对观察、视察结果的进一步分析;"导"就是辅导、指导,根据观察、视察与分析结果对学校和教师施以辅导,加以指导,以促进其改进并提升教育教学质量和效益。教学视导是指由特定的教育教学专业人员针对学校和教师的教学全过程,进行系统性视察、监督与辅导,并对其检查、评价和指导,以提升学校教育教学质量与学生学习效果的过程或行为。视导是各市级教研部门对学校教学工作进行检查指导的常规动作,也是省级抽查各市、县、校教学情况的有效方法。

(二)教学视导的流程和形式

1. 制订方案,组成视导团队

教学视导是在深入分析现象和原因,及时厘清困扰和问题的基础上,进行有效"导"和"行"的一种专业行动。视导前要制订视导方案和评估指标体系,确定视导目标任务、运作过程和实施程序,聘请教学管理经验丰富的行政人员、教改经验丰富的教研人员和有丰富实践经验的教师组成视导团队,按各有侧重、发挥所长的原则进行分工协作。

2. 分学科开展视导

在每一所学校,视导组的全体成员首先根据各自学科,深入课堂进行随堂听课、评课,针对课堂教学进行研讨和指导,对学科教研组情况实行调研,检查集体备课、教学设计、教师备课、学生作业等情况。

3. 分小组进行调研和访谈

在完成学科单项视导后,视导组可以分成教学管理组、学科教师组和学生组进行分组视导,通过查阅资料、现场察看、师生访谈和数据评定相结合的视导方式进行;视

① 孔晓华. 从教学督导到教学视导[J]. 中国职业技术教育,2014(5):42-44,47.

导组在“五看”，即看学校汇报、看课堂教学、看校容校貌、看人员访谈、看网站信息的基础上，对学校教学管理和绩效进行评价与诊断，并与学校进行初步反馈交流，对存在的问题与不足提出整改意见和建议。

（三）教学视导的主要方式和内容

1. 视导方式

一是听学校管理规范执行情况汇报，深入课堂听课，听取师生对教学及管理情况的意见和建议；二是看师生精神面貌，看校园文化，看育人环境，看设施设备，看校本教研，看学生活动；三是访问学校领导，访谈专业负责人，座谈师生代表；四是查阅教学计划、大纲、教材等教学文件资料，查看校本教研等教学常规管理过程性资料，查看课程考试、技能测试、竞赛活动记录，查看学校网站信息内容；五是视导情况反馈，根据教学视导实际，对学校教学和管理的整体情况进行综合评议、初步反馈，最终形成书面报告；六是在学校点上进行教学和管理工作经验的发掘，在全市面上进行通报和表彰，并开展经验交流和成果分享。

在借鉴各类视导经验的基础上，不断优化视导方式方法。重视实践传统视导方式方法，还要重视探索新的先进视导方式方法，可以采取专题调研和集中视导验证相结合的办法，如分项开展毕业生就业质量跟踪调查、课程统考统测质量状况等。

要加强视导前的研究和学习、视导中的交流与协作和视导后的总结评价，要给学校提出指导性建议和建设性意见；视导报告要在一定范围内公开，送交上级部门向全校教职员工传达，视导的成功与否不仅仅在于当时的评价，更在于视导后学校和教师呈现的教学方式和方法是否准确有效。

2. 视导内容

教学视导的主要职能是研究教学、管理教学、指导教学、服务教学。视导应着力于以下方面：一是树立科学视导理念，完善和建立视导制度；二是合理制订视导方案，完善视导方案和评估指标；三是精心组织视导专家，在视导专家的选配上要注重行政、教研专家和骨干教师相互搭配的原则，重视专家的专业水平、教科研能力、组织协调能力、责任意识等；四是明确视导主要内容。教学视导内容不应仅仅局限于课堂教学方面，还应包含对学校的制度建设、教学管理、教科研工作、评价改革等的全面考察。

第二节　县（区）级教学检查指导活动

县（区）级教研机构主要负责管理、检查、评估和指导全县（区）各学科教学工作，不断更新教育理念，改革教学方法，改进教学手段，组织多层次教研活动，指导帮助教师执行课程计划，学习、研究、掌握课程标准和教材，深入一线进行教学视导，及时发现并解决问题，指导全区的教研辅导讲座、专题研究讲座、示范课和研究课等。[①]

一、检查指导的主要内容

县（区）物理教研部门主要面向初、高中物理教师开展教学指导活动，在日常教学中通过指导教师的教材把握、课堂设计、评价反馈等活动不断解决课堂教学中的问题，对提升教育质量发挥积极影响。

（一）政策指导

区（县）级教研部门从国家课改政策解读到课程标准精神的落实，从多版本教材的编写到教师观念的变化，从教学改革顶层设计到课堂教学的落实，通过教学研讨、专题培训、下发资料等多种形式实现国家意志和教育政策的落实，是相关政策宣传、普及和落实的重要桥梁。

（二）理论指导

国家、省（自治区、直辖市）、市各项教学改革政策和制度都有一定的理念支撑，如何把教育教学工作同高深的理论及一线教学实践相结合，需要教研部门来填补这些空白。在一些教研活动和研讨过程中，专家的讲座和研讨往往重点关注高深的教育教学理论，这些理论虽好，但一线教师感觉高深莫测，无法应用；一线教师往往注重实践案例，效果虽好，但无法上升到理论高度。县（区）教研员则需发挥承上启下的桥梁作用，把理念与实际融合为一体，对一线教师进行理论联系实际的指导工作。

（三）实践指导

每个学校的教师都被困在学校的教研组之中，教学教研能力的提升有很大的局限性，县（区）教研员通过组织各类教研活动，通过抽查和视导，通过组织跨区、跨校教研联合体听课和评课，在常规教研活动和各类教研活动中对教师进行全方位和定向指导，实现在教研互动过程中教师教育教学水平的全面提升。

二、检查指导途径和方法

（一）组织课改培训工作

县（区）教研部门主要负责组织所管辖区域学校参加国家、省（自治区、直辖市）、市有关物理教学方面的培训工作，传达相关培训内容，随着国家课程政策的变动而变化，如学生发展核心素养成为近年教研培训的核心内容之一。各县（区）教研机构借助教研共同体、联合体、学科中心组等形式，以集体方式逐层开展，借助网络培训等手段创建网络时空的培训方式，以学校教师为培训对象，结合县（区）教师的总体情况进

① 李敏. 课程改革背景下县（区）级教研机构职能的个案研究[D]. 上海：华东师范大学，2018.

行研讨和分析，让课改理念和要求通过培训落实到教学实践中。在培训形式上，采用专项教研活动、专题讲座、外出培训、网络课程、学期会议、骨干教师培训、科组长培训、青年教师培训落实培训目标。培训内容包括课标培训、教材培训、教法研讨、中(高)考备考研讨与指导等。

(二)指导教、科研联动工作

为提升学校教学质量服务、为课堂教学改革服务，指导学校教研改革是县(区)教研部门的主要责任之一。“研究、指导、管理与服务”是教学常见的职能。落实国家课程计划、开发校本课程、提炼与推广教学改革经验，强化“教研”与“科研”的结合，将关于课程改革理念、新教材教法、评价方式改革的研究成果转化为培训内容，指导教学活动，培训教师，以共同体的形式开展教研活动，通过“区域教研”“结对教研”“联片教研”等方式有效实现教研力量联动，为课程改革在学校层面的落实提供保障。

(三)指导课堂教学工作

教学指导是县(区)教研机构最重要的职能，通过定期和不定期地深入学校开展教研活动，通过听评课、与校领导和教师研讨或进行课题研究，针对课堂教学中的具体问题进行指导和讨论，在指导课堂教学、指导教师的教学活动中发挥重要作用。以学科课堂教学为突破口，研究教学一线中的具体问题，试图把课程理念转变为现实的研究课题，促进教师教学方式与学生学习方式的转变。教研机构是中小学教育教学业务指导与管理的重要研究机构，是教师的培训中心、教学研究中心、教材教法指导中心。[①]

指导课堂教学方式主要由个人或集体深入学校，通过听评课、集体磨课、学科教研活动来展开，有时还需跨学科、跨学段去听课。在具体形式方面，最常见的是随堂听课、点评，有时教研员会带领多位教师相互听课、相互点评，共同促进教学水平的提升。大型教研活动的示范课、研究课、展示课，多采用教师单独进行教学设计、学校教研组共同磨课、请县(区)教研员参与共同片区内磨课，然后正式上课，课后反思。教师在磨课、上课、反思过程中成长，教研团队在活动过程中提升水平。

三、课题和主题教研指导

(1)课改以来，有关教育教学方面的课题研究已经深入学校，各县(区)教研室主要负责课题研究的组织、检查与指导工作，主持和参与课题研究，依据课题把热爱教研的教师组织起来，定期和不定期进行教学研讨、培训、案例展示和成果展示等活动。课题研究和指导已经成为促进教师成长的重要抓手。

(2)围绕教学中的热点、焦点和重点问题，组织、检查和指导项目研究。许多县(区)或学校组织成立相关的项目组，这些项目与课题研究有相近和不同之处。相近之处是都抓住教学中的核心问题展开；不同之处是课题由各级教育行政部门或教科研

---

① 孙传锁. 新课程理念下县级教研工作的开展[J]. 中国教育学刊，2004(9)：34-36.

部门以文件形式下发，课题主持人申报并得到相关部门审批方可开展，项目可以由单位、学校独立设置，课题和项目有时可以相互转化。

（3）组织、检查和指导各类主题教研活动。各县（区）每学期都有不同主题教研活动，如考试质量分析活动、复习备考研讨活动、新课教学研讨活动、实验教学研讨活动等，基本都是围绕课堂教学、考试命题、教师成长几个方面展开，参与其中的教师既是被培训者，也是成果展示和先进理念与方法的推广者。

（4）组织教学比赛与评比活动。各县（区）教研部门根据自身发展的需要，经常组织教师开展课堂教学展示、课堂教学设计评比、案例评比、解题大赛、命题比赛等活动，通过这些活动促进学科教研的发展。

总之，各县（区）教研机构主要负责组织各类教师培训、为教师成长搭建平台、组织各类教研活动、开展课题研究、开展教学基本功比赛等活动；组织多层次教学研究活动，指导、帮助广大教师执行课程计划，学习、研究、掌握课程标准和教材；促使教师根据学生实际情况，不断改进教学方法，努力提高教学水平与课堂效益；深入基层听课，深入教学一线进行教学视导和调研，掌握学校教学情况，及时发现问题、解决问题，并对教学的全过程实施有效的指导。

第三节　镇、学校教研活动检查与指导

镇（街）教研室是根据上级教育主管部门下发的文件内容和要求，把工作直接落实到学校最前沿的基层教育领导机构，负责对所管辖的学校进行教育教学管理检查和指导、督导检查或抽查，对中学教学的课程管理、教学管理、教学实施、课外指导、教学评价、教学研究、组织保障等问题提出建议，开展镇（街）中小学题型研究、课型研究、学法研究，深化课程改革，全面推进素质教育。

一、常规管理和检查机制[①]

（一）建立教研活动管理检查机制

教学常规管理和检查指导是促进学校整体工作和学科有规律地运行的重要方法和手段，要从实际出发，实行制度化与人性化相结合的管理方式，达到以制度约束人、以情感凝聚人的管理目的。做好教学常规管理和检查指导制度，要对学科教研组的常规教研活动运行方式、活动内容进行检查指导，要形成规律，始终保持管理运作的畅通，推动教育教学工作的有序运行。

（二）做好教学教研常规检查

教学教研工作只要有布置就要有检查，这样管理者才能有效地把握和调控全局。

① 张爱云，刘玉军. 抓好教学常规管理　促进学校稳步发展[J]. 现代教育科学，2007(5)：50-51.

在布置时要有目标，在检查时要依目标检验完成情况，严格把好质量关，发现问题及时纠正并予以反馈。如每天的粉笔字检查、每周的教案检查、每周的钢笔字检查、每月的教育教学随机检查、每周的课外阅读情况检查、每天的晨读情况检查和不定期的作业本抽查、临时性的工作检查等，都要严格按要求认真而细致地对执行情况做检查，及时做好记录，指出优、缺点与不足，并提出一些合理化的建议，使其有改进的方向与目标。

（三）教学教研常规工作要落到实处

（1）课堂教学常规要落实。课堂是教学的主阵地，是提高教学质量的关键，课堂常规又是教学有效进行的保障，必须要求严格遵守，认真落实。

（2）教学常规工作要实效。教学常规工作是一件很复杂的工作，制定计划、备课、上课、辅导、批改、命题测试、课外活动、学生管理和一些事务性的工作都要以实效为依据进行管理。

（3）能力培养要扎实。教师的业务能力、学生学习能力的形成和提高不是一朝一夕的事情，是一个长效问题。所以，要注重每一项活动的质量，注重每一次学习的实效，重视细节，关注成长过程，扎实地指导、讲解，让师生的能力在最朴素、最平淡、最平实的过程和方法中得以发展和提高。

二、指导创新型教研活动①

（1）指导创新形式的教研活动。学校举行教研活动以激发每个师生的积极性和竞争意识，使每位师生受益。如每学期的教研活动可以采取不同的形式：可采用骨干教师公开课、全体教师优秀课展示、青年教师最佳课、观摩课、研讨课、示范课等全体教师参加的大范围活动，也可采用班主任、科任教师等参加的小范围活动。活动形式不同，师生会产生新鲜感和好奇感，兴趣会高涨，能力发展会如春雨润物一般无声却掷地有声。

（2）选择创新的教研主题活动。学校每学期的教研活动都要根据学校实际和新的形势创设新的主题。如在新课程实施初期，以“如何使小组合作更有实效”为主题，继而以“如何培养学生自学、会学能力”为主题，以“课堂教学如何体现学生主体地位”为主题，并分别以不同的主题开展不同范围内的教研活动。通过鲜明的主题活动，教师们的实践、反思能力有了提高。

（3）收获新的教研成果。活动结果的延伸可以使活动意义更深远，因此，每次活动后留下一个值得思考的问题，让师生深思，或是让教师写反思、写随笔，或是让学生以日记的形式写体会、写感想。活动结束后给人留下的是思想的进一步提升，这样的活动才有实效。

三、指导骨干教师的成长

（一）培育以学生发展为本的品质课堂

指导学校着力培育品质课堂，构建以学生发展为本的课堂新生态。注重学生关键

① 张爱云，刘玉军. 抓好教学常规管理　促进学校稳步发展[J]. 现代教育科学，2007(5)：50-51.

能力和核心素养的培养，推进教与学的理念重塑、结构重组、流程再造和模式重建，建立以学生发展为本的新型教学关系，实现“课堂革命”。促进信息技术与教学的深度融合，把技术融入教与学的全要素、全过程、全主体，推行自主、合作、探究式的学习方式和启发、讨论、参与式的教学方式，不断提升课堂品质。引导教师深度学习教育教学理论，注重理论与实践双向交互生成，进一步加强课型研究和学生学力模型研究，形成“一校多式、一科多型”的研究新生态，引导教师大力开展专题教学研究，做好县(区)、市的“物理示范教研组”组织申报与评审及推荐工作，展示基础课程作业改革，落实区绿色教学质量监控举措。积极参与推进区作业平台深度应用，从课程、教学、作业设计、评价等方面，引领物理课程改革，提高课堂教学质量。

(二)创新教学模式，培育智慧课堂

为了进一步深化义务教育教学质量研究，推进课程课堂教学改革和学科特色发展，打造品质课堂和品质课程，丰富品质教育内涵，各镇、校开展核心素养与关键能力培养研究，探索构建新型教学关系，打造精品课例，培养课堂教学改革优秀教师，形成基于不同课型的有特色、有实效、有影响、有教育教学质量的课堂教学模式，打造“智慧课堂”。

1. 物理“智慧课堂”的目标

结合物理核心素养要求，在教学中对学生物理学科关键能力形成和必备品格培养进行系统思考，具体实现以下目标：①立足于创设真实教学情境，内化形成物理观念；②问题引领思维进阶，深化发展科学思维；③铺设科学探究路径，深度感悟科学探究；④基于价值观引领，优化培养必备品格，提升关键能力，凸显物理的育人功能。

2. 物理“智慧课堂”的评价原则

坚持全面评价与个性评价相结合、过程性评价与终结性评价相结合、导向性评价与可操作性评价相结合、定量评价与定性评价相结合、发展性评价与综合性评价相结合的原则，强化绩效评价，推进课程改革，提升教师素养，提高教学质量。

3. 物理“智慧课堂”的活动过程

(1)课题的选择与磨课：根据镇(街)计划、课程的进度和学生的需求，提前选定课题。课题选定之后，先由执教教师个人备课，然后在备课组、科组内集体研讨，并邀请教研员和名师到校指导。

(2)观摩与评估：对推出的物理课进行展示和评课，开展科组内交流，教研员和名师在科组内对每一节课进行点评，并给出建议。

(3)反思与提升：根据课后科组内的交流和教研员、名师的点评建议，对教学行为及其背后理论和后果进行反复、持续和周密的思考。经过反思，教师的经验才能上升到一定的高度，教师的教学水准才能上升，并对后续教学行为产生影响。

(三)指导教学和引领名师成长

发挥名师作用，力争做到“成事成人、成人成事”，锻造“品质师生”，树立品牌学校,培植和成就有影响力的骨干教师和名师。发挥镇(街)学科名师工作室和各级骨干教师的带头示范作用,以学科名师工作室或学科中心教研组为研究主体,搭建名师工作平台,深度发挥名师示范效应,实施精、准、大集体备课和评价机制,不断提升教师专业素养,探索教师专业发展途径,寻找教学教研质量增长点,实现区域优质资源共研、共建、共享。

指导做好"一师一优课,一课一名师"精品课例工作,聚焦精品课例、精品课程、品牌学科基地"三品"工程。做好教研共同体项目和讲师团项目的研究工作,不断完善教师专业素养提升方案。以结对子学校的评估工作,分学科、分年段、分年龄实施结对子学校的教师研修,促进结对子学校教师专业成长。以打造精品课、结对子学校共同发展为目标,开展结对子学校同课同构的研修活动。抓好镇(街)品牌学科指导、评估和审核,评选镇(街)学科品牌科组和先进学科教研组。

深化推进特色项目管理与指导,积极探索网络远程教学教研新模式,探索教师课堂教学行为大数据分析应用,提高教师专业研修效率,培育镇(街)重点项目创新成果奖或普通教育成果奖,争取出教科研成果。

第三章　中学物理竞赛活动

第一节　全国及省、市级竞赛活动

中学物理竞赛评比类教研活动主要分为 2 大类：一是教师类，主要有全国物理学会和物理专业委员会举办的“全国中学物理名师教学大赛”“全国中学物理青年教师教学大赛”，各省（自治区、直辖市）、市举办的“青年教师基本功大赛”“现场课展示”“实验创新展示”等比赛类的活动；二是学生类，如“全国中学生物理竞赛”“全国物理奥林匹克竞赛”“中学生数理化能力大赛”，各省（自治区、直辖市）、市举办的各类科技创新和实验创新比赛等。

一、全国物理教学大赛活动

（一）全国中学物理名师教学大赛

大赛是由中国教育学会物理教学专业委员会主办，由各省（自治区、直辖市）教研部门和物理教学专业委员会共同组织承办，自 2008 年开始每 2 年举办 1 次，参赛选手在由各省（自治区、直辖市）经过自下而上认真评选的基础上推荐产生，最后选派初、高中在职教学名师各 1 名进入全国大赛，选手要面对当地中学生和几十位来自全国各地的教学同行现场展示一节 40 分钟的课堂教学活动。①

在 2009 年 11 月“首届全国中学物理名师教学大赛”中，评委认为 60 节来自各省（自治区、直辖市）、市的比赛课是当前课改后高水平课堂教学实例的呈现，反映出了各省（自治区、直辖市）、市教学改革的先进经验和改革成果，为课程改革提供了优秀的研究素材和参照坐标。大赛的课堂呈现出了很多亮点，几乎每节课都有自己的特色，教师将学生思维活动的参与放在了非常重要的位置，教学过程中不但重视学生的自主探究，而且还注重引导学生建立新旧知识之间的本质联系，搭建记忆、理解等思维活动的平台，在教学设计中对科学探究的运用非常灵活，有些探究通过教师、学生的讨论交流、思考分析即可完成。

这次比赛中出现了很多创新的物理实验，有更多演示效果很好的教师自制教具，也有把生活中的物理、新科技、新理论引入课堂，把地方风景、民风民俗引入教学之中，这些来源广泛的教学资源使课堂精彩纷呈。②

---

① 韦超. 关于全国中学物理名师教学大赛反思[J]. 中学物理，2017，35(12)：24-26.

② 段宁胜. 创新务实　锐意进取——“首届全国中学物理名师教学大赛”观感[J]. 青海教育，2010(5)：38-39.

(二)全国中学物理青年教师教学大赛

大赛是中国物理学会在中学物理教学方面的一项全国性的重要教学交流活动,旨在推进各省(自治区、直辖市)、市中学物理教学质量的提升,促进青年物理教师快速成长。全国中学物理青年教师大赛自 1994 年开始每 2 年举办 1 届,已经对全国中学物理教学改革研究和教学实践产生了重大影响,对教师专业发展起到了推进作用。

"全国中学物理青年教师教学大赛"的展示交流方式与内容如下:

(1)课堂教学展示:每位参赛选手执教 1 节(40 分钟)由学生参加的现场课,讲课的具体内容以课程标准的要求为依据,内容不局限于教材。教学大赛设一等奖、二等奖和三等奖。参赛选手年龄应为 35 周岁(含 35 周岁)以下的中学物理教师,各省(自治区、直辖市)初中、高中各限报 1 名参赛选手,承办教学大赛的单位初、高中各增加 1 个参赛名额。

(2)自制教具展示:教学大赛同时举行"全国中学物理自制教具展示与评比"活动,每个省(自治区、直辖市)最多提交 10 件中学物理自制教具,大赛组委会将组织专家组对自制教具进行评审。评比设一等奖、二等奖。

(3)论文征集与评奖:教学大赛同时举办"全国中学物理教育教学论文征集与交流活动"。征集论文主题各届不同,如 2018 年征集论文主题是"中学物理教育在中学生成长过程中的价值、地位与作用""中学物理核心素养的研究与落实""中学物理新课程改革的理论与实践""中学物理教学研究""中学物理实验教学研究"等。每个省(自治区、直辖市)最多提交 60 篇优秀教育教学论文,评比设一等奖、二等奖、三等奖。

全国针对物理教师的大赛还有许多,其中影响最大、参与最广的还是"全国中学物理名师教学大赛"和"全国中学物理青年教师教学大赛",其对全国物理课堂教学改革起到了推波助澜的作用。

二、省级物理教学大赛活动

(一)组织参加"全国中学物理名师教学大赛"和"全国中学物理青年教师教学大赛"活动

由于以上 2 项大赛的权威性和普及性,各省(自治区、直辖市)对此项活动非常重视,许多省(自治区、直辖市)以这 2 项大赛为契机,在所辖区域内开展同类的大赛活动。活动的目的不只是选拔参加全国大赛的选手,更重要的是通过参赛的准备过程,发现和培养所辖区域的名师和优秀青年教师,形成良好的教研氛围,培育特色教研成果,形成教学特色,巩固课改成果。

(二)组织教学能力(能手)大赛

近年来,部分省(自治区、直辖市)教育厅联合总工会举办中小学青年教师教学能力(能手)大赛。如第二届广东省中小学青年教师教学能力大赛由广东省教育研究院和广东省教科文卫工会联合举办,参赛对象为 40 岁及以下,教龄满 3 年,具备相应教师资格的在岗专任教师。大赛设学前教育、小学教育、初中教育、高中教育、中等职业教育和特殊教育6个组别。

大赛分为初赛、决赛、总决赛3个阶段进行。初赛由各地级市教育局与当地总工会联合组织,决赛阶段由省教研院和省教科文卫工会组织,各组别总决赛第一名获得者被授予“广东省五一劳动奖章”。

省决赛按组别分学科举行,赛事分为2个阶段进行:第一阶段比赛主要内容为各学科基本功展示,成绩前10名进入第二阶段。第二阶段比赛主要内容为40分钟的课堂教学。决赛成绩中,学科基本功展示占50%,课堂教学占50%。各组各学科决赛成绩第一名进入总决赛。

总决赛分为小学、初中、高中等6个组别分别进行,总决赛分为2个环节:第一环节为8分钟教育理念演讲与5分钟答辩,第二环节为5分钟教育教学即兴演讲。总决赛成绩中,教育理念演讲与答辩占60%,即兴演讲占40%。

(三)青年教师教学基本功大赛

为了提升青年教师的教学基本功,提高学科教育教学水平,部分省(自治区、直辖市)开展了青年教师基本功大赛。如2012年江苏省教研部门组织的“江苏省基础教育青年教师教学基本功大赛”,其中的高中物理比赛设置了“通用技能”和“专业技能”2个项目。

(1)通用技能设置了4项内容:①粉笔字。选手同时进行比赛,时间为10分钟。所有选手书写内容相同(包括文字、简图等),字体不限。②即兴演讲。选手抽签决定演讲顺序和演讲主题,准备2分钟,演讲时间为3分钟。③教学设计与课件制作。指定高中物理课题,选手利用学校统一提供的电脑操作系统和素材,在没有网络的条件下独立完成教学设计和课件制作。时间为180分钟,结束时须交教学设计文稿和教学课件电子稿。④课堂教学采取借班现场上课,时间为40分钟。

(2)专业技能设置2项内容:一是物理专业知识测试。采取闭卷、笔试方式进行,测试时间为100分钟。测试内容注重教学理论与教学实践的结合,考查教师基本的物理素养,基本的教育教学理论,教学实践能力,解题能力,试题编制、分析能力等。题型有选择题、解答题等。二是物理实验设计及操作技能。利用给定的实验器材,设计、制作并演示实验。时间为30分钟,其中操作展示不超过10分钟,内容为高中物理教师应掌握的实验设计及操作技能。

通用技能项目权重为60%。其中,粉笔字权重5%,即兴演讲权重5%,教学设计与课件制作权重为10%(5%+5%),课堂教学权重40%。专业技能项目权重为40%。其中,物理教学专业知识纸笔测试权重为20%,物理实验设计及操作技能权重为20%。本学科上述6个比赛项目,均按百分制评出原始分,选手的每项原始分乘以该项目的权重,累加后即为该选手所得总分。

各省(自治区、直辖市)有关教师比赛除以上项目外,还分别结合本地的特点开展了许多教学方面的比赛,如“实验操作与创新实验比赛”“物理学科微课设计与应用比赛”“物理学科示范科组创建活动”“教学案例和论文评选活动”等。

三、市级物理教学大赛活动

（一）组织参加全国及省级各类有关物理学科教育教学方面的比赛

这些活动大体可分为2类：一类是需经过逐级比赛推荐的活动。此类活动一般按上级要求和项目展开，活动规模较大，参与学校和教师较多，其活动目的除完成上级需要任务之外，重点是锤炼队伍、打造团队，通过活动促进教学改革，引领课堂教学的实践与创新。如“青年教师能力大赛”“教学案例和论文评选活动”等。另一类是根据上级要求进行点对点的专项活动，如“全国中学物理青年教师教学大赛”和“全国中学物理名师教学大赛”等。由于受各地的名额限制，不易大规模组织类似的活动，一般通过各种有效途径筛选培育对象，通过组织专业团队或人员进行个别培训、磨课形式展开。

（二）组织市教学能手（能手）大赛

部分地级市也同省级相关活动对接，分别组织相应的大赛。如福建省泉州市总工会、泉州市教育局、泉州市人力资源和社会保障局、泉州市教育工会联合举办2020年泉州市“高中物理教师教学技能竞赛活动”，参赛对象为全市教育系统在职的高中物理教师。竞赛设特等奖，以及一、二、三等奖和优秀组织奖。其中，特等奖获奖选手符合要求，可按程序向市总工会申报“泉州市五一劳动奖章”；各学科组排名前6名获奖选手，由市人力资源和社会保障局授予“泉州市教学能手”称号；各学科组排名前3名女选手，还可按程序向市总工会申报“泉州市五一巾帼标兵”称号。竞赛活动第一阶段为宣传发动阶段，第二阶段为学习练兵阶段，第三、第四阶段为复赛、决赛阶段，其中第四阶段比赛分为市级复赛和市级决赛。

1. 市级复赛

（1）教学说课环节：教学说课环节采用报送视频的形式。主文件为视频文件，要求教学目标清晰、主题突出、内容完整、声画质量好，时长不超过10分钟，参赛教师要把教学设计、配套学习资源等材料提交到指定的评选平台。

（2）综合能力测试环节：测试环节为现场笔试。主要考察参赛选手的职业理念、教育法律法规、教师职业道德规范、文化素养和教育教学能力。

2. 市级决赛

参赛选手按规定要求参加各科的片段教学、观课评课、实验技能等项目比赛，决赛项目总分为100分（片段教学占40%、观课评课占30%、实验技能占30%）。

（1）片段教学：参赛选手根据规定的片段教学内容，进行现场片段教学，比赛时间为55分钟。比赛要求先根据《课程标准》的理念及教学规律和特点，进行40分钟备课，后进行15分钟片段教学。

（2）观课评课：参赛选手观看一节45分钟的课堂教学录像，以书面或现场口头方式评课。书面评课比赛时间为60分钟（含观看录像及完成书面评课稿）；现场口头评课比赛要求先观看录像及准备书面评课稿共60分钟，后现场评课8分钟，书面评课稿字数不少于500字。

（3）实验技能：参赛选手根据提供的课题与器材进行实验方案设计、操作并讲解，比赛用时20分钟（含熟悉课题、设计实验方案、操作及讲解实验）。比赛要求：根据《课程标准》内容要求及课题的要求，科学设计方案，规范操作，准确讲解，实验结果正确。

（三）组织具有地区和学科特色的系列教师教学比赛活动

各市教育局教育科研部门根据地方教育发展特色，组织开展多类有关教学方面的比赛，这些比赛项目众多，内容丰富，同实际教学密切相关，对推动地方教学改革、落实新课标理念和核心素养观念起到了推动作用。活动主要分为系列化和个性化2种。

（1）围绕课堂教学开展的系列化教学比赛活动。系列化的活动主要是采用1年或2年1届的活动。此类活动有完整的系统和严密的组织，对各县（区）、校开展活动有很好的促进作用。如佛山教研室物理学科组织的“佛山市优秀课例展示活动”，每年1届，到2020年已经连续举办了8届，每届都围绕课堂教学在初二和初三分别开展。每届一般分为4组，教学课型分别为新课教学、实验教学、复习课教学等，每届还分别搭配有“物理教学实验创新展示”“教学原创（改编）题征集活动”等项目。活动在全市教师中产生了很大影响，成为衡量教师成长的一个参考系。

（2）围绕教育教学发展开展的个性化教学比赛活动，如“教师解题大赛活动”。由于中高考制度改变，对教师解题能力要求发生了变化，为了促进教师解题能力的提升，此类活动产生的影响是很大的。解题能力大赛分为全员参加的普及性和各县（区）推荐的专业性2类，考虑到各种因素的影响，普及性解题大赛一般不公布个人成绩，只公布各学校教研组的成绩或公布等级成绩。除此之外，说题比赛、微课比赛、教学设计比赛等也是各市组织的常态教研活动。

（3）围绕提升教师素养开展的教学比赛活动。按照公开、公平、公正的原则，推进教师教学教研能力的提升，各市教研部门以课堂教学为中心，围绕教师成长主题，以项目设置为抓手，组织开展许多有益教师成长的教学展示和比赛活动，组织专项课题申报和评选活动、示范教研组创建活动、论文评选活动、特色课堂教学展示活动等系列活动，这些活动集教研、实践和评比为一体，是落实强师工程，促进教师成长的良好方法。

第二节 县（区）级竞赛评比活动

县（区）教研部门担负及时了解教育科学发展动态、研究解决教育教学中的实际问题的职能，担负政策研究、教育科研、教学研究、教学管理、教学指导、教改实践、教研活动、教学评估、教研总结、教学服务、组织竞赛评比等职能。

一、组织参加省、市竞赛活动

县（区）教研部门在组织参加上级竞赛评比类教研活动的过程中，一般采用参与式、组织式和专项培育式3类模式。

（1）参与式教研活动。是按上级各类教育教学竞赛活动要求，指定某些教师参与其中，县（区）做好组织和配合工作。

（2）组织式教研活动。是需大量教师参与其中，借上级下达活动通知之机组织教师开展评比类活动，如参与组织“一师一优课，一课一名师”活动，青年教师能力大赛，录像课，微课大赛，教学设计、案例和论文评比等活动。

（3）专项培育式教研活动。由于某些比赛类活动参与的人数较少，不宜搞大型的教师比赛类活动。如“全国中学物理名师教学大赛”和“全国中学物理青年教师教学大赛”活动，其课堂教学现场比赛和实验创新项目比赛的指标非常稀缺，不宜开展大型筛选活动，当任务落实到某县（区）的学校时，县（区）教研员对参与教师的培育就成为一项重要工作，其成败决定了省、市、县（区）教研的培育和提升能力，参赛活动结果也代表了其所处团队的整体素质。

二、组织教科研展示评选活动

各县（区）教研部门对教学及研究的专业性和权威性决定了其在教师职称评聘，学科名教师、骨干教师的评选，课题及项目的评审过程中充当着重要角色，为规则的制定和评审的公平提供服务和参考依据。

（1）为教师在职称评聘、学科骨干教师和名教师评选中提升竞争力提供服务平台。县（区）教研部门为了给教师成长提供平台，通过组织教学研究，给教师们研究、讨论和发言机会，为教师参与并成为研讨会中的主角创造竞争机制，营造讲教学故事、传递教育正能量的氛围；在区级教学研讨会场上，示范课、研讨课、展示课也成为教师在各类评聘、评选中的重要砝码。因此，在组织各类教学研讨活动中谁上课、上什么课也成为竞争的内容之一，这也为教研活动推广先进的课改经验，发现、推广先进的课堂教学理念、模式和课题提供了丰富的竞争资源。

（2）在课题申报和项目评估中引入竞争机制。由于教师在各类评选、评聘和评比活动中需要有教科研成果支撑，是否主持和参与课题研究往往成为各类申报活动的入场券，各县（区）教科研机构根据教育教学发展的需要，在不同时期开展了课题申报和评选活动。课题内容和选择、课题研究方法的培训、课题申报的评选过程，都需要县（区）教研部门通过组织活动、专业的指导和公平的评选来完成，使课题的申报、评选过程成为教师竞争和成长的过程。各县（区）为了促进教育事业的发展，也引入了许多竞争性项目，学校和教师要拿到项目就需要有系列教科研成果，这些成果的取得需县（区）教科研部门为其创造公平竞争的平台，这些就是县（区）教研活动的源头活水。

三、组织课堂和实验展示活动

开展以课堂教学和实验教学为中心的教学展示与评选活动，根据物理课程标准的要求，将课程内容分为“科学探究”和“科学内容”2 大部分。近年来，中考、高考对“科学探究”内容的考查逐渐深入，对学生是否参与科学探究活动的考查方法也逐渐成熟，为此，许多县（区）在本地区开展了系列化的课堂教学展示与实验创新展示评比活动。如佛山顺德区为组织教师参与每年 1 届的“佛山市物理课堂教学展示暨实验创新展示活动”，鼓励各学校组织全体物理教师参与课堂教学校内选拔赛。优胜者参与各镇的选拔赛，最后每镇在多轮竞争中产生 1 个代表参与佛山市的展示活动。这些教师为了能在市展示活动中取得较好的成绩，往往由镇骨干教师组织磨课和指导团队，共同参与、研讨和指导教师改进教学设计、教学流程，形成特色教学的风格；有些教师为了适应全新学生的现场课比赛，磨课 10 多节，除在本校外，还寻找多所其他学校上课。由于活动参与度高，参加“课堂教学展示暨实验创新展示活动”为教研活动普及提供了源源不断的发展动力。

第三节　镇、校级竞赛评比活动

乡镇教研室作为教育发展基层的一个服务组织，担负着教学研究、教学指导、教学服务、教学管理的任务。学校是教育者有计划、有组织地对受教育者进行系统的教育活动的组织机构。镇、校级竞赛评比类教研活动，最为直接的服务是到教学一线，为教师的专业成长和课改的落实提供有效的途径；学校竞赛评比类教研活动则可以大覆盖面地培养和训练教师的教学能力，提升学校教学水平，有力促进先进的教学理念和教育改革成果落实。

一、镇级教学竞赛的评比活动

（一）考核新入职教师职业能力

作为中小学的直接管理单位，乡镇教研室每年要招聘部分青年教师加入本乡镇的教师队伍中。青年教师教学经历有限，教学方法不足，为了提高青年教师的教学设计能力，提升教学技能水平，为培养、选拔优秀教师做好充分的准备，乡镇教研室通过举办青年教师教学能力大赛，作为考核教师职业能力的一项重要内容。如佛山市南海区桂城街道，每年组织新入职本镇的教师参加教师教学能力大赛，比赛课程由选手根据自己的课时进度自由选择，选手可以提前准备，并由该学校该学科组指导备课。比赛的结果既给教师本人颁奖，也为所在的学校评奖。比赛准备的过程既促进了青年教师的备课能力、上课能力等教学能力快速提升，也促进了其所在学校学科组的指导和培训能力。

（二）组织选手参加上级教学评比活动

为了选拔优秀教师参与县（区）教学评比活动，乡镇教研室组织专项培育式竞赛模式，由于选拔出的人数较少，为了提高比赛效率，比赛选手可以分阶段进行选拔。如

2020 年,桂城街道选拔 4 名物理教师参加南海区教师教学能力大赛,分为 2 个阶段进行:第一阶段,在各学校进行初赛,每所学校选出 1~2 名选手参加街道组织的决赛;第二阶段,在街道进行决赛后,选送前 4 名选手参加南海区教师教学能力大赛。

二、学校的教学竞赛评比活动

教学能力竞赛可以实现教师知识面的有效扩展,培养教师的创新思维能力、实践能力和团队合作能力,有效提高教师的综合素质,为学校营造浓厚的学术环境,实现综合性高素质人才的培养。教学能力竞赛是学校工作中的重要环节,对人才培养和促进学校教学改革有着不可忽视的作用,对学校和学科教研组的发展有重要的推动作用。如佛山市南海外国语学校对每年组织的青年教师过关课竞赛提出以下 4 个竞赛目标:

(1)以赛促学:通过竞赛促使学校教师自觉参加课堂教学技能培训,增强课堂教学技能,在课堂教学中全面适应课程改革,有效实施素质教育,提高教学效益和基础教育质量。

(2)以赛促研:通过竞赛挖掘教研素材,促使学校教师深入反思课堂教学中存在的实际问题,寻求解决问题的有效途径;深化教学改革,提高教学效率,优化教学效果,促进学校教师积极参加教育科研活动,进一步提高教研能力。

(3)以赛选优:通过竞赛发现和选拔一批在课堂教学中适应课程改革,有效实施素质教育、教学效果优异的优秀教师,为各级各类骨干教师收集素材,为街道竞赛选拔人才。

(4)扩大影响:通过竞赛促进教师践行新课程理论,研究新课程教法和学法,提升教学智慧,加强教师之间的交流和研讨,总结和推广成功的教学模式和教学方法。

竞赛活动的组织:经过前期宣传和部署后,每个学科每个年级限报 2 名选手,选手预定好课题、课时、班级和时间,由教务室排好具体的课程表。各备课组对参赛选手的课程进行集体备课和打磨,争取把每节课都上成本备课组的精品课。

三、教师们在竞赛活动中成长

通过听课学习、交流,取人所长,补己之短。有的课在教学设计上有特色,有的课导入很好,有的课问题设计独具匠心,有的课语言风趣幽默、富有感染力等,这些都值得学习和借鉴。同科老师之间相互学习、交流,把学习交流的重点放在对教材的研究,对教学案例、典型问题、教学方法的研讨等方面,对同科组的教学教研能力的提升有很大帮助,可为课改打下良好的基础。

在跨学科的比赛中,不同学科老师之间也有了学习、交流的机会。听课老师们发现,不同学科只是教学内容上的不同,但是教学的方法、活动的环节、流程却是相同或相似的。通过竞赛,加强了师生之间的学习、交流;通过关心学生,研究学生,走到学生中去,向学生学习,教学相长;通过反思,教师们的经验逐渐积累,学术水平不断提高。

第四章 中学物理名师工作室活动

第一节 省级名师工作室活动

名师工作室是在工作室主持人引领下，具有目标性、实践性、学术性、指导性和服务性的团队，其首要目标是充分发挥名师在教书育人、教育科研、教师培养等方面的示范和引领功能，切实运用项目管理等运作方式和理念，为名师创设更多的发展空间，开展更多具有针对性的教研活动，在服务教学、服务教师成长和学生发展，培育和打造特色教育和名师方面作出贡献。

一、名师工作室特征与目标

（一）名师工作室的职责与特征

名师工作室是在教育行政部门指导下，以名师为引领，以学科为纽带，以实践和研究为核心，集教学、科研、培训等职能于一体的教师合作共同体，旨在搭建促进教师专业发展以及名师自我提升的平台。名师工作室把教学实践的前沿问题与研究紧密结合，把学生成长与课堂深化相结合，把促进教学实践发展与研究相结合。名师工作室是非正式合作组织，是具有一定开放性的教研联合体，其发展具有开放性、探究性和不确定性。名师工作室的主要职责是引领课改方向，培养优秀教师，开展课题研究，发现、融合优质资源，培育和推广研究成果，为教育教学改革服务，为教师成长搭建平台。①

（二）名师工作室承担的使命与责任

名师工作室负有培育和打造富有活力、业务精湛、开拓创新的高素质教师队伍的责任，要在教书育人、教育科研、教师培养等方面起到示范和引领作用，运用目标驱动、问题引领等方式为教师成长提供机会，同时创新教师教育发展模式，实现让普通教师或年轻教师成才、骨干教师成名、名教师更加著名的目标。② 开展有针对性的教学研究活动是名师工作室实现工作目标的有效途径，通过提供教研示范、构建教学模式、开发校本课程、开展研究与探索、打造教育品牌等活动实现工作室目标。

① 韩爽. 以教师专业发展为指向的名师工作室运行研究[D]. 长春：东北师范大学，2015.

② 李启云，王际兵. “三好”教师才是真正的名师[J]. 课程教学研究，2012(6)：83-86.

(三)名师工作室的目标

建设实体与网络相结合的新型工作室,创新省级中小学教师发展中心与名教师工作室协同育人机制。以中小学名教师工作室为载体,以师带徒为主要培养形式,构建研修共同体,促进名教师和培养对象共同提高,培养一支高水平、专业化、创新型的名教师队伍,努力造就一批卓越教师和教育家型教师。

二、工作室建设与组织形式

名教师工作室由 3 部分人员组成:一是工作室成员,包括工作室主持人、工作室助手 2 人,高校专家 1 人,教研员和技术专家各 1 人;二是培养对象,每个名师工作室每周期培养 8~10 名骨干教师;三是网络学员,每个名教师工作室网络学员数不少于 100 人。①

(一)省名师工作室主持人及成员的遴选与申报

各省、市为了落实本省的"强师工作方案"和中小学教师及校长培训计划,开展了名师工作室建设工作,下发有关遴选工作室主持人的文件。为了成功申报工作室主持人,相关人员必须结合文件要求说明"我是谁""具备哪些优势""能否成为省名师工作室主持人"。对这些问题的思考就是工作室主持人学习、反思和总结的过程,也是对工作室未来做什么、如何做、要达到什么样目标等问题的全面思考,这种思考结晶就是未来工作室的建设方案,也是其能否成为工作室主持人的佐证材料。省名师工作室主持人遴选主要经历下发文件,动员分配指标,各市、县(区)转发宣传和落实指标,个人申报和单位评选,各教育行政部门审批并公示和公布等过程。工作室成员遴选过程与主持人类似并有所简化,但规定工作室成员的遴选结果需经省名师工作室主持人审阅并最终确定。

(二)省名师工作室培训专家团队

各省、市名师工作室专家团队主要由 2 部分组成:一是由名师工作室主持人聘请,经省、市相关教育管理部门同意后确定,其成员主要由高校学科专家、技术专家和省、市教研员组成。这个专家团队的结构有利于教学研究理念与实践相结合,有利于信息技术的应用与推广。二是名师工作室主持人根据对学员培训形式的需要,临时聘请相关研究人员和学科专家对学员进行培训,培训除常见的学科培训和中高考备考培训外,还可引进跨学科专家、技术专家、心理专家和教师成长研究专家等进入工作室进行定向培训工作。名师工作室的培训专家团队是由大学教授、教研员、一线教师组成的教研培训共同体。

① 广东省教育厅、广东省财政厅关于中小学名教师名校(园)长工作室的管理办法[J].广东省人民政府公报,2018(10):22-30.

(三)省教育厅对名师工作室主持人及成员的培训

为了进一步推动工作室创建工作,省教育厅会首先对名师工作室主持人开展系列培训,目的是解决如何创建名师工作室,名师工作室怎样开展工作,名师工作室的主要目标和活动方式有哪些,名师工作室的网络建设等问题如何解决。省教育厅还会对全省名师工作室成员进行培训,组织各工作室学员进行跨地区跟岗培训等活动。为了把培训工作做实、做细,广东省教育厅还把全省400多间工作室同省内8所师范类高校挂钩,进行分批定点培训和指导。培训内容具有系统性、计划性、规范性、整体性、规律性、创新性等特点,有理论和实践新意。

三、工作室工作内容及要求

各省、市对其所创办的工作室工作内容与要求各不相同,具体要求同国家政策、教育教学发展方向有着直接的关系,工作室任务的最大特点是与时俱进,同教育教学发展阶段和实际需要密切相关。各省继续教育部门在成立名师工作室的同时,下发工作室工作指南,详细布置未来的工作。

(一)工作室职责和任务①

1. 领航中青年骨干教师成长

(1)以工作室主持人为责任人,与工作室成员共同制订培养对象培养方案,指导培养对象制定职业发展规划、发展目标、途径,规定双方职责及义务等。

(2)帮助培养对象剖析教育教学、专业发展等方面存在的主要问题,传授教育教学经验,指导其开展课题研究。通过听课、磨课、讲学、论坛、网络交流等方式,指导培养对象成长。

(3)承担培训授课、送教下乡、教育教学改革和“传帮带”等相关任务。

2. 发挥示范引领作用

(1)工作室每年通过听课、磨课、跟岗实践、交流研讨、课题指导等方式,组织培养对象集中研修不少于15天。可根据工作实际多次进行,其中需有1次以上外出学习研修。

(2)每年每位培养对象展示汇报课不少于1次,每学期撰写1篇教育教学反思或案例分析。

(3)积极组织培养对象参加教育部组织的“一师一优课,一课一名师”活动,和省级及以上学科教研活动。

(4)工作室主持人和培养对象每人至少与2名乡村中小学教师结成互助对子,每

① 广东省教育厅、广东省财政厅关于中小学名教师名校(园)长工作室的管理办法[J].广东省人民政府公报,2018(10):22-30.

年至少组织工作室成员开展1次支教活动或送教下乡活动。

(5)每年适当承担中小学教师省级培训高端研修项目跟岗学习任务。

(6)建立网上工作室,开展网上协同研修。每年由工作室主持人牵头,开展由培养对象和网络学员参与的集体网络研修活动不少于5次;每年通过名教师工作室网络空间发布教育教学资源(包括课件、案例、教学方法、教学总结、学习心得、教学改革探讨等文字或图形资源)数量不少于200条;每年完成不少于20个学科微课资源。

(7)加强名师工作室之间的交流协作。

3. 开展课题研究

(1)结合教育改革与发展实际,围绕立德树人、教育教学改革、教师专业发展等问题开展研究。

(2)在培养周期内,名教师工作室积极指导培养对象开展教育教学研究并取得明显成效,承担县级以上教学研究课题不少于3项,并形成5项以上富有特色的研究成果(含正式刊物发表的论文、教学成果奖励和公开出版著作等)。

4. 为教育发展建言献策

工作室成员要不断学习教育理论和专业知识,提高自身境界和修养。在工作过程中要拓宽视野,不断总结经验,为教育行政部门提供合理建议,或有前瞻性和针对性的教育教学改革调研报告。

(二)工作室考核与评价

(1)工作室年度考核流程:工作室主持人填写工作室年度考核表,连同相关证明材料经所在单位初核后报县、市教育局,由市教育局会同省教师发展中心进行考核,考核结果报送省教育厅备案。

(2)工作室学员的考核与评价:3年培养周期结束时,各工作室根据管理办法和本工作室培养及工作要求对入室学员进行结业考核。入室学员结业考核的结果分为优秀、合格和不合格3个等级。

(3)工作室周期考核:根据管理办法的相关要求,由省教育厅统筹开展工作室主持人的周期考核。

(三)中小学名教师工作室任务清单

每周期	每年
1. 每个名教师工作室每周期培养8~10名骨干教师(即工作室培养对象)	1. 通过听课、磨课、跟岗实践、交流研讨、课题指导等方式组织培养对象集中研修不少于15天,可根据工作实际多次进行,其中需有1次以上外出学习研修

续表

每周期	每年
2. 积极组织培养对象参加教育部组织的“一师一优课，一课一名师”和省级及以上学科教研活动	2. 每位培养对象展示汇报课不少于 1 次
3. 工作室主持人和培养对象每人至少与 2 名乡村中小学教师结成互助帮扶对子	3. 组织工作室成员至少开展 1 次支教活动或送教下乡活动
4. 加强名教师工作室之间的交流协作	4. 适当承担中小学教师省级培训高端研修项目跟岗学习任务
5. 建立网上工作室，开展网上协同研修。每个工作室每周期网络学员数不少于 100 人	5. 工作室主持人牵头开展由培养对象和网络学员参与的集体网络研修活动不少于 5 次
6. 在培养周期内，名教师工作室积极指导培养对象开展教育教学研究并取得明显成效，承担县级以上教学研究课题不少于 3 项，并形成 5 项以上富有特色的研究成果	6. 通过名教师工作室网络空间发布生成性教育教学资源（包括课件、案例、教学方法、教学总结、学习心得、教学改革探讨等文字或图形资源）数量不少于 200 条
7. 工作室成员要不断学习教育理论和专业知识，提高自身境界和修养。在工作过程中要拓宽视野，不断总结经验，为教育行政部门提供合理建议或提交具有前瞻性和针对性的教育教学改革调研报告	7. 完成不少于 20 个学科微课资源

第二节　市、县（区）物理名师工作室活动

中小学名师工作室是以主持工作室名师的姓名及其教育教学特色为名称，联合一批在相同学科领域内，有着共同教育理想和追求的优秀教师，共同开展创新型教育教学研究和实践，集教学、教研、培训于一体的教师合作团队。随着各省、市名师工作室的逐步建立，各市、县（区）也创建了不同级别的名师工作室，其工作室同省名师工作室的目标、特征和组织结构基本相似，工作室的具体要求和内含略有不同，活动经费由相关行政部门的地方政府支付。

一、建设标准和人员组成

以促进教师专业发展、整体提升教师队伍素质为核心，以加强教师岗位培训为重点，着力发挥和强化名师对中青年骨干教师专业发展的示范引领作用，在教育教学实践和教科研活动中加强对中青年骨干教师的培养，建立促进教师专业成长、优秀人才培养的长效机制，努力造就一批教育教学专家，带动中小学教师队伍整体素质全面提升。

对名师工作室所在学校硬件建设提出了不同的要求和标准，如河南周口市对名师

工作室设立的硬件提出了明确的要求①:名师工作室设在名师所在学校,依托本学校的教育资源开展工作。所在学校领导要高度重视教师队伍建设,为名师工作室提供独立的办公室(面积40~60平方米),按8~10人规模配置必要的办公设备,包括桌椅、计算机、打印机、宽带网络、投影仪、录音机、照相机、摄像机、电话、专业书籍资料、书柜等。名师工作室常设人员以4~6人为宜,包括主持人和骨干成员。挂牌名师任主持人,是工作室的第一责任人,全面负责工作室的日常管理和教、研、训等业务工作。骨干成员可以从校内、外选聘,由主持人和培训对象自主双向选择,并实行动态管理,接受主持人的工作安排,完成好各项工作任务。按照名师工作室发展规划,每学年安排一定数量的骨干教师培养对象和青年教师以学员身份进驻工作室接受培训。

二、主持遴选与人员分工②

各市、县(区)名师工作室主持的遴选办法各不相同,基本采用个人申请、组织审查、民主评议、专家评审、公示公布的程序。如韶关市仁化县的名师工作室主持人产生及人员职责如下:

(一)名师工作室主持产生的办法及程序

1. 申报名额

名教师工作室主持人在全县范围内遴选,由县教育局根据我县中小学教师队伍建设情况统筹安排申报名额。

2. 申报与产生程序

(1)本人申请。符合条件的教师本人提出申请,并报所在学校(单位)。

(2)学校(单位)审核推荐。各学校(单位)接受申请后,对申请人的资质进行审核,形成推荐人选,公示无异议后,向县教育局推荐。

(3)县教育局评选。县教育局组织评委按要求进行评选,经公示无异议后确定为名教师工作室主持人,并授予证书和牌匾。

(二)名教师工作室人员组成及分工

(1)人员组成。一是工作室成员。包括工作室主持人,学科教研员(指导员)1人,县教师发展中心选派任教学科相同的优秀教师,成员5人左右(其中至少1人应来自名师任职学校,兼任名师助理),协助名师开展工作。工作室成员至少具备以下条件:高级及以上职称,有较强的课堂教学能力和科研水平,承担或参与过县级及以上课题研究任务。二是工作室培养对象。由县教师发展中心根据教师专业成长的需要遴

① 周口市中小学名师工作室建设管理办法[EB/OL].[2015-1-30]. https://wenku.baidu.com/view/c814db5b4b73f242336c5fd8.html.

② 韶关市仁化县教育局.仁化县中小学名教师工作室管理办法(暂行)[EB/OL].[2020-8-7]. http://www.sgrh.gov.cn/sgrhjyj/gkmlpt/content/1/1848/post_1848093.html#2150.

选培养对象,每期 5~10 人。

(2)人员职责分工。主持人全面负责工作室建设、管理和组织实施等工作;教研员参与工作室制定工作计划,指导开展教学和课程改革、送教下乡、教学研训等活动,将工作室教研活动纳入当地教研计划并督促和协助组织实施等;名师助理协助做好工作室日常管理、研修活动和有关材料的整理归档等工作。

(三)名教师工作室职责和任务

1. 领航中青年骨干教师成长

(1)工作室主持人同工作室成员共同确定培养对象和制订培养方案,指导培养对象制定职业发展规划、发展目标、途径,规定双方职责及评价等。

(2)培养帮扶青年教师,任期内培养 5~10 名县级学科骨干教师。每位培养对象每年向名师演示汇报课不少于 1 次,3 年内提交教学论文 2 篇以上,主持或参与县级及以上教学研究课题 1 项。帮助培养对象剖析教育教学、专业发展等方面存在的主要问题,传授教育教学经验,指导开展课题研究。通过听课、磨课、讲学、论坛、网络交流等方式,指导培养对象成长。

2. 发挥示范引领作用

(1)带头学习前沿教育教学理论,熟练掌握现代教育技术和方法,不断更新业务知识。

(2)经常性开展沟通、交流、研讨活动。每年做校级以上教师培训讲座至少 2 次,每学期在县域内展示观摩课至少 1 次,每年至少参加 1 次送教下乡、支援农村或薄弱学校教育等活动。

(3)开设教育博客、网页或公众号,发布教学反思、培训心得、经验介绍、教学研究、学科前沿等方面的内容。每年完成不少于 8 个本学科微课资源。

3. 开展课题研究

(1)根据教育改革与发展方向,结合县实际,围绕立德树人、教育教学改革、教师专业发展等问题开展研究。

(2)任期内至少承担 1 项市级课题、3 项县级课题并顺利结题,在县级以上学术刊物上发表学术论文 4 篇以上(其中市级以上至少 2 篇)。

4. 为教育发展建言献策

工作室成员要不断学习教育理论和专业知识,提高自身境界和修养。在工作过程中要拓宽视野,不断总结经验,为教育行政部门提供合理建议或提交具有前瞻性和针对性的教育教学改革调研报告。

三、日常管理和考核评价

各级教育行政部门对工作室的指导与管理、保障措施和考核都有较为详细的政策。

（一）名师工作室的指导与管理

（1）名师工作室实行市、县（区）、校三级共建，市教育局成立名师工作室建设领导小组，统筹名师工作室建设管理工作，下设办公室，办公室设在市教师发展中心，负责名师工作室的日常管理工作；市教育局师资处负责将名师工作室建设纳入各级教师培训规划，完善制度，建立机制；市教育教学研究室负责学科建设及业务管理工作。

（2）名师工作室所在学校协助上级教育主管部门对工作室进行日常管理，学校要指派 1 名副校长专门分管名师工作室。

（3）定期组织挂牌名师进行业务培训，进一步提高挂牌名师的专业水平；组织专家为名师工作室提供业务指导并进行业务检查、评估。

（二）名师工作室的保障措施

（1）工作条件保障。名师工作室要有专门的工作场所，并具备基本的办公条件，配置一定数量的专业书籍资料。有条件的要配备信息化设备和系统。

（2）制度保障。将名师工作室的岗位职责纳入教学工作管理，保证挂牌名师及其助理履行职责；将名师工作室的工作量及业绩纳入绩效考核。

（3）经费保障。按照《徐州市政府办公室关于印发〈徐州市名特优教师校长专项补助实施方案〉的通知》（徐政办发〔2016〕111 号）的规定，获得徐州市名师工作室一次性补助 3 万元，每年根据考核情况给予最高 2 万元的活动经费，主要用于名师工作室的图书资料购置、办公设备购置、网站建设和外出交流及学习的开支，不得挪作他用。添置的硬件设施属国家固定资产，纳入主持人所在单位统一管理。

（三）名师工作室的考核与评价

（1）考核形式。市教育局对名师工作室进行年度考核，周期结束后对名师工作室进行周期考评。考核方式有：一是查看原始材料，二是听取工作室的汇报，三是听取学校的评价，四是深入课堂听课和参与教研活动，进行现场观摩。

（2）考核内容。一是名师工作室的自身建设，二是在学科建设中所发挥的作用与实绩，三是名师工作室在培训和指导教师方面的主要业绩。名师工作室考核细则另行制定。

（3）考核结果。考核结果分为优秀、合格和不合格 3 个等级。年度考核结果是名师工作室活动经费发放的重要依据，年度考核结果为“不合格”者将撤销该工作室建制，周期考核为“优秀”且符合申报条件者将直接进入下一周期的工作室建设并予以表彰和奖励。

第五章　中学物理课题研究活动

第一节　省级物理教学课题研究活动

随着基础教育课程改革的不断推进，广大教研员和教师开展课题研究的积极性不断高涨，研究的问题不断深入，基于教育教学核心部位的研究逐渐展开，聚焦课堂教学的问题研究日益显现。我国各有关教育管理部门、教科研部门和各级学会都有许多课题下发到中小学，这些课题有规划课题、专项课题、重点课题、一般课题和子课题等，有些课题有专项资金支持，更多课题需申报者自筹资金进行研究，课题研究周期一般为2~3年。

一、寻找课题的路径与方法

随着教育科研工作的不断推进，传统的教学模式受到挑战，为了适应课改工作，更好地促进学生发展，课题研究成为教师专业发展的重要方式。课题研究是一个循环往复的过程，在明确问题、确定目标、制定计划、实施计划、收集资料、分析问题、检验反思的基础上，形成的新研究问题，再开展新的课题研究。选题是课题研究的开端，对教育研究工作起着十分重要的作用。①

课题要从教学实践中寻找：①从课程层面选取，如国家课题的落实情况研究、地方与校本课题开发研究等；②从教学层面选取，如课程教学方面、师生互动方面、实验创新等方面，也可从学生层面、教师层面、评价方面进行选题；③在教学与反思中寻找研究课题；④从教科研与科技创新方面寻找课题，也可从学科融合方面寻找研究的课题。

在现实生活中有许多关于课题申报的途径，如全国教育科学规划办、各省市教育研究院（所）、各级教育学会等教育行政部门和研究机构，都会定期或不定期地公布一些重要的、现实的课题供教师们申报。此外，教师还可以对国家或地方最新颁布的教育课题进行申报和研究。

二、开展研究的路径与方法②

（一）填写课题申报书

申报书主要包括负责人及研究人员信息表、负责人及课题组成员近3年来取得的

① 陈宁. 中小学教师科研选题的过程与策略[J]. 中小学教师培训，2012(5)：24-26.

② 张定强，裴阳. 中小学教师开展课题研究的途径与方法[J]. 中小学教师培训，2018(3)：29-32.

教育科学研究成果、预期研究成果、课题设计论证、完成课题的可行性分析等。

（1）课题名称。填报申请书要准确清晰地确定课题名称，全面梳理已有的研究文献和对所选择问题的研究概况，找准切入点。课题名称要反映所研究的对象、问题和方法，以15~20字为宜，涵盖主要关键词，名称要新颖、独特、精确、简洁，富有信息与吸引力，从而顺利立项，实现研究目标。

（2）课题设计论证。一般由6部分构成：一是选题依据，含本课题在国内外相关研究的学术史梳理及研究动态，本课题相对于已有研究的独到学术价值和应用价值。二是研究内容，说明研究对象、总体框架、重点难点及要解决的主要问题。本部分的撰写需要精心设计，尽可能用框图说明技术路线及研究的重、难点问题。三是思路方法，就是阐述研究的方法、计划，并从技术层面分析其可行性。四是创新之处，指在学术思想、学术观点、研究方法等方面的特色和创新。五是预期成果，就是要说明成果形式、使用去向及预期社会效益。六是参考文献，需附开展本课题研究的主要中外参考文献。

（3）可行性报告。主要包含如下几个方面：一是学术简历，包含课题负责人的主要学术简历、学术兼职，在相关研究领域的学术积累和贡献等；二是研究基础，包含课题负责人及参与者前期相关研究成果、核心观点及社会评价等；三是承担项目，包含负责人承担的各级各类科研项目情况，包括项目名称、资助机构、资助金额、结题情况、研究起止时间等；四是已承担项目与本课题的联系和区别，以表明课题组成员有能力完成课题任务；五是条件保障，主要是指完成本课题研究的时间保证、资料设备等进行课题研究的软硬件支撑。课题申报表应突出研究的特色和突破点，做到问题新、方法新、角度新、效果新。

（二）做课题研究要有问题、目标和行动意识

（1）问题意识：要基于问题提出研究的假设，就是对所提出的问题做假设性回答，如描述性假设、解释性假设、预测性假设、条件式假设、差异式假设等。基于假设有理有据地选择研究对象，明确研究变量，确定研究方法，如文献研究法、调查法、观察法、实验研究法、经验总结法等。①

（2）目标意识：在研究工作中，目标是课题研究的向导，文献资料的积累与数据的收集都要围绕目标的实现而进行，如集中时间查文献、做好记录和标记、科学整理文献；又如对采集到的原始数据进行分析与整理，再根据数据分析来呈现研究结果，即对数据的定性分析和定量分析，都是确保研究目标实现的重要保证。

（3）行动意识：做课题是课题研究的主要过程，也是研究工作的主体，研究者在此

① 徐建华，张天雪. 对教育科学研究方法知识体系建构的思考[J]. 课程·教材·教法，2012，32(4)：27-31.

过程中扮演的角色是行动者，要做到为行动而研究，在行动中研究，在研究中行动，不断丰富和利用学术理论去解决实际操作中遇到的问题，顺利地完成课题研究的实施阶段。

三、开题、结题与成果培育

（一）开题论证会

一般在课题立项后3个月内组织开题论证会。课题组要做的工作是撰写开题报告，邀请开题论证专家组织开题论证会。开题报告的要点是研究背景、概念界定、国内外研究现状、研究目标、内容、方法、组织、分工、进度、经费分配、预期成果等，要求具体明确、可操作。和课题申报书最大的不同在于，开题报告重点放在如何实施上，要让专家和课题组成员对“接下来做什么”“怎么做”“需要达到什么目标”一目了然。一般邀请3~5位论证专家，由学科专业及教科研相关专家组成，可采取独立开题或联合开题。开题论证会参加人员是：课题组全体成员，论证专家，所在单位有关领导以及与本课题相关的人员。

（二）课题实施

在实施过程中，课题主持人需要加强课题研究管理，优化资源配置，统筹推进研究进程，保障课题研究进展“有章可循、有据可依”，避免研究过程中的盲目性和无序性。课题组成员需要将课题研究与日常教学工作结合，及时关注国内外该领域最新研究动向和成果，适当参加线上线下的活动，定期组织课题组内的研讨会，及时总结与反思，将课题研究做“扎实”。

（三）中期报告会

中期检查活动主要是分析已取得的研究成果，研讨课题研究的可持续性，重点是反思、归纳、深化、细化。中期报告的内容要点包括研究工作主要进展、阶段性成果、主要创新点、存在问题、重要变更、下一步计划、可预期成果等。

（四）结题与成果培育

结题报告的基本结构：首先是题目部分，包含标题和署名；其次是正文部分，包含序言（问题的提出、研究的动机）、理论依据、研究目标、研究方法、研究的主要内容、研究过程概述、研究成果（概括性描述、列出图表、研究假设的检验结果等）、结论与建议、存在问题或研究的局限性；最后是结尾部分，包含注释、参考文献、附录。结题报告是课题研究所有材料中最主要的材料，也是科研课题结题验收最主要的依据，因此，撰写结题报告时，一定要注意以下几点：成果要实在，多举实证性例子；主报告与附件分开，附件要精选；成果要经得起检查与答辩；成果报告及附件装帧要美观大方；字数不宜过多。

形成研究成果：课题研究的成果有很多种类，如学术论文、专著、反映成果的实践操作的教学设计、活动设计、个案研究报告、调研报告、教学软件或光盘、文献资料的汇编等。课题研究成果论文要以读者为中心，让别人能懂研究主旨，以清晰为准绳，按可让读者从中受益的逻辑形成优秀的研究成果。论文写作要经历准备写作、动手写作、认真修改后形成论文定稿。在论文修改达到自己满意、读者满意的基础上，再在创新性、可读性、伦理性上下功夫，达完美境界，让课题研究的成果面世，实现研究目标。

第二节　市、县(区)级物理教学课题研究

各市、县(区)教师在物理教学方面的课题主要有以下几种参与形式：一是由市、(县)区教科研部门或学会发起并组织的课题，教师申报并独立主持课题研究活动；二是由市、县(区)教科研部门或学会转发上级相关机构的课题研究方面文件，教师独立主持或参与相关的课题研究；三是教师申报较高级别的子课题或地方课题开展相关的研究，参与其他教师的课题研究活动。其中，市、县组织发展的课题主要以实际研究、理论联系实际研究 2 种形式为主，纯理念性研究的课题较少。课题研究周期一般为 2~3 年，部分县(区)组织的小课题研究周期为半年或 1 年。

一、市、县(区)课题选题范围

市、县(区)教科研机构单独组织和发起的课题研究，在选题方面一般有 2 种形式：一是由教师自由选择，文件粗略规定研究范畴，教师自选主题；二是列出较细的主题和研究内容，教师根据规定的选题内容细化或制定具体的研究主题。

(一)教师自主选题

此类选题规定的范围较宽，教师有很大的选题自由度和空间。如济南物理学会开展的基础教育科研课题选题范围规定："本次课题申报的选题范围可以根据研究者自己的研究方向，结合工作实际自行确定选题，研究内容与物理类课程相关。自拟课题名称，表述应科学、严谨、规范、简明。本次课题立项以突出现实问题、鼓励探索创新、注重有效实用为导向，旨在推进物理教育基础理论研究和应用研究，解决物理教育工作中存在的主要问题，为区域物理教育提供专业指导与智力支持。本次教育科研课题

采取自主申报、各单位择优推荐的程序申报。课题分:重点课题、一般课题。”①

(二)规定的选题范围

此类选题规定的范围较细,教师必须在规定的范围内进行选题,也就是说,教师申报的课题须在相关研究主题下结合自身特点确定研究内容并组成研究团队。如“深圳市中小学名校长、名师工作室和教育科研专家工作室课题指引”②规定的课题科研范围及方向,各工作室在确定课题时,具体内容及题目可适当调整,也可根据现实需要自行确定。文件中对名师工作室课题范围主要分为3个方面:一是名师成长研究,二是课程与教材研究,三是教与学方式研究。每方面又分若干个主题,如名师成长研究分为名师素养研究、名师教学思想研究、年轻教师培养机制研究等主题。在教与学方式研究方面设置了8个方面课题:①课堂教与学方式转变的行动研究;②高效课堂模式研究;③以减轻课业负担为导向的作业设计研究;④教师说课、评课方式创新研究;⑤个性和潜质优异学生的发现、培养机制研究;⑥计算机辅助教学研究;⑦学生创新意识、创新精神研究;⑧中小学学生学科能力研究等。

二、课题研究选题指南

在市、县(区)课题组织过程中,许多教师在选题方面受到了很大的困扰,主要问题:一是选题太大,本身没有能力进行相关研究,如“对核心素养理念下高考政策的研究”等。二是选题太小,如“由一节课创新实验引发的思考”等。三是选题太泛、太旧,如“如何提高物理学习兴趣的研究”等。本指南列出的课题是研究方向,不是具体的课题名称,申报者可以主要围绕新形势下物理教学的新特点及教学质量的提高,从下列方向选择课题;也可以结合自己已有的研究基础,自行设计课题。

一、物理教学热点问题研究			
1. 物理导学案编写研究	2. 物理导学案应用研究	3. 中学物理课堂教学诊断研究	
4. 物理高效课堂研究	5. 物理有效教学研究	6. 中学生物理学习中相异构想的研究	7. 中学生物理学习中自我效能感的研究
8. 中学生物理学习中自我监控能力的研究	9. 中学生物理学习中归因问题研究	10. 初中生物理学习方式研究	11. 高中生物理学习方式研究

① 济南物理学会. 关于申报济南物理学会基础教育科研课题项目的通知[EB/OL]. [2019-11-6]. http://www.jnwlxh.cn/nd.jsp? id=153.

② 深圳市教育局. 深圳市中小学名校长工作室名师工作室和教育科研专家工作室建设指导意见[EB/OL]. [2013-08-27]. http://www.szjky.edu.cn/jgsz_show.aspx? id=9206.

续表

12. 中学物理课程改革的实践与反思	13. 中学物理教师专业发展研究	14. 在物理教学中培养科学素养的研究	15. 中学物理实验设计及教学研究
16. 中学物理新教材的应用与评价研究	17. 物理考试评价研究	18. 物理业余教育或物理竞赛培训研究	19. 物理多样性课程资源的开发与利用研究
二、物理教学行为研究			
1. 物理设问行为研究	2. 讲解与点拨行为研究	3. 演示实验行为研究	
4. 学生物理实验指导行为研究	5. 即时评价行为研究	6. 信息技术与物理教学整合研究	7. 辅导答疑行为研究
8. 反馈与矫正行为研究	9. 情境创设行为研究	10. 新课导入行为研究	11. 合作学习行为研究
12. 体态语言应用研究	13. 布置作业行为研究		
三、新课程实施中不同物理课型教学研究			
1. 物理概念教学研究	2. 物理规律教学研究	3. 物理习题教学研究	
4. 物理复习教学研究	5. 物理实验教学研究	6. 中学物理讲评教学研究	
四、中学生物理实验探究能力培养研究			
1. 中学生物理实验探究能力结构研究		2. 中学生物理实验探究能力培养原则研究	
3. 中学生物理实验探究能力培养策略研究	4. 中学生物理实验探究能力因素的方法研究	5. 中学生物理实验探究能力评价研究	6. 中学生物理实验探究能力培养的系统研究
7. 中学生物理实验探究能力培养课题的选择研究	8. 中学生物理实验探究学习模式研究	9. 中学生物理实验探究能力培养与成绩关系	10. 中学生物理实验探究能力培养与发展关系
11. 物理实验探究能力培养与学生素质的关系	12. 物理实验探究与中学生物理概念转变的研究	13. 中学生提出问题能力的培养	14. 物理教学中发现问题情境的创设研究
15. 中学生猜想与假设能力的培养研究	16. 中学生物理探究学习条件的研究	17. 中学生交流与合作能力的培养	18. 中学生评估能力的培养研究
19. 中学生制定探究计划与实验能力的培养研究	20. 中学生进行物理实验与收集证据能力的培养	21. 中学生分析与论证能力的培养	22. 中学生物理实验探究能力培养的现状
23. 中学生物理实验探究能力培养存在的问题	24. 物理教师对培养学生实验探究能力的研究	25. 培养学生物理实验探究能力的认识研究	26. 家长对培养学生物理实验探究能力的认识
27. 社会对培养学生物理实验探究能力研究		28. 中学生物理实验探究能力培养的案例研究	

三、课题日常管理策略[①]

教育科研课题研究的过程，就是在获取、掌握、处理、应用教育信息的基础上，探求新知识，解决教育中存在问题的过程，也是教师成长的过程。

（一）课题研究的策略

（1）科研与教学相融合。科研是研究规律，教学是运用规律。教学是科研的前提和基础，科研应将教学中的问题作为课题进行研究，通过课题研究，推动教学难点的解决。

（2）科研引领，课题牵动。把研究成果作为教学改革的理论依据，通过课题研究的过程推动教师专业成长。

（3）改进传统课堂教学的呈现方式，包括改善传统的教育观念、教学内容、课程结构、教学形式、评价方法、教师教的行为和学生学的方法。

（4）研究要从教学中的小范围、小问题、小现象、小事情、小规模入手，选题立项要活、研究内容要活、组织形式要活，先从小的方面选点，再连点成线，融合成面，由小做大。

（5）要研究教育教学中遇到的热点、难点、疑点问题；贴近学校、教师、学生和教育教学实践中的问题，在实践中解决，提倡教中研、研中教，在真实的实践中提炼自己的经验。

（6）研究内容具有原创性，研究成果具有突破性，要在研究过程中形成教育教学中的新观点、新见解、新手段、新方法、新技术。

（二）全过程管理模式

图 2-4　课题研究过程

（1）倡导研究与教学一体化的思想，构建教师做课题研究的过程就是教育教学的操作、总结和研究的过程，推荐研究无处不在，一次实验、一次辅导、一次谈心、一项活动都可以作为课题进行研究，让选题从教师中来到教师中去、从课堂中来到课程中去、从学科中来到育人中去。

（2）构建“问题即课题”的选题模式。①教育教学中的问题主要包括教学目标问题、教材使用问题、教学方式方法问题、教学教研活动的形式问题 4 个层面，选题应具

① 张瑶春. 阜蒙县中小学教育科研课题管理策略研究[J]. 中华少年，2019(12)：214.

有目的性并来自客观需要；②选题具有科学性，需对历史、现状进行分析，忌主观想象，盲目选题；③选题具有创造性，要有先进性、新颖性，应落在改革和发展的前沿，应从不同角度、不同途径以新的视野去研究；④选题具有可行性，要考虑主观因素、客观因素和研究能力。

(3)课题论证与申报立项是课题研究必不可少的环节，它能够对研究价值进行有效鉴定，可以促进研究方案的不断完善，保证研究的质量。课题论证报告特别要注意撰写以下几个方面的主要内容：①研究什么样的问题(课题名称)；②为什么要研究此课题(时代背景、理论依据、实践依据等)；③课题的内涵是什么(课题界定)；④研究的目标是什么(课题研究的目的)；⑤研究的内容是什么(子课题)；⑥研究方法是什么(要写清楚具体采取什么方法，不单单是提出一些方法，还要写清楚怎样使用这些方法)；⑦研究步骤过程(时间、内容的分配)；⑧成果的呈现形式。

(三)课题的建档

课题管理实行“一题一档制”，分为6类，档案的留存可采用纸质稿、电子稿或2种同时保存的方式。

(1)计划性资料：包括课题总体研究设计、研究方案及阶段性研究计划等。

(2)基础性资料：实验班学生的基本情况，如家庭地址、家庭成员，实验教师的有关情况，如学历、教龄、教学水平等。

(3)专题性资料：专题研讨、专题讲座、专题报告等研究资料。

(4)过程性资料：按计划开展研究的阶段性记录。如教案，典型课纪实，课外活动设计，教师观察记录、随笔，以及社会、家长、学校、学生的反应等。

(5)效果性资料：个案变化及群体变化的资料。如测试成绩的统计分析，试卷及有价值的学生作业、作品和制作等成果，以及反映成果的音像资料等。

(6)总结性资料：各学期、学年总结或专题研究的总结、论文、报告等。

(四)研究报告的撰写

(1)问题的提出：阐明课题是教育教学工作中的现实需要，别人就这个课题做过研究后遗留问题的再研究，对改进教育教学有什么意义和作用，在教育教学理论上有什么学术价值。

(2)研究的对象：阐明是宏观教育问题，还是微观教育教学问题；是学科教学、校本课程、创造教育，还是教师教法等方面的研究。

(3)研究的方法：采用观察法、调查法、访谈法、问卷法、案例法、实验法和行动研究法等；说明是思辨研究还是实证研究、实验研究；是单一方法还是综合方法，为什么要采用这些方法。

(4)研究的过程:简要写明研究过程和成果的分析是报告的核心内容。要整理分析调查来的材料,将分类后的资料分门别类地摘要记述,归纳出若干项目,按条目进行叙述,做到数据确凿、事例典型、观点明确、图表清晰。

第三节　镇(乡)、校级物理教学课题研究

镇(乡)、校级物理教学方面课题研究主要可分为3个方面:一是由教师申报并获批准的上级部署的课题,教师可以是主持或课题组的成员;二是由镇(乡)和学校自主开发课题;三是由同教育有关的其他部门或学会下发的各类课题。各类课题的选题、研究过程和结题与前几节内容基本相同。近年来,在一些县(区)、镇(乡)和学校启动了小课题研究项目。小课题与其他课题的区别在于研究范围小、内容少、课题组成员可少可多,最少可以是1个人,研究周期较短,一般时间控制在1年或半年时间。

一、小课题选题原则与内容

1. 目标与意义

小课题指的是以教师自身教学过程中发生的具体问题为研究对象,以问题的解决为研究目标的课题;选择范围比较小、研究内容比较具体、研究切口比较小、研究周期比较短,容易操作且有兴趣、有能力独立完成研究任务的课题研究方式。小课题研究要渗透到教师们的学习、教研、科研等各个环节。开展小课题研究,能培养教师的研究意识和综合能力,有助于教师教育教学专业能力的提升,有助于学生和谐而全面地发展。

2. 遵循的原则

要立足校本,从教师个人的教育教学实践出发,针对教育教学中的真问题确立课题,开展真研究,不求全、不求大,务实求精,把每个环节做实、做深、做透,结合校本对小课题研究创造性地实施和管理。

3. 选题的内容

小课题研究选题要从小处着眼具体落实,切入点要小而具体,容易操作和把握。要着眼问题的解决,要明确用什么方法解决什么问题,通过什么途径达到什么目标。如"新课教学问题设置有效性研究""在微课教学中暂停功能的设置与效果研究"等小课题同实际教学相结合,有研究价值和创新内涵,也容易操作。

4. 研究的过程

小课题研究最有效的方法应该是教师在教学过程中进行。

图 2-5　小课题研究的过程

小课题研究重在过程。也只有通过记录和反思研究过程，才会有体验和收获。在小课题研究中，需要用到写研究日记、随笔、反思，以及各种音频、视频等多种形式的记录方法，因此有必要建立一个研究过程的记录资源库，以文件夹的形式对研究进行分类记录，在研究过程中进行整理和提炼。

小课题研究重在过程，过程就是成果。所以，小课题研究要注重过程资料的积累，并从中不断提炼出有代表性的资料，融进认识和思考的成果中。小课题研究的成果应该体现过程性、多样性，包含论文、研究日记、学习笔记、随笔、反思、总结等各类文本、图片，以及学生的各类作品、教学课例等成果。小课题研究成果，重在体现研究过程，也就要求教师在平时的研究中，注意积累和整理“成果”，在形式和内容上逐步达到规范。

二、小课题的主要研究方法①

小课题研究是指从教情、学情、校情出发，在短时期内以解决教育教学工作中的具体问题为任务，对工作进行自我观察、内省、反思与行为跟进，从而改进教育教学行为，探寻解决教育教学中具体问题对策的研究方式。

（1）发现问题，确立课题。发现问题是解决问题的前提，小课题研究的目的是解决教育教学中存在的各种具体问题，如“小组合作学习中的问题设置研究”“让学生发现和解读生活中物理现象的研究”等。教师可以从自己感到不很满意或需要改进的地方去选题，选择最有价值的、迫切需要解决的问题去关注、追踪、分析，选出自己最想研究的课题。

（2）分析问题，寻找策略。课题研究借鉴别人经验来自资料收集，包括阅读书籍、查阅文献资料、实地调研、访谈收获等直接研究材料，然后通过整理归纳、分析综合，根据教学实际确定一种解决办法，为下一步研究做准备。这是寻找方法的过程，也是学习、反思的过程，是小课题研究关键的一步。

（3）解决问题，开展实验。将形成的思路或计划放到实践中去，也就是所谓的试验阶段。如果效果真的很好可以总结成文，如果效果不理想还有待提高改进之处，还

---

① 王晓英. 小课题研究“六步曲”[J]. 新课程(下)，2017(11)：35.

要继续寻找更好的解决方法,再到课堂中去尝试,不断反复以至达到理想。这是理论运用到实践阶段,是教师有目的、有意识地用找到的办法对教育教学过程加以改进,看其是否有效。这一阶段可运用案例法、观察法、行动研究法等。

(4)课例研究,组本教研,以课例为载体落实研究课题。为了提供原汁原味的课堂展现,暴露真实问题,第一次开课可以是教师个人备课、上课,教研组老师集体听课。听课时,课题组负责人根据课题研究内容对听课教师进行分工,然后通过课堂观察,填写量化评价表,对研究课题设计的问题逐个进行记录,接着开展评课,集体研讨,找出问题症结,提出改正策略。

(5)总结经验,交流成果。教师要把如何做的、做的怎样写出来,将研究过程、改进过程、实施过程和实施效果如实加以记录。教师写的过程也是研究、总结、反思和归纳的过程,在讲述成果的过程中,可以产生新体会、新发现、新认识,进行新思考。成果可以是小论文、教育叙事,也可以是心得体会、教育教学案例、课例报告、经验总结等,这是从实践上升到理论的过程。

(6)经验分享,成果推广。在小课题研究进行一段时间之后,可举办"小课题成果展示会"。展示体现小课题研究成果的文字、图片、音像资料,便于教师观摩、学习和借鉴,给教师提供展示、交流的平台和机会。组织"教师小课题研究实践课"活动。聘请专家评价,邀请学校专家参加小课题成果展示会,和教师进行对话、交流,探询完善小课题的实施策略,并且进行现场指导和引领,使教师在专家的指导中受益,在研究和交流中成长,在成长中变化和提高。

三、学生物理小课题的研究

1. 确定主题和课题内容,宣传和组建"物理小课题探究"团队

(1)根据《课程标准》的要求,教师要帮助学生确定同课标吻合、同提升学生物理素养和成绩有关的研究主题,让学生主动参与研究。

(2)组建探究小组。经过在班上开动员会后,遵循自愿的原则,让学生自由组合成 2~6 人的探究小组,自定组长,形成合作意识较强,并且物理学习成绩稳步提高的团队。

(3)确定探究课题。让学生根据总的研究主题,从已学过的知识和生活经验出发,大胆提出自己感兴趣的课题,如"红外线、紫外线的应用调查""彩虹形成原因探究""空气中水的物态变化探究""楼梯道开关的奥秘"等物理小课题。将这些小课题汇总后用纸列出来,由各探究小组根据自己的兴趣爱好自主选择,确定出所要探究的课题。

2. 制订方案和开展研究

(1)制定探究计划:先对学生进行培训,使小组成员知道进行课题探究通常采用的方法,以及制定一个课题探究计划应包含哪几个部分,使学生规范地制定出切实可行的探究计划。

(2)计划的实施:实施计划是探究活动的核心。充分发挥学生的积极主动性,放手让学生设计、探讨和研究,当学生需要技术支持时,教师及时给予帮助。

(3)撰写探究报告和命题:课题小组的学生共同对探究报告进行讨论与修改、加工与润色,力争在本组的报告中提出新的发现、新的观点,让学生根据研究内容改编和命题,把研究成果同学习相结合。

第三部分

中学物理教研活动案例

第一章　海峡两岸暨香港、澳门交流活动案例

第一节　海峡两岸暨香港、澳门中学物理教学研讨活动

教学研究者应当有海纳百川的气势，教学研究活动应当是传播、吸纳先进教学理念和方法的有效手段，首届海峡两岸暨香港、澳门中学物理教学研讨会的召开，为中国基础物理教育教学研究创建了良好的机制，许多师范类大学同中学物理教师有了相互学习和交流的平台，借助这样的良好平台，可以向物理界的大师们学习，吸收教育精华、传播教育的先进理念，实现共同发展。

一、海峡两岸暨香港、澳门名师聚会澳门

2011 年 12 月 11～13 日，首届海峡两岸暨香港、澳门中学物理教学研讨会在澳门大学举行。澳门特区政府社会文化司司长张裕等政府官员，著名物理学家、中国科学院院士郝柏林等专家学者，以及来自海峡两岸暨香港、澳门的 200 多名大、中学物理教师出席会议。研讨会的宗旨是“携手合作、改革创新、共创未来”，其目的是互相了解、交流、探讨教学的发展策略，构建教研互动平台。

案例 1：郝柏林院士“物理是一种文化”主题演讲①

中国社科院院士、77 岁的郝柏林院士做了主题演讲，他从物理的起源及发展脉络讲起。他说：“物理很简单，只有少数的大道理，要学会用少数的大道理讲明白很多小道理。物理是讲道理的学问，教我们追根溯源、追求真理、解决问题。物理学教我们心中有数。”他特别强调不要把中学物理变成数学习题集，他还从物理“熵”的概念及温度变化原因讲到自然界没有绝对的平衡，从古希腊到罗马的历史讲到绝对民主办不成大事的道理。他认为世界是在不断建立和打破平衡过程中发展起来的，物理是一种艺术、一种文化。

【点评】物理很简单，只有少数大道理。这是院士给出的结论。在这纷繁的世界里，物理表象很复杂，道理很简单，从复杂到简单需要的是智慧。把物理教到所有学生听不懂，以给学生出难题为荣是许多“高智商”教师常犯的错误；把物理课上成繁杂的讲述课和难题课，让物理成为应付中高考的工具，学生只会解题，这同院士的理解是完全不同的。物理是一种艺术和文化，是讲道理的学科，是用简单道理解决复杂问题的学科，这是大师给一线教师的期望。

案例 2：周兆富老师“基于新课程理念下物理教学评价的误区——由考试系列问

① 邱韵如. 海峡两岸暨香港、澳门中学物理教学交流[J]. 物理教育学刊，2011，12(2)：166-168.

题引发的思考"的报告

周老师说:"题海战术是在浮躁的世界让学生更加浮躁,训练出学生更多的粗心及错误。"他给教师的忠告是"少命一点难题,降低一点要求,教师期望值的降低必然带来学生素质的整体提升"。他风趣地说:"如果您想让您的教学成绩差、如果想让您的学生不学物理、如果想让未来的教师生涯不幸福,就命更难的题吧!当学生在您命的难题面前纷纷倒下之时,就是教师生涯不幸福的开始之日。"①

【点评】本案例中难题效应、弱势群体(学困生)效应是教师们常见的现象。面对较低的成绩,教师往往把罪过归于学生笨,学习效果差,很少反思自己命题的问题。教师们过度重视尖子生、全力扶持中层生和临界生,但没想到班级的弱势群体(学困生)的学习成绩决定了整个班级的教学质量。"少命一点难题,降低一点要求,教师期望值的降低必然带来学生素质的整体提升"是周老师给教师们的忠告。

二、高雄物理教学研讨会

2015年12月10~12日,在台湾高雄垦丁福华度假饭店举办了第三届海峡两岸暨香港、澳门中学物理教学研讨会。活动分为专题演讲、学术论坛、演示教学、口头发表论文、壁报展示论文几个过程。在这次会议上成立了"中华物理教育联盟"。活动由高雄师范大学理学院、台南第一高级中学主办。

案例3:高雄一中卢政良老师"电磁感应"演示课

卢老师将生活中有趣的电磁感应现象以视频的形式展示给学生,在学生观察、思考的同时,卢老师结合视频向学生讲述了奥斯特、法拉第电磁感应现象的历史故事,同时把电磁感应现象原理讲述给学生,引导学生对物理情景产生认识,培养学生直观感受能力。透过演示实验和实验视频的播放,卢老师让学生在观察、思考、判断、分析过程中,建构电磁感应的完整概念,提升计算能力,让学生在接触到数字与计算之前,先对物理情境有所认识,培养物理直觉,再加计算能力,建立对电磁感应现象的判断与预测能力。

【点评】卢政良老师从物理发展的视角展示电磁感应现象,在讲好物理故事的同时让学生感受到物理规律的发现过程,让学生的思维穿越时空感受物理的产生,这种科学与人文相结合的教育方法对培训学生思维能力、提取信息能力有帮助,可实现让学生走进生活与物理学的发展之中,体验科学的魅力、了解科学的原理。建议卢老师让学生搜一搜物理学史、写一写有关物理发展的故事、讲一讲生活中的物理现象,提升学生物理素养。

案例4:台湾彰化师范大学林践副教授"力学实验教学的新策略——DIY与智慧手机"

林践副教授和研究生陈翰谆、助手温育斌设计了一个简单、低成本、易上手的实验设备。他们的教学策略是"DIY+智慧手机"。他们设计了一个以纸质材料为主的气浮球,利用气垫船原理,以常见电子元件为素材,并建立制作工序,让高中学生利用尖嘴

① 邱韵如.海峡两岸暨香港、澳门中学物理教学交流[J].物理教育学刊,2011,12(2):166-168.

钳等工具，在1小时内完成气浮球的制作。气浮球可以在平面上几乎没有摩擦力地自由移动，根据力学教学的需要，通过气浮球做匀速运动、动量守恒定律、机械能守恒定律等系列实验，将其运动轨迹用手机或录像机录下，在电脑上用相关程序将其转化为数据，分析归纳实验结果。

“气浮球+分析软件”几乎涵盖了所有力学内容，配合个人电脑可在实验室、教室甚至家中进行演示实验。它成本低、易维修，可让每个学生拥有一个作为学习力学的工具，使得力学理论具体化、形象化。

【点评】复杂问题简单化是物理教学应当追求的境界。林践副教授和他的研究团队用一个简单的气浮球+智能手机解决了许多物理实验问题，这体现的是实验资源的有限开发和合理运用的精神。简单是一种境界、是一种智慧，让学生自己动手制作简单的器材，做各种实验，从实验与信息技术的融合中找到物理规律。当学生成为规律的发现者、实验的验证者、数据的分析者、结论的分析归纳者时，其学习热情会很高，用物理知识解释和解决问题的能力也会大幅提升。

三、脑科学研究的讲座与实验

中国创造学会大脑开发研究会理事长、中学物理教育学会会长、河北大学吴祖仁教授从2006年就开始了脑科学教育研究，在历届海峡两岸暨香港、澳门中学物理教学研讨会上他都做主题演讲，设置了脑科学研究专题论坛。台湾高雄师范大学理学院院长、科学教育中心主任刘嘉茹教授也是资深脑科学研究专家。

案例5：吴祖仁教授专题演讲

2015年12月11日，吴祖仁教授做了“基于脑科学的物理教育研究”专题演讲。他认为：“学习和教育都是脑的功能或其支配下的活动，脑科学的发展已经为人类教育进入第三个时代铺平了道路。物理学是驱动现代人类文明前进的强大引擎，物理教育应该率先用脑科学武装，推动教育进入新时代。”

吴教授主要讲了5个问题：①脑科学教育研究入门必备；②基于脑科学的教育理论创新；③从脑科学看物理学科的开发脑的教育功能；④提出一个基于脑科学的全新课程理念和模式；⑤基于脑科学的物理教育原则与策略。吴教授还对脑科学的案例进行了解读。

【点评】吴教授从不同视角诠释了脑科学在物理教学中的应用，讲解让脑科学从医学的角度回到教育之中，让人对脑科学与物理教学的应用有了初步的认识。吴教授也组织了由大学教授和中学教师组成团队进行脑科学在物理教学中应用的研究。研究永远在路上、应用也永远在路上，希望脑科学的研究能同一线教学完美结合，让更多教师在二者融合中获益，让教学手段更加科学化。

案例6：刘嘉茹教授演讲与组织现场实验

在“脑科学暨物理教育研究论坛”上，刘嘉茹教授主要讲了3个问题：①目前脑神经认识科学的发展趋势及其在教育方面的应用；②运用脑神经认知科学探讨扩增镜(AR)在物理学习上的应用与发展；③应用物理非线性理论分析眼动与脑神经认知科学大数据，建立神经科学教育理论模式。

刘嘉茹教授还组织人员在现场运用扩增镜进行实验。实验者头带扩增镜，其上有2根彩色的大长兔耳，当实验者思维活跃时，兔耳不断跳动。最有趣的是刘教授把参加实验的人分为大学老师和中学老师2组，每组2个人分别头带扩增镜，用意念推动长直轨道上的球滚动，意念强者可把球推向弱的一方。多人参加此实验，大部分是中学教师获胜。

【点评】刘教授的脑科学讲解给人耳目一新的感受，特别是扩增镜的现场应用让人感受到科幻般的体验，使人对脑的无限潜力有了新的认识。希望这种脑控功能在未来技术开发方面走进寻常百姓家，让更多人受益于现代技术，让残疾人从中受益；希望脑科学与物理教学在融合过程中碰撞出新火花。

第二节　佛山与香港交流活动案例

2016年12月15日，佛山、香港两地系列教学交流活动在罗村实验小学启动。由香港学校代表及专业发展主任李淑仪女士、小学数学与科学58名顾问和教师组成的中小学教学交流计划香港代表团来到佛山，参加佛、港两地教学交流系列活动。本次教学交流活动分为“佛山市中小学生科技创新教育特色课程成果展示系列活动”和“佛山、香港小学数学、科学教学交流活动”2部分内容。

一、现场小组制作的创新活动

佛山市教育局于2010年启动的“佛山市中小学创新能力展示活动”，截至2019年共举办了8届，先后有近2万名学生参加了此类活动，活动项目也逐渐系列化、多元化、科学化。为了迎接香港客人的到来，佛山市教育局组织全市中小学生和部分职业技术学校专门举办了此次科技创新展示活动。2016年12月15日，来自全市的1000多名学生在罗村实验小学现场制作了作品。

案例1：佛山市中小学生科技创新（创客）展示活动

创新能力展示活动需要学生3人小组合作，现场设计、制作创意作品，通过自我评价、专家评价和答辩相结合的方法展示学生的创新能力。活动还设有学生评委、学生志愿者。全市300多所中小学校和部分职校的学生创新（创客）团队分别参加了“创意造物”“3D设计”“Scratch程序设计”“磁力运输车”及“团队科幻绘画”6项创新（创客）能力展示活动。同时，参加活动的还有创客作品展、3D生态打印展示、陶艺特色课程和学生作品展示，学生们现场精彩的陶艺制作过程给香港教师留下了深刻的印象。

在创意造物项目中，来自禅城澜石小学的3名学生用轻黏土和其他物料结合，加上声、光、电做配合，展示了人与自然的和谐状态。参赛学生边解说边按下手中的控制器，灯亮了，水流动了，鸟声传来，人仿佛置身于一个宁静和谐的世界中。“没想到学生除了有创意的想法，还能把自己的创意现场制作出来。”香港老师由衷感叹道。

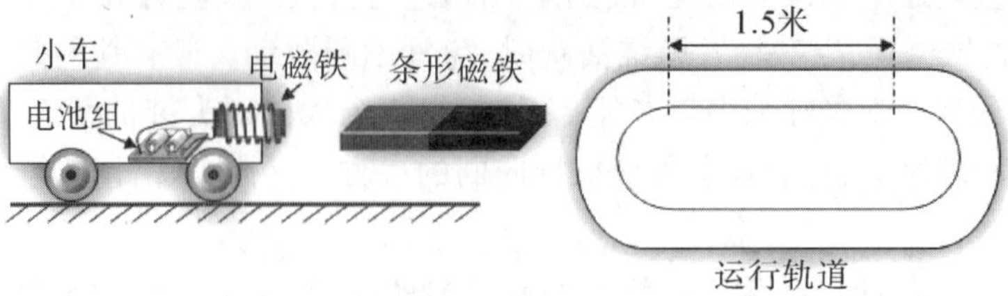

图 3-1　磁力运输车模拟图

图 3-2　3 人合作绘画

【点评】小组应当如何自觉进行合作？怎样在小组合作过程中承担责任？在独立完成自己任务的同时应当如何与其他同学配合？这一系列问题的答案都蕴含在比赛之中，每个参赛学生心中对合作的重要性都有自己的诠释。科幻画展示活动的与众不同之处在于现场绘画，由于现场没有指导教师，学生只能自己独立完成绘画任务。3个人合作绘画，在绘制过程中要不断地商讨、决策、行动，整个过程的完成就是对科学探究的最好诠释。整个探究活动和小组的合作都是在 3 人共同研究过程中进行的，学生在整个参赛过程中学会了研讨、学会了合作、学会了分工、学会了动手动脑，看似一个简单的合作，其中蕴含的科技创新教育理念是非常值得深思的。

每个小组成员都可以有自己的设计，方案能否实行必须由小组统一决策。在设计和统一方案过程中包含了教育 2 种对立统一的思想，即求同思维和求异思维，这种从求同到求异、从民主到统一矛盾对立统一的过程就是对学生综合能力的最大考验。学生有机会在地级市的大型活动中担任评委，不但有了参与权，还有了评价权，这本身就是一种创新。

二、创新教育与学科整合论坛

创新教育应建立在各学科相互融合的基础上，通过教师的启发和引领，充分发掘学生的创新精神，激发学生的创新热情，让学生在参加创新活动中促进学科的学习，促进学生的全面成长。

案例 2:佛山、香港两地创新教育与学科整合论坛

活动于 12 月 15 日下午 4 时在罗村实验小学报告厅举办。在这次论坛活动中,禅城区石湾第三小学黄展强老师做了"从陶艺教育故事说起创新教育"的专题发言。顺德区德胜小学李俊杰老师在他的"科技创新与学科融合的做法"的发言中,通过扑克牌与创新教育结合的特色课程开展,给听众留下了深刻的印象。南海区九江镇初级中学叶耀词副校长汇报了"创新教育促进学科发展情况",他从学生参加科技创新活动获国际大奖,到物理学科获省优秀示范科组的案例讲解,让听众对科技创新活动同学科融合有了新的认识;香港慈云山圣文德天主教小学林伟才校长在"探究式科技教育培养创新科研人才"的精彩发言过程中,介绍了香港各学校在 STEM(科学、技术、工程和数学教育)方面的做法和成果。佛山市教研室周兆富老师做了"在创新教育与学科融合中谋发展"专题发言,他认为创新教育重在创意,创新教育能够引领学生全面成长、促进教师多元发展,并确保学校形成品牌。加强创新教育与学科的融合,可调动学生的创新思维和创新能力,培养学生的工匠精神,展示学生的创造能力和特长,培养青少年的实践能力和创新精神。

【点评】当创新教育成为学校特色时,若创新教育阻碍成绩提升,可持续发展之路必然要停止,创新教育必走学科融合之路。参与创新活动的学生能说出和写出创新感受和故事,让学生的科学和人文素养得到了提升;把创新教育融入大教育之中,有利于学生成长和教师发展。创新教育与学科教育整合论坛,为推动两地科技创新教育与学科整合工作,引导学校通过创新教育与学科融合,保障创新教育走进可持续发展之路提供了重要参考。

三、佛山、香港教学交流活动

12 月 16 日,在张槎中心小学成功举办了佛山、香港数学、科学教学交流活动。在这次活动中,来自佛山的教师分别通过现场课的形式,传递了课堂教学改革理念和方法。

案例 3:数学、科学课堂教学交流活动

数学课观摩了张槎中心小学杨友欢老师执教的"植树问题"、南海师范附属小学陈小杏副校长执教的"倍的认识",科学课观摩了张槎中心小学李晓静老师执教的"沉浮与什么因素有关 "、南海区大沥镇城南小学梁佩仪老师执教的"杠杆的科学"。4 位老师的课堂均以生为本,数学课采用"非线性"小组合作学习课堂模式进行教学,科学课通过实验操作验证猜测来开展教学,生生、师生互动,课堂动态生成。

课后,执教老师就自己所上课例进行了说课,与参会者分享了教学设计思路及教学反思。周老师重点点评张槎小学李晓静的课堂教学案例,介绍了参加工作仅 1 年的老师在教学中采用适合学生心理特点的教学流程:"想一想、看一看、猜一猜、做一做、说一说"。"在追问与体验中寻找规律""在思考和描述中得出结论的课堂教学情况"。周老师还通过几则小故事讲解了两地联合教研中的方法与收获。最后,佛、港两地老师就展示课进行了评议,在肯定教学效果的同时真诚地提出了合理的建议,交流气氛热烈而融洽,教师们都感觉受益匪浅。

【点评】现场课的展示和交流能充分体现一个地区和学校的教学实力。对于此类交流课，上课的老师应当发挥团队作用，同本地区和学校的老师密切合作，充分研讨和不断磨课；要对课堂教学传播的理念、推广的教学方法进行研讨，要对教学的主题、主体和辅助内容进行合理选取，教学环节要认真安排。课前要思考教学的核心内容、理念和方法，要知道为何教和教什么，要让学生知道为何学和学什么、怎样学；课后要反思教学目标是否落实，教学方法是否得当，教学的成败得失有哪些。在课堂教学展示交流的同时，评课也能充分体现评课者的教育水平和教研能力。评课应站在上课教师和学生视角对课堂教学作出公正的评价，这种评价包括课堂所传递的理念、采用的方法、教与学的目标达成情况、师生互动的关键事件、教学过程中的成败得失等。

第三节　全国中学物理教学研讨活动案例

全国中学物理教学研讨会主要是由中国物理学会、中国教育学会，中学物理专业委员会、各师范大学等部门主办，由各省、市级教育部门、教研机构或大中小学承办的，旨在提升教育教学水平，深入课程改革，推广先进的课堂教学经验和实验教学成果的活动，主要包括主题演讲、专题发言、课堂教学展示、实验创新比赛、论文和教学设计比赛等系列活动。

一、全国中学物理特级教师代表大会①

2016 年 6 月 22~24 日，第七届全国中学物理特级教师代表大会暨广东省中学物理名师研讨会在深圳华侨城中学举行。会议由中国物理学会教学委员会、广东省物理学会、中国物理学会《物理教学》杂志社主办，深圳市教育科学研究院、深圳市华侨城中学承办。本次会议的主题是“新版课标及互联网+形势下物理名师的责任与创新”，来自全国各地的物理特级教师、名教师、高校教授共 500 多人参加了盛会。

（1）理论讲解：6 月 23 日上午，著名的物理学家和物理教育家、86 岁高龄的北大物理系教授赵凯华做了题为《波粒二象性》的专题讲座。赵先生对波粒二象性的理论起源做了回顾，对量子态的直积和纠缠、薛定谔猫态等抽象难懂的理论作了尽可能通俗的解释，他描述了量子计算将带来信息革命，改变人类的生活方式。来自香港中文大学的刘仁保教授做了题为《量子计算机的机遇与挑战》的专题报告，对量子计算机研究的现状和未来做了分析。

（2）实践探索：6 月 23 日下午，大会分 4 个会场举行了“名师教学展示”活动，呈现了我国不同区域、不同流派的设计理念和教学特色，课堂教学的设计过程及教育思想的深度解读，引发了与会教师的强烈反思。来自广东、上海、四川、北京、山东、江西等 8 省市的 8 名教师分别在 4 个场所展示了 8 节课例。

---

① 第七届全国中学物理特级教师代表大会暨广东省中学物理名师学术研讨会胜利闭幕[J]. 物理教学，2016，38(8)：80-81.

（3）分组与主题论坛：大会分别就“课改理论”“课堂教学”“实验研究”“终端教学”等主题进行分享。来自四川成都的罗清江老师的专题报告“大数据让教育走向实证”，广东省姚跃涌老师的“基于数字化时代物理实验操作考查的方式”变革实验主题演讲将活动推向了高潮。

二、全国课改与教学研讨会①

2017年11月，在南京市第九中学举行了“全国中学物理课堂教学改革与特色课堂教学观摩研讨会”，全国25个省、市、区的500多位代表参加了这次研讨会。

（1）专家报告：江西省特级教师、《物理课程标准》研制核心组成员黄恕伯先生做了“提升核心素养的中学物理教学思考”专题讲座，人教社中学《物理》教材主编、中国教学学会物理教学专业委员会理事长彭前程主任做了“学生发展的核心素养及物理核心素养的理解与实施”报告。

（2）物理课堂展示：来自安徽的万鹏等老师展示了“教具创新、问题引领”“证据课堂”的特色课堂，上海市特级教师张韶龙老师做了“对话教学，让物理课堂更精彩”的讲座。

（3）同课异构：来自上海、江苏的部分名师分别就八年级的“透镜”和高中必修1的“牛顿第三定律”开展了同课异构活动，部分来自全国的名师和专家分别对相关主题的课堂教学内容进行了精彩的点评。

三、参加全国教学大赛案例

2014年10月，佛山市三水中学附属初中梁晓华老师参加了在四川成都举行的“第十一届全国中学物理青年教师教学比赛”。经过选课、备课、选材、磨课等一系列准备后，梁老师凭借出色的发挥，获得了全国一等奖（初中组），特别是他设计的“铅笔电路”给人留下了深刻的印象。

（1）突破实验难关：在这次教学比赛中，梁晓华老师选择了“物体的导电性 决定电阻大小的因素”这个课题。在备课的过程中，梁老师通过比较现行的人教版、教科版、沪教版、苏科版和北师大版5种初中物理教材，发现这节课鲜有创意之处。

比赛前的整个暑假，梁老师都在反复做实验和摸索，在经历了上百次失败后，梁老师总结出许多宝贵经验并产生了新的创意——画“铅笔电路”。他告诉自己：“只要认定目标，坚持下去，是一定能成功的！”最后梁老师用12B的铅笔、12V的电池和绿色的发光二极管来做，终于达到了理想的实验效果：实验成功了。赛后刘老师分析道：“把铅笔画线当成导线可能很多老师都想到了，只是没有多做一些实验验证，没有坚持下去而已。”

（2）创设问题驱动的课堂：主要的实验解决后，梁老师重新设计了教学流程：通过

① 王萍.“全国中学物理课堂教学改革与特色课堂教学观摩研讨会”在南京举行[J].中学物理教学参考，2017，46（22）：2，97.

铅笔电路引入(让学生用实验判断导体和绝缘体)——为什么不同的导体接入电路灯的亮度会不同呢?——哪些物体能让电路中的灯亮起来呢?(讲解电阻)——电阻可能会与什么因素有关呢?(学生猜想)——实验探究:影响电阻大小的因素——得出结论——总结反思。实验中,梁老师惊喜地发现,把自己接到电路中时,发光二极管居然也能亮!铅笔电路居然能检测出人体也是导体!这个发现让梁老师信心倍增。

9月新学期开学伊始,梁老师和备赛团队按计划进行“磨课”,在不断听课、评课和交流中,他也不断地改进和完善自己的教学设计、教态、板书和语言。在“磨课”中大家反复研讨,思维活跃,不断推陈出新、精益求精。“磨课”开始后,省、市两级教研员朱美健和周兆富老师帮助他重新梳理教学设计,朱老师提出给“铅笔电路”进行补短、加宽,利用铅笔电路让学生对影响导体电阻因素的猜想更加有依有据,真正让整个环节紧密相连。通过不断改进和完善,经过2周打磨,整堂课已经完整有型,梁老师也感到胸有成竹了。

(3)在课堂展示与反思中成长:9月12日下午,梁老师走进赛课场地,开始“物体的导电性　决定电阻大小的因素”这节课。梁老师首先抛出了问题:“同学们,你们平时见到的电路一般都是用什么材料做导线的呢?”“你们有没有见过用其他材料做导线连接的电路呢?”顺利地开始授课。他利用“铅笔电路”,让一些同学把身边看得到的东西,比如塑料尺、橡皮、纸,甚至是发卡等物品都拿来连接铅笔电路,看是否能让二极管发光,学生们一个个上来试,非常兴奋。接着梁老师还拿出了四川的特产——泸州老窖来实验,结果令同学们都感到非常惊讶。最后,梁老师突然问学生:“人体能导电吗?”学生们一下都愣住了:能吗?“谁能来试试呢?”他的话音刚落,好几个同学都举起了手。当被叫到的那位同学在连接那一瞬间二极管亮起来时,下面爆发出一阵“哇”声。接着梁老师又把其他还想试的十来个同学都叫上来,串联起来接入“铅笔电路”,二极管还能发光!由于教学设计非常合理,老师和同学们的互动非常默契,经过提出问题、实验、反思和总结,离下课还有5分钟左右时,新课的教学刚好完成。这时梁老师突然叹了一口气问学生:“本节课你学到了什么?能解决什么问题?”学生在反思中完成了新课的学习,在对能解决什么问题的思考过程中走出了课堂。

通过这次全国教学比赛,梁老师收获的不仅是好的成绩,更有对课堂教学、物理创新实验研究、集体教研的深刻感悟和心得。梁老师认为,参加比赛的教师应当正确面对挫折和压力,要不断更新观念,勇于创新,要在细节之处下功夫,要发扬集体教研智慧,互相交流、传播经验、彼此学习、取长补短。

第二章 课堂展示与研讨交流活动案例

第一节 构建教研联合体活动案例

学校的成绩由课堂教学质量决定,课堂教学永远是教学工作的主旋律,课堂教学效率与效果决定教学质量,也决定学生的发展。在新课程改革背景下,为了进一步提升教师的教学水平和学科素养,佛山市教育局教研室举行的每年一届的"佛山市初中物理课堂教学展示活动",为教师成长和才华展示搭建了平台,为学校教研活动提供了良好的机遇。截至 2021 年,佛山市已举办了 8 届展示活动,先后有 300 多名教师、1.3 万余名学生向全市展示了他们的现场教学,该项活动已经成为促进教师成长和课堂改革的展台、教师们展示自己才华的窗口。

一、校际教研联合体的构建

综观各地的教研活动不难发现,由于各类教研活动选取的内容和活动质量参差不齐,教师参加的意愿和热情有差别,活动的效果和影响力也不同。怎样开展有效的教研活动?用什么样的教研活动吸引教师主动热情参加?教研活动能给参与的教师带来什么?这些必须是活动组织者思考的内容。

案例 1:"校际联动教研会议"和"科组建设论坛"引发的不满

为了更新教育理念,推动课改实施,探索教研工作的有效方法和途径,为学校科组建设服务,为教师成长服务,2013 年 8 月 30 日,佛山市教育局教研室物理科在三水区乐平中学举办"初中物理校际联动教研会议"。活动只邀请了 14 个镇的部分教师代表共 30 多人参加,观摩了公开课,进行了教研活动先进经验介绍,研讨了跨区校际联动教研体系行动方案。

佛山市共有 130 多所初中学校,但此次校际联动教研会议邀请的学校和人员较少,引发了没有参加活动的镇和学校的不满。为此,佛山市教研室物理科又下发了《关于召开初中物理科组建设论坛的通知》,论坛活动于 2013 年 9 月 18 日在南海区石门实验学校举办。此次会议共邀请包括华英学校在内的 19 所公办和民办中的优质学校代表参加,其间观摩了公开课,介绍了科组建设经验和省示范科组创建活动方案。

【点评】初中物理学科的 2 次教研活动分别选择了全市不同层次的镇和学校参加,把大部分镇和学校排除在活动之外,使参加活动的镇和学校有了自豪感和荣誉感,使介绍经验和发言者有了成功感。由于教研活动内容同课堂教学改革、科组建设这些重要话题有关,活动给与会者的教学改革带来了新的影响,使其教研方式和课堂教学有了改观。与此相反的是,2 次都没有机会参加活动的镇和学校对此事感到愤愤不平，强烈要求公平公正地开展全市教研活动，由此创造了在全市搞一系列大型教研活动的需求。

怎样才能让更多的学校和教师有强烈参加教研活动的欲望？如何增强教研活动的魅力？答案是活动内容要满足学校和教师的需要，能解决学校和教师需要解决的问题，对学校发展和教师成长有一定的影响力。在本案例中，教研活动的组织者所选内容恰是学校和教师关心的问题，如何实现跨区和镇开展教研活动也正是许多学校渴望做又难做的事，佛山市各镇教育局很少能在地级市组织的活动中占有一席之地，本次通知把镇单独列出，对各镇开展活动也是一次有益的尝试。

二、云平台与课堂实验展示

有了“案例1”的2次教研活动的铺垫，佛山市各区各中学物理学科产生了办有影响力的、让更多学校参与教研活动的呼声，具备了办一次大型的、有影响力教研活动的条件。问题的关键是什么时候办？办什么样的活动？为什么要办这样的活动？此活动可能给学校和物理教师带来什么样的影响？带着这些问题，结合2次活动的情况，经多方调研和咨询，佛山市教育局教研室物理科确定开展以课堂为中心系列教研活动的计划。

案例2：首届课堂教学基本功比赛与联合体共同宣言

2013年11月14~15日，在三水中学附属初中举办了首届“佛山初中物理课堂教学展示活动”，全市在130多所中学择优遴选39所学校，派出优秀教师参加本次活动。同以往活动不同的是，本次活动把指标直接下到各镇教育局教研室，引起了各镇对此次活动的充分重视。他们组织本镇学校先在校内开展课堂教学基本功比赛，优胜者参加镇的比赛，每镇选出最优秀的选手参加市举办的比赛。活动得到了各学校领导的大力支持。在校内比赛中，参赛教师都全力以赴、全情投入。由于比赛优胜者代表学校的课堂教学水平，全校物理老师又组成精干的课堂研究和指导团队，为老师的课堂教学出谋划策；最后代表镇参加全市比赛的老师又得到全镇物理教师的支持，不断完善课堂教学设计、实验器材改进，到各类学校不同班级进行反复试教。如顺德陈村镇参加全市比赛的物理老师曾分别到5所不同学校试教8节课，其课堂教学理念、方法和手段在不断试教过程中更新，上课的教师和指导团队的教学能力都得到了提升。在参加课堂教学比赛的实验准备过程中，学校舍得花钱，教师精心设计、不断改进，许多学校对实验器材投入近万元，各类创新教学实验给人耳目一新的感觉。为期2天的课堂教学展示活动成为当时中学物理教研活动的盛事。

在这次课堂教学展示活动中，由98所学校和部分镇签署了旨在共建佛山初中物理跨区教研联合体，共同签署了跨区教学研究活动的“佛山宣言”。在此次活动中，由市教研室物理学科和市信息中心共同打造的“佛山初中物理跨区教研联合体云平台”同时上线，此平台设置了市、区、镇和学校各类教学活动和教学资源展示窗口，以及各教研联合体成员网页的超链接。

【点评】佛山首届优质课堂教学展示活动与联合体共同宣言的签署，成为促进佛山初中物理课堂教学改革的重要里程碑。活动的开展触动了全市初中物理课堂，打破了以往比赛只有少数人参加的尴尬局面，让更多学校和选手有机会参加市级课堂教学比赛，活动还没开展就在全市产生了强大的影响力，教师参加比赛和准备比赛的热情空前高涨。学校对此次活动的热情源于课堂教学是学校的中心工作，而市级课堂教学比赛这个大平台，可以促使教师在准备和参加活动过程中成长，在学习和研究过程中提升；教师的热情来源于全市如此大型活动给他们的专业发展提供了展示和学习的平台，在许多教师的人生规划中已经把参加市级课堂教学展示活动作为一项重要内容。由于课堂教学比赛具有广泛的群众性和持续性的发展，教师参加全市比赛的机会增加了，教学研究的信心也提升了。

图 3-3　“佛山物理云平台”网页

案例 3：同班异课的课堂教学展示与团队教研活动

2015 年 10 月 29～30 日，在顺德区翁祐中学开展了“佛山市第三届课堂教学展示活动暨创新教学实验展示活动”，活动宗旨是“给青年教师机会，重视集体教研活动，推广先进的教学理念，引领课堂教学改革”。佛山市优秀课例展示活动是教师展示课堂教学改革成果的舞台，也是物理同行互相学习和交流的平台，本次活动来自佛山五区的 42 名优秀物理教师在 2 天内展示了优秀课例活动。据悉，许多镇街初中物理中心组都组织初赛，选拔出优秀青年教师，充分发挥街道初中物理教研联合作用，共同打磨参赛课例。而本次展示活动首次采用的同班异课、设加权评委、现场点评等形式，提高了比赛的激烈程度和教研的深度。广东第二师范学院物理系系主任罗质华教授认为：“本次佛山市的课例展示活动组织严密、规模大、层次高，可以和全国同类活动相媲美，这也是佛山市初中物理老师的福气。本次活动为更多的教师成长提供了平台，进一步推动了全市的初中物理课堂教学改革。”

【点评】第三届课堂教学展示活动各区在组织教师参加的过程中，普遍存在给青年教师机会的想法，各区、镇和学校重视集体教研，设置了辅导教师。活动还给加权评委一个机会，在每个班级的每堂课设置了必须听课的加权评委，并要求他们在当天结束后进行现场点评。

佛山市优秀课例展示活动从 2013 年开始每年举行 1 次，每届有 1 个活动宗旨。如首届的活动宗旨是“形成跨区教研团队，形成课堂教学研究的特色，推动课堂教学改革”；第二届是“注重课堂教学实效，推动创新与改革，促进教师成长，推动校际教研联动”。第三届已经有 123 所佛山和肇庆的初中学校参加，以课堂教学展示为平台的各类跨区校际教研活动深受广大初中物理教师欢迎。活动设计是把课堂教学比赛作为主体，同时有教研共同体的成立和跨区教研云平台的构建，所有参加活动者都可能是教研的主人。这里没有旁观者，只有学习、交流、互动、展示和提升，活动达到了形成团队、建立品牌、产生影响、推动课改的目的。

三、课堂与实验展示的案例

案例 4：广东实验中学南海学校老师荣获市优秀课例展示特等奖①

在 2019 年佛山市第七届优秀课例比赛中，广东实验中学南海学校刘小丹老师的“电学综合计算”专题复习课经过层层推荐、综合评议、集中公示，最后脱颖而出，喜获佛山市特等奖。

在里水镇教育局的大力支持下，里水镇教研员谭诗清老师邀请特级正高级教师周兆富、广东省名师陈如兵老师对刘小丹老师的课堂进行了指导。实验器材是本次课堂教学环节的重要工具，需精心制作。刘老师的实验器材从最开始的一无所有，再到粗糙简陋，再到平淡无奇，到最后美不胜收。从自己熟悉的学生开始，很轻松地获得学生的配合；再到同学校其他老师的班级，在不熟悉但会偶遇的你我之间建立某种默契；再到同镇其他学校的班级，在完全陌生的你我之间搭起沟通的桥梁；最后到佛山市其他学校进行比赛，使刘小丹老师的教学能力在磨炼过程中不断提升。

刘小丹老师所在学校的同事听课再提建议，让刘小丹老师不断改进教学设计，对课堂进行了 8 轮打磨，这其中何梅校长、谭诗清老师提出了极为关键的建议。在这 8 轮打磨中，其中第五轮是整个打磨过程中的分水岭，在这轮中感谢里水镇兄弟学校各位同行的鼓励，让刘小丹老师在黑暗前行的路途中找到曙光。

【点评】这是一线教师参加佛山市课堂教学展示过程的简单描述。参加比赛获奖并不是唯一目的。在活动过程中，参赛教师经历了教学设计的多次改进、专家引领、实验器材创新、同行的多次听课，经历 8 次打磨才出精品，使课堂教学展示获得了市最高奖，其背后是参赛教师和他所在团队的集体成长，形成了一个良性的教研氛围。促进教师人和教研团队的共同成长，才是举办课堂教学展示活动的终极目标。

---

① 广东实验中学南海学校. 喜讯：我校物理科刘小丹老师荣获佛山市第七届优秀课例展示特等奖［EB/OL］.［2019-06-20］. http://static.nfapp.southcn.com/content/201906/20/c2342051.html?group_id=1.

案例5:汇贤中学莫瑞清等在市课例展示和原创题比赛中获奖①

2019年5月21日,佛山市在南海外国语学校举办"佛山市第七届初中物理优秀课例展示暨专题复习原创(改编)题征集活动"。汇贤中学莫瑞清、伍翠琼老师荣获佛山市原创(改编)题比赛一等奖,蔡伟栋老师荣获佛山市第七届物理优秀课例展示活动二等奖。

蔡老师通过知识回顾、重点突破、真题赏析、聚焦中考、真题拓展、能力提升等环节,层层递进,让学生自主命题,从更高的视角把握备考。整节课思路清晰,有整合、有创新。作为复习课,蔡老师的讲授充满亲和力,他以饱满的热情带动学生,引导学生在愉快、宽松的氛围中学习,学生在认真听讲的同时积极发表自己的看法,热情参与实验和练习。

学校物理科组高度重视此次活动,莫瑞清科长为蔡伟栋老师制定了详细的磨课计划,5月13日初三备课组成员修改教学设计初稿,5月14日全体物理老师在科组活动室研讨教学设计,并初步定稿。5月16日进行首次试讲,并邀请了学科专家刘小丰校长点评。5月17日进行再次试讲。通过数次的磨课,蔡老师的能力得到了极大提升,并提升了物理组集体教研能力。

【点评】在一次地级市的展示活动中,一所镇属初级中学的3位物理教师同时获奖,在获奖背后是强大的团队力量支撑。汇贤中学作为广东省优秀示范科组,有良好的教研氛围和优秀的教研团队,在本案例中可以看到课堂教学展示的成果虽然是个人获得的,但需团队的支援。另外,佛山命题比赛是2人一组,通过相互合作最后才能把优秀的作品呈现出来,从而获命题比赛的最高奖。

第二节　以课堂为中心教研活动案例

教研活动的组织者应当善于了解一线教师的需要,倾听教师的声音,解决教师的困惑,让教研活动为教师成长服务,通过教研活动宣传先进的课堂教学理念和方法。

一、学生寻找"最有意思题"的课堂

受应试教育的影响,课堂中教师往往是各类问题提出和选择的主体,学生在课堂教学中已经养成等教师讲例题、布置作业、完成考试的习惯,教师提出问题,学生独立或和教师共同解决问题是课堂教学的常态。南海实验中学王映林老师每月1次让学生选择最有意思物理题的做法给课堂教学改革注入了一缕清新的空气。

案例1:让学生寻找最有意思的题

2015年,周兆富老师在南海担任专家评委时偶遇王映林老师,详细了解了王老师

① 罗蕴琪.热烈祝贺汇贤中学莫瑞清、伍翠琼老师获佛山市物理原创题比赛一等奖,蔡伟栋老师获佛山市第七届物理优秀课例展示活动二等奖[EB/OL].[2019-06-26]. http://hxzx.sdedu.net/hxzx/ArtRead.asp? articleid=1696.

的课堂改革实践活动：王映林老师每月在任课班级组织学生开展1次“寻找最有意思的题”的评选活动，没想到的是他给学生一个选题的机会，学生还给了他一系列惊喜。王老师找最有意思的题的流程如图3-4所示。

图3-4　找题流程图1

在“布置任务”阶段，教师根据教学进程每月给学生一个命题范围；学生进入“自主选题”阶段，根据任务单寻找自己心仪的问题，然后开始对问题进行研究，通过实验进行验证，根据相关知识对问题进行改编，进入“改编实验”阶段；此后学生要对自己改编后的问题进行研究和整合，从题干到问题的设置进行反复校对和思考，对问题的解析进行思考，反复校对、求证，思考其中的物理规律，解析相关的问题，多次进行实验验证、备战组内竞争；在小组内每名同学都对自己选中并改编的问题进行展示解读，同学间相互评价，这就是“组内竞选”阶段，对于本组选出的问题，组内成员共同研究，把其打磨成经典的好题，小组代表在班内参加较量，最后经过一节课的时间展示、评价、打分。学生在相互评价过程中，主要从知识技能指数、新颖有趣指数、思想启迪指数3个方面进行评价。评价分3个阶段：一是学生之间点评，二是教师点评，三是综合打分。其中学生和教师的加权分值不同。最后评选出本月“最有意思的题”。

让学生寻找最有意思的题也可简化成如图3-5所示。

图3-5　找题流程图2

【点评】从表面上看这只是一节让学生寻找最有意思题的课，但蕴含课堂内外教学改革的多种创新元素。当教师把寻题的种子播到学生心田之中时，学生自主学习的种子就开始在他们内心深处生根、发芽和成长，学生在本月的学习进程中总有一种寻找和发现好题的需求，这种需求让他们对知识的理解、问题的呈现、试题的解读与实验反复进行思考与评价，在思考和寻找题与评价过程中，学生对概念和规律的理念能力，实验探究能力都得到了提升。从这节课中同时可以寻找到的课改元素有很多：学生有了对问题的选择权、评价权、展示权和自主设计实验的权利，有了深度学习和多方交流的需求，有了渴望创新和认同的需求，有了团队合作和展示评价的欲望。

二、“寻找最有意思题”系列活动

教研活动的组织者应当站在教师的角度思考几个问题：作为教师为什么要参加此次活动？在参加活动过程中能学到什么？这些内容对提升教学成绩和教师素养有何

帮助？因此，教研活动内容应同教师的需求紧密相连，传播的理念和方法要同教师的实际需求吻合，活动要包含教师可模仿、可创新、能提升其自身素养和学生成绩等内容。

案例 2：组织围绕“寻找最有意思题”系列教研活动

周兆富老师发现王映林的“寻找最有意思题”课堂教学（案例 1）的特色课堂后认为，此课堂教学方法是落实三维目标（即知识与技能目标、过程与方法目标、情感态度与价值观目标）的良好范例，使学生从“我要学”提升到“我会学”层次，课堂教学过程中包含许多可复制、可模仿、可改进、可创新的先进理念和方法。2015 年 4 月 23 日，在佛山市南海区石门实验学校举办了“佛山市、肇庆市第二届初中物理课堂教学研讨组暨建跨区教研联合体活动”，佛山、肇庆物理教研员、科组长和骨干教师代表共 390 多人参加了本次活动。王映林老师给大家呈现了一堂别开生面、颠覆传统教学思维的“最有意思的物理题”现场课。该节课抛弃了传统课堂中常见的满堂灌、题海战术的做法，改由学生自主选题、自主分享物理题及解析和实验，全新的课型、先进的理念给课堂教学改革吹进一缕春风。课堂由课前小组分享每个人的选题，课中小组评题并推举代表参加全班的 PK，师生共同评价。在这次活动中，王映林老师专门对“寻找最有意思题”课堂教学产生的背景、实施情况、存在困惑、可推广内容和方法进行了详细解读。通过课堂教学示范和解读，与会的教师学到了先进的理念，学会了方法，有了改进自己课堂教学的欲望。

为了把“寻找最有意思题”的特色课堂经验进行推广，2015 年 5 月，南海区教育局推荐石门实验学校王进龙老师参加由广东教育学会物理教学专业委员会举办的第一届“中学物理青年教师教学改革创新大赛”。王进龙老师在各个教学环节紧紧围绕“浮力之最有意思的物理问题”展开，课前通过共同海选，选出学生认为最有意思的浮力问题，然后是小组精选出最有意思也最有研究价值的浮力问题，在课堂上分组展示问题，用实验验证猜想，并用理论证明等，再通过学生自由评价、集体点赞、教师集中评价等评价方法开展各项活动。其出色的发挥荣获本次教学改革大赛一等奖（小组第一名）。2016 年 10 月，王进龙老师勇夺全国中学物理名师课堂一等奖，并在 2018 年由广东省总工会和广东省教育厅举办的第一届广东省中小学青年教师教学能力大赛中荣获初中物理全省第一名的好成绩。

【点评】教师欢迎围绕课堂教学开展的教研活动，特别是示范展示课的教研活动，教师们通过教研活动汲取营养，在模仿过程中了解新的理念，学会新的方法。在本案例中，王映林老师的示范课和专题讲座，让佛山和肇庆的物理教师领略到了学生选题的风采，通过王进龙参加省和全国青年教师比赛的形式，借更大的教研平台推广此类课型，传播先进理念，分享课改成果，使之成为推动全市初中物理课堂教学改革的新引擎。

三、让学生预测易错题和易考题

在佛山许多有关课堂的教学研讨会的系列示范课、专题讲座、经验介绍和发言中，把问题的选择权、评价权和改编权交给学生已经成为一种课堂教学的常态，许多教师做了多种尝试并取得了一定的成果。

案例3:华英学校黄子羿“测量小灯泡电功率及电和热”的习题课

2018年4月26日,在华英学校黄子羿老师“测量小灯泡电功率及电和热”的习题课上,老师请所有学生在各自的小组内,相互研讨自己独立完成的习题的解题过程与方法,交流解题的成败经验,核对和统一答案。当学生完成第一阶段的任务后,进入对相关知识“易错”和“易考”的研讨阶段。讨论结束后,班内4个小组各派1名代表到黑板上分别写出他们对“测量小灯泡的电功率”和“电和热”的“易错”和“易考”研讨结果,小组代表还对易考、易错问题进行了讲解。其讲解除了黑板上已经写出的内容外,还举出了易考点的判断依据,并拿出曾经命题的证据,对易错问题的失分原因进行分析,写出印象最深的题,对未来的考试进行了针对性的预测。

【点评】常规的习题课往往是师生核对答案,教师根据学生完成习题训练过程正确率答疑解惑。教师采用的是头痛医头、脚痛医脚的办法,缺少全局和系统思想,复习效率低、效果差。本案例中,教师把试题的解析、评价和判断权交给学生,让学生在相互交流过程中对问题的呈现和方法的应用进行重新思考,这种对问题的深度思考比多做题效果要好。

本案例让学生对易考和易错问题进行预测,是让学生对问题的产生、解题的关键、处理问题的疑点进行重新思考,让学生在对易考问题的判断和易错原因的总结过程中,思维能力得到了锻炼,解决问题的素养得到了提升。

第三节　西樵镇精细化大集备教研活动案例

为了能在课堂教学中实现物理学科核心素养养成的教学目的,现在的课堂教学行为必须得到改变,而改变课堂教学行为的关键就在于备课。因此,佛山市南海区西樵镇在初中物理等学科进行了备课新模式“精细化大集备”的研究和实践,希望达到剔除传统备课的一些弊端,提高备课效率,体现物理学科核心素养,丰富课堂教学资源,改变教师教学理念的效果。

一、精细化大集备的教研

(一)做好组织工作

做好宣传发动工作,制定好计划和分工,组织开展有效的教研活动并进行评价反馈。定期召开交流反馈研讨会议,吸取别人所长并及时纠正不当行为,促进大集备走向精细和高效。

(二)按四级流程进行备课

1.学校概备

根据工作计划安排,主备人所在学校进行概备,以物理科组或学年备课组为单位,确定备课精要，明确备课要求。明确该课时在本单元、本学段的位置和意义，解析学科知识重、难点，明确物理学科核心素养与该课时知识的切合点，提供部分备课资源、学情分析等。

2. 主备人精备

主备人要提交教学设计、课件和练习，教学设计要有教材与学情分析、教学目标、教学重点、教学难点、教学过程和板书设计6方面内容，还要求写明每个环节的设计目的，并能体现学科核心素养在活动中渗透。练习要求精选练习题，有梯度、有数量、有识记、有应用和迁移。

3. 全镇集备

即大集备的核心部分，是在主备人精备后，全镇物理老师都参与的集体备课，利用全镇统一的物理科组教研时间进行。具体流程如下：

(1)主备人向全体成员说课，阐述教学设计，展示教学和实验操作，陈述各环节教学设计的理由，特别是有关核心素养的内容和办法。

(2)全体成员分组讨论，各组的主题分为教学设计、课程资源、练习题、整体把握等，依据不同的教学内容来设定不同的讨论主题。要求各组用思维导图的形式呈现小组意见，即讨论结果。各组以指定主题为主，但不仅限于该主题，可以自由发挥，只要是围绕核心素养的养成这个主题即可。

(3)各组陈述本组思想和讨论结果，并与主备人交流，其他组也可补充，不断优化和精选出最佳的教学方法、教学活动和教学资源。

(4)由主备人再次修改，最终形成该课时的一套教学资源，发布到“朝阳在线”网站。各校老师要及时到网上下载并使用。

4. 个性化修改

由于教师所任教的学情不同、个性和风格不同、教学模式不同等原因，在使用大集备形成的教学资源时要进行个性化修改，即二次备课。

大集备后的教学环节没有改变，但教师对每一环节的设计目的认识更透彻、更有深度，因此在组织各环节活动时目的性更强，引导方向更明确，学生素养养成会更有效。

二、精细化大集备的特点

1. 力求细致

教师备课的分工要明确细致，教师在分析教学内容和制定教学目标时要力求详细，教学的重点和难点的描述要详细和全面，教学设计要清晰，教学活动的描述要详细，每一节课的配套教学资源要齐全和丰富等。

2. 追求准确

教师的教学观念要正确和紧跟时代的步伐，要按照《课程标准》所倡导的教学理念，关注学生的个性发展，关注学生的学习过程，注重学生学习策略的引导、核心素养的养成等。教师在备课时要追求准确，如教师在备课时陈述物理概念等内容要严密，不能有歧义和错漏；选取的教学活动要适合学生的年龄特征，设计的 PPT 和练习不能出现错误等。

3. 呈现精品

大集备所生成的成果必须是精品。在精细化集体备课的过程中，教师通过个体努力和集体研讨，不断优化教学方法和教学资源，最后精选出大家认同的最好的教学方法和教学资源来开展教学。

4. 成果实用

精细化集体备课的成果是大家达成共识、一致认可的实实在在看得见的优质教学智慧和资源。精细化大集体备课每一个课时的成果都至少包括教学设计、课程资源（音像资料）、上课用的 PPT、课堂练习等。这些资源共享后，相关老师可以根据自己班的学情进行二次备课，灵活使用这些资源。每个老师只要承担 2~3 个课时的备课任务，就能共享四十几个课时的教学资源。这样能大大减少老师们花在备课上的时间，减轻老师的工作负担和压力。

案例：九年级第十八章第 4 节“焦耳定律”

经过集体备课后，教师们一致认识到，本节课应该渗透的物理学科素养有：

（1）伟人效应。焦耳是伟大的物理学家，一生致力于实验研究功和热，发现了焦耳定律，为能量守恒定律奠定了基础。教学中要渗透伟大人物的知识，树立伟人的榜样，让榜样的力量激励学生努力探究科学领域。

（2）控制变量法。控制变量法是重要的思想方法，广泛运用在各种科学探索和科学实验研究之中。焦耳定律中电热与很多因素（变量）有关，因此采用控制变量方法，把多变量的问题变成多个单变量的问题，只改变其中的某一个变量，研究这个变量对电热的影响，分别加以研究，最后再综合解决。焦耳定律这节课是向学生渗透这种物理思想的好时机。

（3）测量转换法。把测热量转变成测温度，是把不便观测的量转变为易观测的量，也可把较大（小）的量转换成较小（大）的量来观测。都是物理研究的重要办法之一。

（4）辩证法。辩证法是一个全面发展的人所必须具备的思想素养。电热的利用就是把电热的各种特性为我所用。电热的各种特性本身并无优劣和好坏之分，关键在于生活中的某种需要是利用电热还是避开电热。

（5）模型思想。引导学生把生活中的实际问题与物理情景和模型相对应，应用模型的知识来解决实际生活中的问题，达到学为所用和创新应用的目的。

三、精细化大集备的成效

1. 促进教师专业发展

大集备的收获并不只是形成了优质教学资源，而是大集备的参与过程。无论是备课的老师还是参与集体备课的老师，在精细化集体备课的过程中需要认真研读课标、教材、教师用书等，用心了解学生，选择适合学生的教学方法等。在这个过程中，教师会加深对课标内容的理解，熟悉教材的编写意图，了解教师用书的内容，备课时能从学生的角度出发，以学生为中心，越来越关注学生的学。备课教师在集体备课期间要真正明晰物理基本概念，展示和解读自己的成果，锻炼表达能力和展示能力。所有参与的老师都要参与讨论，需要思考和表达自己的观点与建议，这个过程也是老师们的专业提升过程。

2. 共享优质资源

在"朝阳学堂"网站上先行建立与镇物理教材对应的章节和条目，每次大集备后，主备人负责将资源发到对应的条目里共享。经过 1 年的大集备，现在网上已经有了一整套初三新课和复习备考的优质教学资源。可以预计的是，经过多年的努力，网上适合西樵镇实际的教学资源会更加丰富和完备，教师的选择余地会更加充足。

3. 形成精细化大集备的模式

经过 1 年的努力，大集备活动的模式已经形成。从开始的主备人备课直接到全镇大集备，进化为主备人所在学校先行概备，到主备人细备，再到全镇大集备，最后是个性化修改应用于教学中。

四、精细化大集备的改善

(1)精细化集体备课需要的时间比较长。由于每节课都要由主备人陈述和参与人评议，因此需要的时间较长。一个上午只能备 4 节左右的课，教师参加大集备的次数相对较多。第二学期经过改进，引入了激励小组和思维导图后，效率得到明显提高，但仍需要继续努力。

(2)各校撰写"教学设计"的方式存在差异。由于"教学设计"没有相对固定的撰写方式，在前期的教研活动中都已经形成了相对稳定的教学模式，各校的教学模式又不相同，如西樵中学的三步五环模式和南海执信的导学案模式等，因此来自不同学校的主备人呈现的教学资源形式差别很大，教师在使用前进行个性化修改工作量也较大，影响了大集备资源的使用效率。

(3)需要专家现场指导。全镇层面上的交流效果好于校内交流，而校内交流又好过单打独斗。但全镇物理教师仍然只代表一个区域的教师水平，提升效果毕竟受限，因此需要有专家到场指导，才能促进大集备的备课效果再上一个台阶。

第四节　华英学校学生物理微实验活动案例

微实验作为新的课堂实验模式，已经开始走入课堂，而且大量的微实验设计实例也证明，它既可以满足新课程改革培养学生科学素养的要求，又可以改善课堂演示实验出现的诸多问题,受到了学生的欢迎,逐渐成为当前物理教学研究及各种教学技能比赛的热点。[①] 近几年,佛山市华英学校物理教师团队在对常规课堂实验教学进行反思的基础上开展了微实验研究,通过微实验来解决现阶段物理实验教学存在的问题,从而提升学生的科学素养。

一、通过微实验设计提升思维能力

让学生自主设计微实验,其作用不仅在于培养学生的动手能力,更重要的是通过物理实验的设计和研究,能够加深学生对物理概念、规律的理解。由于实现同一个实验的方案可能有多种,在设计过程中,学生需要思考实验要经过怎样的改良才能使现象更明显或尽可能减少误差,并根据需求设计出最优的方案,发散了学生的思维,不仅可以帮助学生更好地发展实验能力,还可以为其进一步提升科学思维奠定基础。

案例 1:"观察"桌面发生微小形变

讲授人教版八年级下册《弹力》时,老师问学生:用力压桌面,桌面会发生形变吗?能观察到吗?请同学们以小组合作的形式,利用课外时间设计微实验,"观察"桌面在压力作用下发生的微小形变。

某小组的设想是:在一张大桌子上放 2 个平面镜,一个平放,另一个竖放,竖放的平面镜用支架固定好,桌子右侧地面上竖立 1 把刻度尺,用激光笔斜着照射平放在桌面的平面镜,会看到刻度尺某个位置上有 1 个光点。保持激光笔照射角度不变,如果用力压桌面,由于桌面发生了形变,会看到刻度尺上的光点往上移动。

操作时发现桌面受到压力后,刻度尺上光点并没有明显的移动。学生通过思考、讨论,找到了原因:由于平放在桌面的平面镜太大,在桌面受压部分凹陷后,平面镜大部分还留在原来桌面的位置,并没有发生明显的倾斜,所以反射后光路几乎没有发生变化,刻度尺上的光点几乎没有移动。于是,学生通过新一轮的思考、讨论,设计了一个可行的方案:把 2 块平面镜竖放在桌面不同位置,并用支架固定好,用激光笔照射其中 1 块平面镜,会在刻度尺上看到 1 个光点。用力压桌面,发现刻度尺上的光点发生了明显的移动,"观察"到了桌面发生的微小形变。

【点评】教师课堂上抛出深层次新问题,燃起学生探究的欲望。学生进行设计时,发现实验效果不明显,通过分析原因,提出改良措施并在教师指导下积极主动进行探索,最终体验到了成功的喜悦。微实验设计过程,突出学生的主动性、自主性、创造性、合作性,在很大程度上提升了学生的科学思维能力。

二、在微实验过程中提升探究能力

微实验给学生创造了动手、动脑的环境,使学生能够根据自己的兴趣和特长开展实验探究。在实施过程中,学生经历了科学、严谨、完整的实验探究过程后,掌握了多种处理数据的方法,学会了从多个角度分析问题,提升了实验探究能力。

① 姚峰超,孟现美. 新课程下微实验的开发与实例[J]. 物理实验,2016,36(6):40-43.

案例 2:寻求考试答案的真相

2017 年 2 月,初二(1)班的汤宇昕同学对佛山市禅城区期末考试卷中一道与生活有关的实验题感到困惑,甚至对参考答案产生了怀疑。

试题内容:小薇想知道做成海绵的材料密度 ρ,由于海绵有很多微孔,为了测出海绵块材料的实际体积,小薇用刻度尺测量出海绵的体积,接着用天平称出海绵块的质量 m_1,然后将海绵块完全浸没在水中,挤出气泡后,放入冰箱中。待完全冻结后取出,清除掉海绵块四周多余的冰,再用天平测出海绵块的质量 m_2,可计算出海绵块中所含水的体积 $V_2=$________。

本题提供的参考答案为 $V_2=\dfrac{m_2-m_1}{\rho_水}$,理由是水变成冰还是在海绵内,海绵中含有的水也是 m_2-m_1。

但汤宇昕同学认为:由于水的反常膨胀,结冰后海绵内所含的水的体积小于结冰前吸收的水的体积,因此本题的正确答案应是 $V_2=\dfrac{m_2-m_1}{\rho_冰}=\dfrac{10(m_2-m_1)}{9\rho_水}$。

为了解开困惑,他将本题放到某物理教研群(QQ)内,通过与老师们的交流,把问题归纳为以下 4 种物理情景。

情景一:冰冻前后海绵块的体积几乎不变,-4℃冰的体积最大,水冰冻后体积变大,多余的冰从海绵块中“渗出”附在海绵块的表面上,最后被清除了,所以海绵中的水质量发生了变化。

情景二:水结冰会膨胀,因海绵比较柔软也跟着膨胀,导致海绵块中的水没有渗出,变成冰后仍然留在海绵块中,海绵块表面有冰块出现可能来自冰箱的水气凝固而成。

情景三:海绵块中的水不会完全冰冻,海绵块最后形成“冰包水”模型,冰层厚度不大,水结成冰的部分不多,所以 m_2-m_1 几乎可视为水的质量。

情景四:将海绵块完全浸没在水中,挤出气泡后,放入冰箱的过程中,如果把海绵单独拿出来,海绵中的部分水会流出,在海绵中会重新形成气泡,从而使本实验的过程和原理存在缺陷,真实实验中的误差会很大。

到底哪种情景更加接近真相呢?在老师的指导下利用生活中的器材,设计微实验进行探究,通过对实验数据进行分析,证明事情真相比较接近情景一。

【点评】学生实施实验时,经历了选择器材、设计实验、进行实验、收集数据、分析与论证、评估、与老师交流等一系列探究过程,在思考分析中激活思维,同时提高质疑能力、反思能力、发现问题和解决问题的能力[①],培养了实验操作技能、创新意识,最终提升了科学探究能力。在本案例中,学生对原题的情景和物理原理产生了质疑,并找到多种原因,也对问题存在误差的原因进行了较全面科学的分析,经历做题、质疑、寻找质疑原因、实验验证的过程,就是经历科学探究的过程、科学素养形成的过程。

---

① 陈苍鹏.例析初中物理微实验设计创新几个方法[J].物理教师,2017,38(4):34-37.

三、利用微实验提升物理课堂品质

实验是物理课堂教学中重要的教学手段，对学生的学习兴趣和物理学科核心素养的养成起着尤其重要的作用。教师在设计实验的过程中，注重利用日常生活中常见的物理现象去探究物理规律，是有效教学的重要思想。①

案例3：巧借微实验提高物理课堂品质

2019年10月，佛山市华英学校符方阳老师应邀在广东省初中物理省级骨干教师高端研修班教研活动中执教了“变阻器”一课。符老师利用创新微实验高效完成了本节课的教学，给听课的专家与老师留下了深刻的印象。

课堂上，符老师根据教学需求，在塑料管上安装接线柱、金属杆、滑片，制作了一个超大的滑动变阻器模型（如图3-6所示），用LED灯带缠绕在滑动变阻器上面模拟电阻丝，通电后，学生能清晰地观察到电流路径及有效电阻，可视化效果好，能够对学生的视觉起到强烈的冲击作用，从而达到帮助学生完全彻底理解滑动变阻器有效电阻的目的。

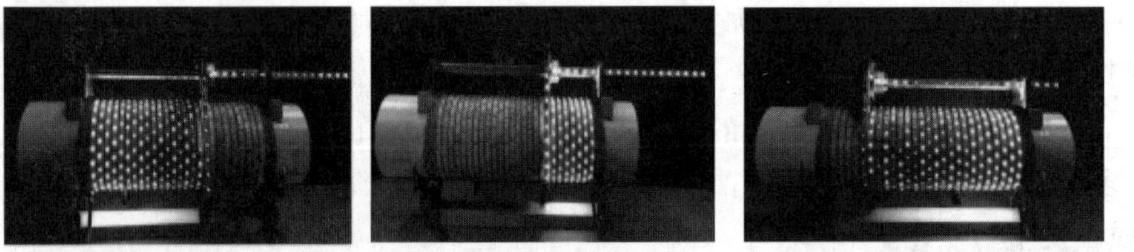

有效电阻在左边　　有效电阻在右边　　右边有效电阻变大

图3-6

【点评】教师借助生活中常见的器材，通过巧妙设问、合理引导，与学生一起构建出滑动变阻器模型。学生在这个探究过程中有思考的意愿，有学习的动机，培养了学生发现问题和分析问题的能力。最重要的是通过可视化变阻器模型把本节课的学习带入了一个高潮，使学生在困惑中感受认知，并促进了情感的共鸣，使核心内容在师生的互动过程中得到了很好的落实，使课堂品质大大提升。

四、在微实验展示评选活动中成长

利用日常器具做实验，有利于发展学生的独立实验能力。在这些实验中，学生开动脑筋，利用自己设计的实验，完成提出的课题，更有利于培养学生的创新意识和实践能力。② 学生完成设计后，教师提供平台开展微实验展评活动，让学生体验到动手做实验的成就感，能够激发学生学习物理的兴趣。

案例4：华英学生创新微实验展评活动

2017年开始，华英学校每年3月举办“华英学生创新微实验展评活动”。学生以

① 刘春青.初中物理实验教学创新策略例谈[J].科学大众（科学教育），2017（1）：45.

② 王瑜.初中物理教师实验技能大赛后的思考[J].物理教师，2013，34（8）：34-37.

小组合作方式完成微实验探究，拍摄成视频上交给老师，老师遴选出 12 个优秀作品参加展评活动。展评活动分为 2 个环节：①参赛选手解说及展示本小组所做的微实验；②参赛选手回答专家评委和学生评委的提问。

在展评活动中，有的学生从实验原理出发，自制了一些新颖的教具，使实验操作更简单、实验现象更明显；有的学生立足于实验方法，巧妙地改进实验装置，使实验误差明显减小；有的学生则从实验手段出发，将信息科技应用于实验之中，使得实验数据能够精确地呈现。参赛选手一边陈述自己的创新理念，一边现场演示自己的创新实验，面对评委提出的问题，显得格外从容淡定，从实验的原理、应用等方面进行解答，令在场的评委、教师们耳目一新。会场中充满着思维和理念的碰撞，智慧与经验的交流，收到了很好的效果。

【点评】微实验展评活动，立足于初中学生的知识范围和能力水平，微实验器材都源自身边的物品，体现了“从生活走向物理，从物理走向社会”的理念。参展作品在实验立意、实验原理、实验手段、实验方法等方面都有新的创意，有效地培养了学生的科学探究能力，提升了科学素养。同时，在微实验的设计或应用过程中，学生遇到困难时，教师及时出手相助，老师和学生携手共进，促进师生共同成长。

第三章　微课、微广播等线上教学活动案例

第一节　从传统课堂走进线上教学案例

线上教学要遵循学生认识规律,做到线上线下结合,要注重问题设置的情境性、思维的发展性,关注学生学习和自律能力的培养,帮助学生制定自主学习和资源运用策略,通过直播、录播和答疑的方式进行。教学设计要做到理念先进、目标明确、内容科学、方法灵活、过程合理、资源丰富、评价有效。

一、线上教学的困惑与误区

当大规模线上教学走进师生学习生活,经历一段时间广泛实践后发现,有许多教师的线上教学走进了教学变为讲学、大容量超强度全无反馈的"课件+语音+视频=漫灌"的低效或无效误区。

(1)走进海量资源的误区:各省、市、县、区、校录制海量视频课、微课并上传,存在资源过度开发、质量参差不齐现象,让精品淹没在荒沙之中,面对海量资源,师生无所适从。

(2)走进机械讲授的误区:在许多直播和录播课中,教师认为讲的越多,学生收获越大,讲够20分钟时间是常态,讲40分钟或更长时间才心满意足。岂不知,在网络的这端教师口若悬河,在网络的另一端学生昏昏欲睡或迷航在教师发布的云山雾海的信息之中。

(3)走进课堂搬家的误区:许多教师把传统的课堂教学搬到网上,用课件替代黑板,讲讲停停,想互动缺少技术,想让学生思考缺少问题引领,因对学情的茫然导致无法因材施教。没有针对性和缺少互动的教学,让教师对教学效果心中没数。

资源泛滥在于急功近利的思想作怪:错误地认为只要资源上传越多,成绩越好,没有精品意识,不会站在学生的角度思考问题。线上教学困惑的主要原因是缺少与时俱进的先进教学理念,没有对线上教学做好理论上、技术上的准备,很少观摩和学习优秀的教学经验和案例,没有成功的线上教学实践经验。

二、降低期望值的托底教育

线上教学同真实课堂的最大区别在于教师不知道学生学习的真实情况,无法现场了解学情和进行现场指导。在线上教学过程中,教师过度要求大容量和高难度,让学

生在低效的网上学习过程中知难而退，而学生的退可能使教师的所有努力付诸东流。降低教学要求的期望值、减少教学内容和降低教学难度，站在学困生线上学习的视角进行托底教育，才能保证线上教学效果有效提升。

案例1：顺德区凤城实验学校陈弘皓"凸透镜成像规律"专题复习课

在本节课中，陈老师首先向学生展示了课程标准所涉及的本节内容和近3年广东省中考考查的相关内容详情。

学习任务一：重新认识透镜。

陈老师让学生根据图3-7(a)左图给出的光路和透镜画出光的折射光路图，在课件的动画播放过程中，2块三棱镜和1块长方形玻璃砖组合到一起，形成1个凸透镜，每个透镜单独出现，在每条光线出现之前让学生说出光线的折射方向，然后跳出3条光线，让学生画其折射光路图。停留大约1分钟时间，教师让学生画出折射图。接着陈老师问道："同学们，你的光路图画出来了吗？如果有问题，请看老师课件中光路图是怎样画的。"接着屏幕上3条光线慢慢浮现，最后形成3-7(a)右边的图形。

陈老师让学生根据给出的光路图画出凸透镜和凹透镜的3条特殊光线[如图3-7(b)所示]，停留大约2分钟后，3条特殊光线分别慢速浮现出来[如图3-7(c)所示]。

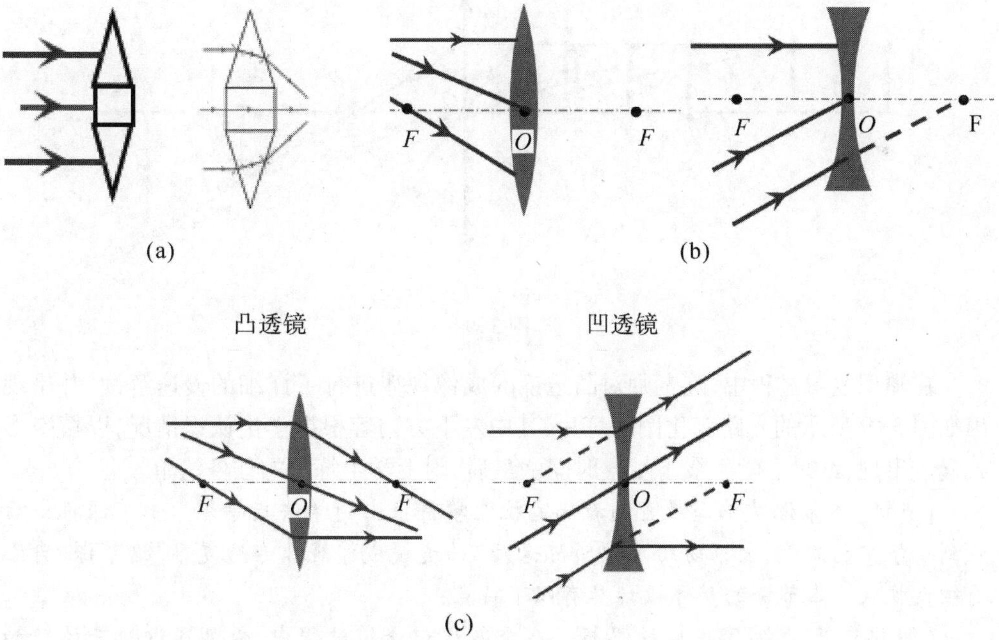

图3-7

陈老师给学生足够的时间完成一道简单的"课堂练习"。

学习任务二：凸透镜的成像规律。

完成下列光路图(图3-8)：

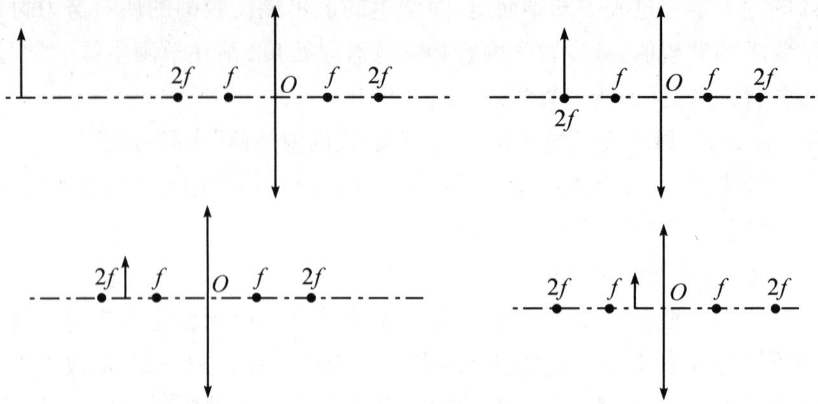

凸透镜的成像规律

图 3-8

陈老师分别给出图 3-8 所示 4 幅图,留足够时间让学生完成其光路图;接着又用慢镜头浮出每条光线,教师附上相关的旁白。

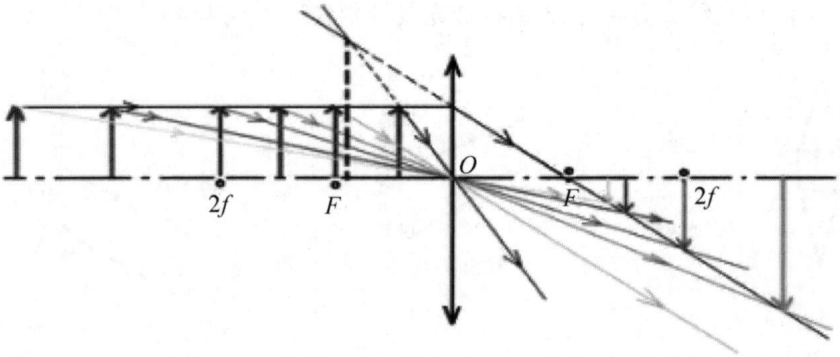

图 3-9

在知识复习过程中,陈老师对凸透镜的成像规律进行了详细的慢速解读,并呈现出如图 3-9 所示的光路变化图幻灯片,其中左下方内容根据学生认识情况,以填空形式慢慢出现,给足了学生线下填空时间。最后,附上学生练习的任务清单。

【点评】本节课是佛山教育局教研室物理学科推出的学法指导课。本节课推出后受到了学生的欢迎,大家纷纷反映听陈老师"凸透镜成像规律专题复习"这节课,自己有很大收获。本节课的整体设计具有以下特点:

(1)起点低,落实了托底的思想。在重新认识透镜过程中,教师通过把三棱镜和玻璃砖组合成凸透镜开始,让学生从光的折射起点认识透镜,让学困生也能看懂学会。

(2)互动好。从认识透镜开始,教师给学生一系列已知的光路图,学生在每个透镜慢慢出现后思考,在每条入射光线出现后预测折射光线的走向;动画播放速度慢给了学生思考问题的时间,让学生画出相关的光路图,在思考过程中重新认识透镜成像的特点,解决了透镜的简单核心问题。学生行走在已知和未知过程中思考和复习,达到了温故知新,逐步提升的效果。

(3)可分层,让学生自主选择。教师能站在学生视角思考问题,强化基础让学困生看到希望,适度训练让中层生找到目标,难度加大让尖子生有所作为。

三、目标驱动问题引领教学

由于线上师生所处的网络时空同真实的物理时空有很大区别,教师无法随时随地对学生进行监控,要提升学习效果,教师在备课和教学实施过程中,必须为每段学习设置精准的目标,只有目标清晰才能学习有效,也可结合目标进行有效监测。另外,如何在互联时空中留住学生,让学生"因疑而学,学有所思,思有所悟",就需要教师在教学过程中,用问题引领学生思维,让问题激发学生学习兴趣,在问题与思考的互动中产生共鸣,提升学科素养。

案例2:南庄中学吴嘉乐"浮力的本质"的微广播

吴嘉乐老师在人教社发布的"学物理,你很好"微广播中的内容。

老师:"小杨同学,根据你了解的浮力知识,你能告诉我对于露出水面处于静止状态的乒乓球来说,受到浮力吗?"

学生:"乒乓球有一部分浸在水里,下表面受到液体对它的压力,上表面由于露出水面,只受到气体的压力,上表面的液体压力为零。下表面压力大、上表面压力小,压力差大于零,因此乒乓球受到浮力。"

老师:"回答正确。请问竖直插在河底的桥墩受到浮力吗?"

学生:"桥墩与河底完全结合在一起,下表面一丝水都没有,也就没有液体对它产生向上的压力,所以桥墩就没有受到浮力。"

老师:"很好!若重力消失,浸在液体中的物体所受浮力将如何变化?"

学生:"液体内部压强是因为液体受到竖直向下的重力产生的。重力消失,液体内部压强随之消失,物体浸在液体里上下表面的压力差为零,所以物体就没有受到浮力了。是这样吗?"

老师:"对的。浮力的本质就是物体上下表面受到液体对它的压力差。当物体下表面受到的液体压力大于物体上表面受到的压力时,压力差大于零,物体才受到浮力。浮力大小等于物体上下表面所受压力的差。"

【点评】本案例设置的目标为让学生了解"浮力的本质",目标很小、很重要,老师通过几个问题对学生的思维进行引领:首先让学生对于露出水面处于静止状态的乒乓球提出是否受到浮力问题;当学生解释后,老师又提出浸没在河中、竖直插在河底的桥墩是否受到浮力问题,接下来假设重力消失了,浸在液体里的物体所受浮力将如何变化问题。教师通过问题引领,让学生在教师不断提出的问题驱动下思考,实现了目标驱动、自主生成的目的。学生在经历"问一问、想一想、说一说"的过程提升了能力,在思考与说的过程中,对规律加深了理解,其解读选择题、填空题的能力也自然提高了。

四、打赢线上教学收官之战

当线上教学落下帷幕,学生将走进真实的课堂时,学生在线上教学过程中的效果如何,怎样巩固线上教学的成果成为教师必须思考的问题。教师需要思考学生的收获是什么,能解决什么问题,线上教学效果如何,回归课堂后能改变的是什么;学生则要思考学到了什么,基础知识过关了吗,能解决什么,还需要什么。

(一)线上学习收官方法之一

(1)教师反思教学内容,写出教学已经完成的任务清单,给学生回校应交学习资料目录。

(2)学生收集整理学习纸质资料,回校教师将对所学内容进行分类检查,做好回校参加摸底考试的复习备考。

(3)教师命好线上学习的检测题,全面检测线上教学效果,根据学情制定线下课堂教学计划。

(二)线上学习收官方法之二

(1)让学生知道我学了什么?能解决什么问题?让学生绘出复习思维导图,解读重点知识;让学生写出线上复习提纲,形成知识体系;让学生整理线上复习资料,回顾能解的问题;让学生命一套复习试卷,给出标准答案。

(2)画思维导图建议:基础好的以模块为单位画思维导图,基础一般的以章为单位画思维导图。画思维导图中遇问题可查教材或教辅,通过思维导图实现自主查缺补漏。

(3)让学生自我诊断:让学生对照教材目录画思维导图,用思维导图形成知识结构。寻找知识网络与习题的关系,自主查找难点和疑点问题。

总之,线上教学是教师和学生经历一次危机洗礼后的产物,每一位教师都要善于把握机遇,在线上教学过程中用科学的方法,严谨的态度,担当的精神做好教学工作,借助网络互动功能,开展适度有效的互动,实现线上与线下的完美融合。课堂中做到讲、练、评相结合,让教学接近真实的课堂,留存先进的经验,推广先进的教学理念,让线上教学成为促进教师成长和学生发展的重要里程碑。

第二节　物理微广播课录制的实践活动案例

“学物理,你很好”是由广东省名师工作室周兆富老师提出并实施的一项公益性活动,工作室主持人周兆富和成员刘小丰、符方阳、陈如兵、陈弘皓、吴嘉乐等 20 多名教师积极参与了微广播课的设计与录制工作。2020 年 3 月,微广播课“学物理,你很好”“学科学,你很好”微广播在人民教育出版社、教育科学出版社官网、微信公众号及佛山教育局官网同步上线。

一、微广播课录制的目的与原则

受新冠疫情的影响,全球大规模线上课堂被教师长时间的讲授和课件霸占,学生的主体地位被忽视,学生的听觉和视觉被牢牢地困在电脑或手机屏幕上,视觉和听觉疲劳的双重打击让学生学习效果打了折扣。线上教学呼唤能让学生轻松学习的方式。

(一)微广播录制的目的

(1)提供以听为主的学习方式,是创建缓解线上学习视觉疲劳的有效途径。

(2)用问题引领思维,通过师生对话让学生自主生成知识,提升学科素养。

(3)对经济欠发达地区师生提供公益性服务,降低应用新媒体学习成本。

创新学习方式 → 缓解视觉疲劳 → 问题引领思维 → 自主生成知识 → 提升学科素养

(二)微广播课的理念

微广播课突出“问题引领,让学生在聆听与思考中学习”的设计理念,通过“讲故事、提问题、引思维、说知识、提素质”的方法,用声音、用听觉让学生走进神奇的学习世界。

讲故事 → 提问题 → 引思维 → 说知识 → 提素质

微广播是为线下与线上课堂服务的辅助学习方式,重在一个“微”字,它把 1 节课分解成若干个小片段,用 3 分钟左右时间解决 1 个或多个小问题。各问题间具有独立性和相关性,通过趣味化、情景化、碎片化,问题式、交互式、体验式的方法让学生开展自主灵活的个性化学习。

(三)微广播的录制原则

(1)科学性原则:为学生线上学习提供科学的方法,根据网上学习特点和学生认识规律,科学设置学习内容,提出问题,有效提升学科素养。

(2)实用性原则:按教学进度和学科教学特点,合理安排教学内容,合理设置任务清单,让学生学到知识、提升能力,能正确解读相关的问题。

(3)有效性原则:正确处理传统教学与网上教学的关系,实现教学目标。合理安排学习内容,正确评价学习效果,做到内容讲解到位,学习效果良好。

(四)微广播录制的实施建议与录制流程

(1)微广播录制的实施建议:①确定内容。以新课教学或复习进度为参考,把教材中每节课的教学内容分为 3~8 个微广播课,每段时长约为 3 分钟,要确定主题和核心内容。②编写脚本。内容要翔实,要解决 1 个或多个小问题,问题间要有独立性和关联性,语言要准确、精炼、简捷、科学,要不断用问题引领学生的思维。③实施录制。录制可采用教师独立、师生互动、电话录音等多种形式进行,学生要提问题、谈收获、说感悟、做表率。

(2)微广播的制作流程:①确定名称——“学物理,你很好”微广播课。②编制目录。目录可采用分级制,为每个微广播课起一个名字。例如,八年级第七章第一节

"弹力　弹簧测力计"目录可分别确定为:"弹力　弹簧测力计"之一"物体的形变","弹力　弹簧测力计"之二"弹力","弹力　弹簧测力计"之三"形变大小与外力的关系"。③编写内容。根据目录要求编制样张的教学内容并试录,经审核通过后,可录制整节课的教学内容并上传到微广播课编辑部。④设置问题。问题要少而精,不要编写无法用语言表述的内容,可设置一些让学生解释的问题,要降低教学难度,增加学习兴趣,要对学生提升学科素养和考试成绩有用。⑤设置开场白。教师录课要设置统一的开场白或结束语。

二、学生使用微广播学习的方法

(1)碎片化学习:微广播作为学习的非主流工具,集趣味性、知识性、独立性为一体,可满足学生随时随地碎片化学习的需求。

(2)辅助性学习:教师在线上或线下教学过程中,可选择相应的内容让学生聆听并思考,让微广播辅助学生的学习。

(3)针对性学习:根据学习进度,学生可根据同步学习的内容选择适当的内容进行学习,通过聆听微广播加深对知识的理解和对问题的思考。

微广播开创了全新的资源建设模式,从小处入手,重点关注某个知识点、技能点,用问题引领。关注学生的思维动态。与传统的线上和线下教学资源相比,微广播课的设计理念、制作方法、适用对象、使用方式等都大不相同,微广播是一种短、平、快、有效的创新学习方式,将成为继微课、翻转课堂、基础课之后又一种流行的有效学习方式。这种学习方式对强化基础,提升各个层次学生的学习,特别是对学困生的学习有促进作用。

案例1:周兆富老师对"学物理,你很好"微广播课的解读

周兆富老师在微广播序言中,对微广播课的起源和目的进行了解读。

老师:"亲爱的同学,你在线上学习过程中有什么困惑吗?"

学生:"我整天对着屏幕听线上课,眼睛很累,大脑极度疲劳,有时对所见内容视而不见。老师,有让眼睛休息同时还学习的方法吗?"

老师:"有哇。'学物理,你很好'微广播课,就是通过'讲故事,说知识,提问题'的方法,用声音、用听觉让你走进神奇的物理世界。"

学生:"太好了。可是这么多内容,我如何选择?"

老师:"你可以根据学习进度,通过目录的超链接收听你需要的内容。现在我们推出的是人教版八年级物理与教材同步的内容。"

学生:"是不是每个内容都听很长时间?"

老师:"不是的。我们把每节课分5~8个小专题,每段微广播只有3分钟时间。"

学生:"微广播就像我的新朋友,我可以通过手机、MP3等方法随时听,还可以根据老师的要求做实验和回答问题,是这样吗?"

老师:"是的。微广播就是你的朋友和学习助手,你可以跟着声音走进有趣的物理世界,解读物理问题,提升物理成绩。"

学生:"太好了,我都等不及了。"

老师："亲爱的同学，你准备好了吗？请跟随广东省周兆富名师工作室的老师，让我们共同出发，开始物理学习的神奇之旅吧！"

【点评】微广播课学习方式是根据学生认知的心理特点设计的，在改进学生学习方式方面有3个特点：一是把每节课常规教学内容分成3~8个微专题，每个专题解决少量的物理问题，因其内容少而精，可以提升在学生脑神经元上的留存效果；二是微广播每个小专题采用师生对话和问题引领形式，让学生跟着教师提出的问题和学生的疑惑进入深度思考状态，有问题的思考才是最有效的学习；三是微广播作为学生学习的新朋友和学习助手，对设备要求极低，是学生新的可以放到"口袋里的有声书"，学生可以跟着声音走进有趣的物理世界，解读物理问题，提升物理成绩。

三、目标驱动问题引领的微广播

"学物理，你很好"微广播是通过目标驱动、问题引领的方式，用生动、有趣的故事，在每个微广播中设置1个或多个小的学习目标，把物理知识和生活实践联系到一起，通过提出问题引领学生的思维，让学生在听故事中思考，在解读问题过程中掌握知识，提高分析和解决问题的能力。

案例2：周剑山老师的"功率的应用"

教师："要把新购买的物理器材从1楼搬到3楼，如果想测量用竖直电梯搬运器材过程中，箱子克服重力做功的功率。你能设计出实验方案吗？"

学生："老师，能给点提示吗？"

教师："还记得功率的定义式吗？"

学生："当然记得，功率是功与时间的比值。"

教师："很好。怎样知道功和时间呢？要用到哪些实验器材呢？"

学生："我可以用秒表测量出时间，但是我不知道怎么测量功。"

教师："搬运过程中，可以认为电梯对箱子的支持力等于箱子的重力，支持力移动的距离等于楼层的高度。用什么工具测量重力和高度呢？"

学生："可以用台秤测量出箱子的质量，计算出物体的重力；用皮尺测量出楼层的高度。"

教师："如果手上没有皮尺，怎么测量高度呢？"

学生："用刻度尺测出楼梯台阶的高度，根据台阶的数量可算出楼高。"

教师："你已经找到实验的方法了，能梳理一下实验步骤吗？"

学生："第一步用台秤测出箱子的质量 m，第二步用秒表测出搬运过程中所用的时间 t，第三步用皮尺测出楼层的高度 h，或者用刻度尺测量出台阶的高度。功率表达式就是 $P=mgh/t$。是这样吗？"

教师："是的，很好。你能根据以上内容做实验吗？要有实验数据。"

学生："好的，我会把实验过程、数据、结论的文稿和视频发给您。"

教师："好的，我期待你的作品。"

【点评】微广播要关注到每个学生，要降低难度，让学困生学有收获。本案例从学生喜欢的熟悉环境和问题中学习，老师从把物理器材从1楼搬到3楼让学生能设计实验方案开始，在学生困惑中及时提示，让学生说出实验原理。教师通过怎样知道功和时间，要用到哪些实验器材，引领学生思考；又提出“如果手上没有皮尺，怎样测量高度”等问题让学生理解功率的概念，并请学生设计实验步骤。

在微广播过程中，周老师从创设学生可以想象的问题出发，让学生设计、说出所需的器材和应测的物理量，给学生提出更高的要求，用问题牵引学生的思绪，用语言引领学生思考，让学生在听的过程中有身临其境的感受。这种在学生大脑皮层中构建的情境和问题，让学生的思绪和问题一起飞。在微广播的最后，老师提出让学生把探讨的问题用实验进行测试，要求有图、有描述、有结论和视频，这使学生成为学习的主人，也让微广播的教学内容在满足大部分学生的基础上，给尖子生发展的空间，让他们有事可做。

总之，微广播课作为一种全新的学习形式，为疫情防控期间的线上学习提供了科学方法。根据网上学习特点和学生认识规律，科学设置学习内容，确保学生有效提升学科素养。正确处理传统教学与网上教学的关系，通过微广播课的互动实现教与学的目标，合理安排学习内容，正确评价学习效果，做到内容讲解到位，学习效果良好。

第三节　中学物理微课制作与应用案例

为了解决“为什么制作微课”“如何设计和制作微课”“怎样运用微课”3 大问题，周兆富老师和他的团队站在普通教师的视角，从较低的起点入手，选择应用广泛的技术手段制作和应用微课，突破了微课制作的技术瓶颈。

一、中学物理微课制作方法与工具

中学物理微课制作与应用存在技术上的瓶颈与教学应用效果不佳 2 大困境，要想实现微课为教学服务、为学生学习服务，必须降低微课制作技术门槛，让教师突破微课制作中的录制、编辑和上传难题。

（一）智能手机（录像机）拍摄法

（1）配置：视频摄像的智能手机或录像机、多媒体电脑、不同颜色的笔、白纸（或白版）、任务清单、脚本、教案、课件、视频编辑软件。

（2）基本方法：使用可摄像的智能手机对纸笔结合演算、书写的教学过程进行录制。

（3）制作流程：第一步，文案准备。选择微课程主题，进行详细的教学设计，形成教案。第二步，视频录制。用笔在白纸（白板）上展现教学过程，边写边讲解，尽量保证语音清晰。可以用不同颜色的笔书写、画图、标记等，书写过程逻辑性强，解答明了易懂。在他人和辅助器材帮助下，用手机将教学过程拍摄下来，要保证画面清晰、准确、稳定。第三步，视频编辑。添加字幕和美化，生成微课程视频。

（二）录屏软件录制（录屏软件+PPT）

（1）配置：多媒体电脑、麦克风、录屏软件、PPT 课件。

（2）基本方法：对 PPT 演示进行屏幕录制，辅以录音和字幕。

（3）制作流程：第一步，选定教学主题，搜集教学材料和多媒体素材，制作 PPT 课件。第二步，在电脑屏幕上打开录屏软件，带好耳麦，调整好话筒的位置和音量，执教者调出要讲解的 PPT 课件，并调整好 PPT 界面和录屏界面的位置后，单击“录屏”按钮，开始录制。按照教案，执教者一边演示幻灯片放映或对其进行各种操作，一边讲解，可以配合标记工具或其他多媒体软件或素材，尽量使教学过程生动有趣。第三步，对录制的微课程视频用后期视频编辑软件进行适当的编辑和美化。

（三）视频+录屏

把以上智能手机（录像机）拍摄和录屏软件录制（录屏软件+PPT）相结合，同时配置教学所有课件（PPT）。微课录制采用“视频录制+录屏”同步进行，微课录制结束后，获得现场“视频”和“录屏”2 个同步微课，然后利用“剪辑师”“爱剪辑”或“快剪辑”等视频编辑软件把 2 个同步微课进行整合，用技术手段去掉其中 1 个音频文件，使微课只有 1 个文件，经编辑后形成完整微课封装并上传。

（四）可汗学院模式（手写板或交互白板+专业录屏软件）

（1）配置：多媒体电脑、带话筒耳麦、手写板或交互白板、屏幕录像软件、演示软件（Word、PowerPoint、画图软件、绘图软件、几何画板等）。

（2）基本方法：通过手写板或交互白板，用演示软件对教学过程进行讲解演示，并使用屏幕录像软件录制。

（3）制作流程：第一步，选择微课程主题，进行详细的教学设计，形成教案。第二步，安装手写板或交互白板及与其配套的专用笔等工具，与电脑连接，使用演示软件对教学过程进行演示。第三步，利用交互白板（或手写板）自带摄录软件或专业录屏软件，录制教学过程和教师的声音。第四步，为了增强微课程视频的效果，可用视频编辑软件进行后期美化编辑。

（五）数码摄像机拍摄法

（1）配置：数码摄像机、黑板、粉笔、其他教具。

（2）基本方法：对教学过程进行录像。

（3）制作流程：第一步，选择微课程主题，进行详细的教学设计，形成教案。第二步，利用黑板展开教学过程，用数码摄像机实时记录课堂教学过程中教师、学生、板书、多媒体教学信号等教学实景画面。第三步，对视频进行后期编辑制作和美化。

二、微课在中学物理教学中的应用

在中学物理教学过程中，教师可运用具有交互性、可控制、可操作等特点的微课，突破传统学习或信息获取的线性结构化瓶颈，为个性化与差异化服务提供技术支持。应用可体验、可控制、可设置方法提升学习的效益，让微课适应不同群体、不同学习基础、不同学习能力、不同学习目标的学生要求。

（一）中学物理微课制作与应用原则

（1）降低难度，让微课普及成为可能。站在初学者的视角，选取简单易学适用的录音、录像、录屏和编辑等软件，采用所见即所得的方式，降低微课制作的技术门槛，让每位读者都能设计制作出适用的微课。

（2）服务教学，把微课融入教学之中。借用名师和专家的思想和理念，站在教学实践的视角组织编写内容，让教师在设计和制作微课之初就能够了解如何选择微课内容，在教学过程中知道怎样使用微课，让微课更好地为教学服务。

（3）提升素质，把微课与教研相互融合。教学与教研同步，在微课制作与应用过程中走进"能教学、会研究、善思考、勤钻研、敢创新"的成长之路。

（二）微课的选取与重新编辑

微课具有碎片化、可视化、非线性、结构化的特征，运用信息技术将微课的主体（视频或软件）、配套课件、基础资源、延伸资源、学习路径等，按照学科的内在联系有机地封装在一起，为教学应用做好准备。

（1）选取和制作教学中所需微课。本着微课要为教师教学和学生学习服务的原则，教师在教学中所需微课可由 3 种途径获取：①根据教学需要，从各类教育资源网或网上社区群中寻找微课；②重新设计、录制微课；③把相关课堂教学实录、案例、视频等资源改编成教学所需的微课。特别是在中央电教馆组织的"一师一优课，一课一名师"活动中，有大量优质的教学资源，可把相关内容根据教学需要剪辑成新的微课。

（2）根据教学需要对选取的微课设置节点。由于网上的微课大部分是教师讲解的录像类内容，无法在教学过程中实现师生互动，不利于学生知识的生成和能力的提升，因此，教师在选用微课后要对相关内容进行重新编辑。编辑方法：①根据"目标驱动，问题引领"的原则，把微课分解成若干个碎片，每个碎片可解决 1 个核心内容。②设置节点。许多微课中设有许多很好的问题，对这些问题的思考有利于学生提升能力和生成知识，但遗憾的是在微课中，问题刚刚提出就给出了答案。应在微课中设置若干节点，使其暂停，给学生思考和互动的时间。③根据教学需要设计问题清单或相关练习，落实核心教学目标，将微课视频与在线学习内容进行整合，将微课资源与教学内容进行整合。

（三）微课在教学中的应用

（1）微课辅助教学的作用：微课在课堂教学中应当起到辅助教学的作用，每个微课都不能、也不应涵盖整节课的教学内容，每个微课只讲少量的知识点。

（2）微课在教学中应用的原则：微课具有主题突出、短小精悍、资源多样、使用便捷的特点，在制作和应用时要体现目标驱动、问题导向、反馈互动、强化落实的原则。

(3)微课在教学中的暂停功能:在教学应用过程中,教师需树立问题意识,让微课为教学过程中实现的每一个目标服务。教师要利用重新编辑节点的暂停功能,利于微课中提出的问题,让学生想一想、说一说、练一练,让学生在对问题的思考和互动过程中落实教学目标。

三、探究演示实验微课制作与应用

在演示实验教学过程中存在的问题就是学生没有自主选择权,教师怎样进行物理实验演示,学生就怎么去理解,导致初中生在物理实验器材的选择、步骤的设计、对实验现象的观察和实验数据的分析过程中,需要完全按照教师的实验思路来进行思考,难以形成对物理知识学习的主动性和积极性。针对这种情况,教师要积极创新初中物理课程演示实验的相关教学思路,通过一系列的实验及微课内容设计,培养学生良好的实验探究能力、创新思维能力和实际操作能力,从而推动初中生在学习物理知识过程中的全面发展。①

(一)“声音的产生与传播”教学中板书与教学流程

(1)“声音的产生与传播”板书(图 3-10)。

板书设计

第一节　声音的产生与传播

一、声音的产生

声音是由物体的振动产生的。

二、声音的传播

1. 声音的传播需要介质,真空不能传声。
2. 声音在空气中是以声波的形式传播的。
3. 一般情况下,$v_{固}>v_{液}>v_{气}$。

图 3-10

(2)“声音的产生与传播”教学流程(图 3-11)。

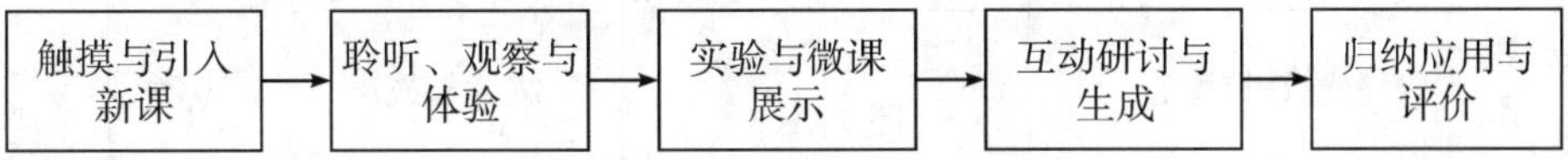

图 3-11

(二)“声音的产生与传播”微课的任务清单与脚本

微课在课堂教学中的作用是辅助教学,教师要通过微课让学生知道学什么、怎样学,就需要设计好任务清单和录制微课的脚本。

(1)“声音是由振动产生”演示实验微课学习任务清单。

① 李军社. 浅谈初中物理演示实验的教学模式. 科学咨询/科技管理,2020 年第 41 期(总第 709 期).

一、学习指南
课题名称:人教版《物理》八年级上册第二章第一节“声音的产生与传播”
达成目标:通过演示实验及微课找到声音产生的原因及传播规律
学法建议:利用微课碎片化和节点暂停功能探究声音产生的原因
课堂学习形式预告:在教学过程中插入微课,在暂停与师生互动过程中寻找规律
二、学习任务 1. 说出声音是如何产生的。 2. 找到声音和振动有什么关系。
三、资源链接
四、困惑与建议

(2)“声音是由振动产生”演示实验微课拍摄脚本设计。

录制时间：　　年　　月　　　　　　　　微课时间：　　分　　秒

微课名称	第一节　声音的产生与传播
知识点描述	声音是由振动产生的,声音和振动同时产生、同时消失
知识点来源	人教版《物理》八年级上册第二章第一节
教学类型	新课教学及演示实验
适用对象	八年级学生

设计思路	通过演示实验放大与视频暂停过程让学生找到规律				
教学过程					
过程	内容	画面	声音	时间	备注
片头	课题及作者	课件或视频文字	无	9秒	
实验教学	1. 乒乓球被音叉弹开	图1,图2,图3	解读与音叉发声	33秒	
	2. 敲鼓铁钉弹起	图4,图5,图6,图7,图8	解读与鼓声	30秒	
结尾	结论与问题清单				

(三)“声音是由振动产生”微课内容、节点与教学应用

(1)“乒乓球被音叉弹开”微课的内容与节点(“节点”是视频中设置的“暂停”按钮)。

▶微课1. 乒乓球被音叉弹开“画面”。

◆说明小锤敲击音叉后声音产生与传播,如图3-12(a)所示。

◆教师做敲击音叉乒乓球被弹起演示实验过程,如图3-12(b)所示。

◆乒乓球被音叉弹起演示实验后展示实验结论,如图3-12(c)所示。

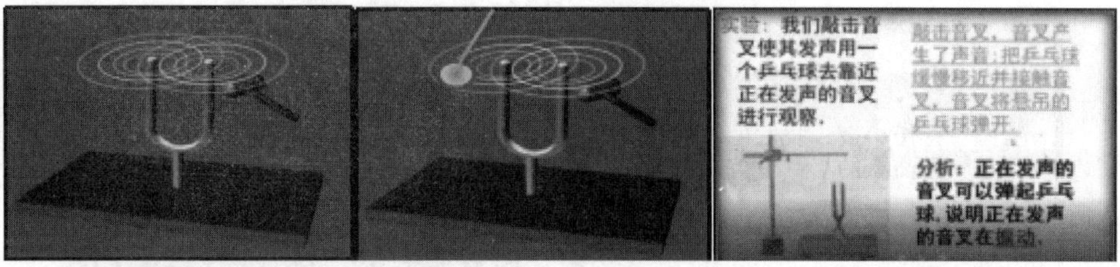

(a) 声音的产生与传播　　(b) 敲击音叉乒乓球被弹起　　(c) 展示实验结论

图 3-12

▶微课 1. 乒乓球被音叉弹开“声音”和“节点”。

◆教师画外音:敲击音叉发声时能看到振动吗?(节点 1)

◆教师画外音:乒乓球为什么会被音叉弹起?(节点 2)

◆教师画外音:让不易观察的实验现象用更明显方法展示,这是什么方法?(节点 3)

(2)微课 1“乒乓球被音叉弹开”在教学中的应用。

教师演示小锤敲击音叉的实验,在音叉发出声音时让学生观察。教师问:“同学们能看到音叉振动吗?”学生:“不能。”教师“把放大的发声的音叉用视频微课”展示出来,学生只能听到声音,但还是看不清音叉的振动,在此处设置“节点 1”。

教师按住暂停键问学生:“看到、听到什么?”学生回答:“能听到音叉发出的声音,看不到音叉的振动。”教师:“有办法看到音叉的振动吗?”学生:“把乒乓球靠近音叉。”这时教师继续播放微课,画面中音叉从下向上与乒乓球接触,乒乓球被弹起很高,在此处设置“节点 2”。

教师按下暂停键问:“乒乓球为什么会弹起来?”学生:“是因为音叉振动把乒乓球弹起来了。”教师:“这说明了什么?”学生:“声音是由振动产生的。”教师:“你能看到音叉的振动吗?”学生:“不能。”教师:“你是怎么知道声音是由振动产生的?”学生:“音叉把乒乓球高高弹起,由此推断音叉发声时在振动,所以我认为声音是由振动产生的。”教师:“我们把无法看到的现象放大后表现的方法叫什么?”教师按下“节点 3”暂停键让学生思考。学生:“放大法? 转换法?”教师:“转换法。”

【点评】教师在真实实验过程中,用微课把实验无法看到的声波传播过程、音叉振动弹起乒乓球过程做的展示,填补了实验无法完成的空白。通过几个节点的暂停和师生互动让学生思考并找到问题的结论,提出“微课”以外的问题让学生思考,在学生思考与师生互动过程中,本节课“声音是由振动产生”的核心知识得到了突破,学生在看到振动的同时听到了声音。

(3)微课 2. 敲击小鼓铁钉振动“画面”。

◆敲击小鼓铁钉振动实验,如图 3-13(a)所示。

◆敲击小鼓发出声音,如图 3-13(b)所示。

◆敲击小鼓铁钉振动,如图 3-13(c)所示。

◆分析声音产生原因,如图 3-13(d)所示。

◆实验的总结和分析,如图 3-13(e)所示。

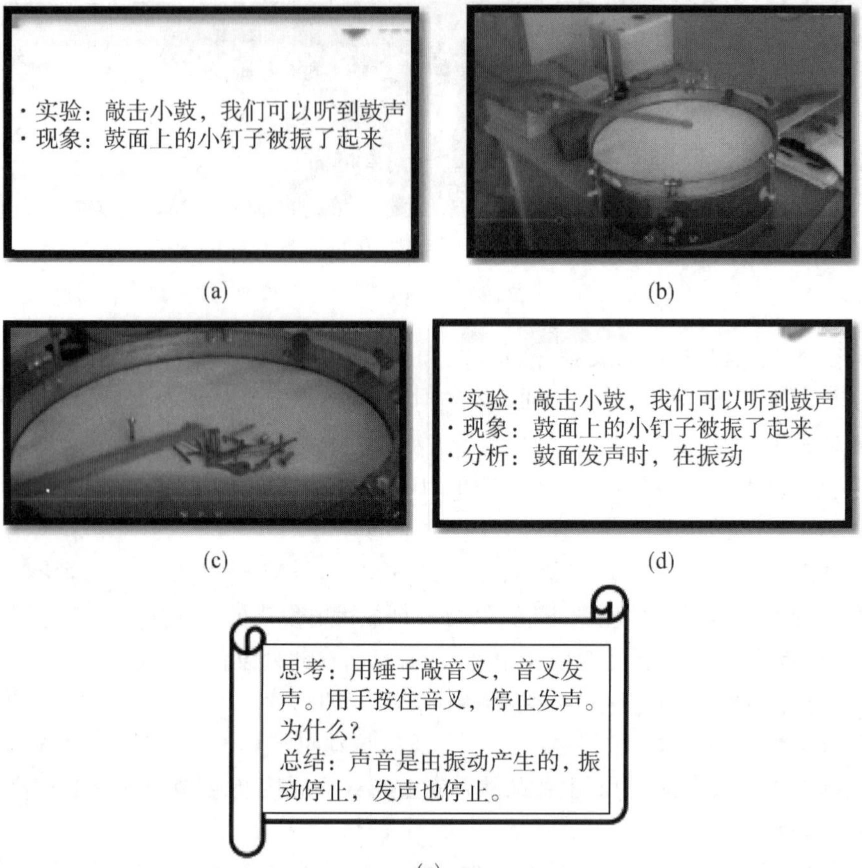

图 3-13

▶微课 2. 敲击小鼓铁钉振动起来“声音”。

◆教师画外音：敲鼓发声说明什么？能看到振动吗？（节点 1）

◆教师画外音：在鼓面上放钉子，敲击鼓面时钉子会怎样？（节点 2）

◆教师画外音：鼓面上的钉子都跳了起来，这说明什么？（节点 3）

◆教师画外音：鼓面振动的同时发出声音，当我把手放到鼓面停止其振动时，还能听到鼓声吗？为什么？（节点 4）

（4）微课 2“敲击小鼓铁钉振动起来实验”在教学中的应用。

教师在课堂用鼓槌敲击鼓面问学生：“当我敲击鼓面时，你能听到声音吗？”学生：“能。”教师：“能看到鼓面振动吗？”学生：“不能。”教师做敲击鼓面的实验，学生可听到声音但看不到鼓面振动，教师播放微课中敲鼓发声后还是看不到鼓面的振动，但面对“节点 1”的暂停，学生有了声音是由振动产生的结论，推测鼓面振动。面对“节点 2”，此时按暂停键，学生会作出在鼓面上放置小物体的判断。继续播放微课，在鼓面上放置铁钉，敲击鼓面铁钉会被弹起（在课堂可同时做真实的同类实验）。此时面对“节点 3”的问题，学生会得到“声音是由振动产生的，钉子跳起来是运用了转换法，通过铁钉的跳动说明鼓面在发声的同时也在振动”的结论。在微课播放到用手压到正在振动的鼓面使声音停止的同时铁钉也停止振动时（在课堂可同时做真实的同类实验），面对“节点 4”学生会得到“声音是由振动产生的，振动停止，发声也停止”的结论，也就是“声音和振动同时存在、同时产生、同时消失”的结论。

【点评】把演示实验和微课在教学过程中同时展示，绝不能用微课中的实验视频替代真实的实验，微课的播放与真实实验同步，用微课的暂停和实验的分步进行，让学生有充分思考问题的时间，用微课填补实验中不能完成的内容。在教学的应用过程中，让学生看到声音虽然由振动产生，但有些振动是很难观察到的事实。同时，结合“微课 1”的经验，用转换法把振动放大到可观测，于是有了在“节点 2”的推测和解读。当微课继续播放过程中，在“节点 3”过程有了“声音和振动同时存在、同时产生、同时消失”的结论，实验与探究的目的在微课播放和暂停过程中得到了落实。学生在完成问题清单过程中，本节学习的生成目标已经达到。

（四）“声音的产生与传播”微课制作软硬件和流程

（1）微课 1 和微课 2 制作所需软硬件：①多媒体电脑、智能手机（DV 或录像机）、小型三脚架；②乒乓球、音叉、铁架台、细线、小鼓、铁钉、小锤；③视频编辑软件，如“剪辑师”（“爱剪辑”或“快剪辑”）等。

（2）“声音的产生与传播”微课的制作流程（图 3-14）。

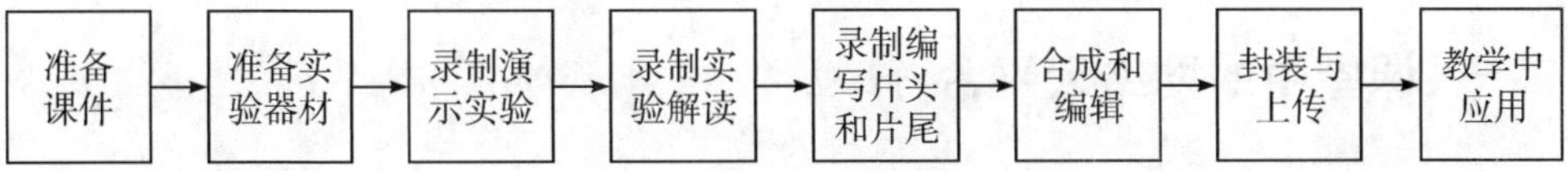

图 3-14

第四章 云技术在课堂中应用活动案例

第一节 云技术在课堂教学中的应用案例①

随着信息技术的发展和扩大,云技术一夜之间遍布互联网。360 云盘、百度云、有道云笔记、智慧云、信息云、搜索云、用户云、手机云、教育云、安防视频监控云等词汇,伴随着可操作的系统如雨后春笋般出现。云计算是一种基于互联网的计算方式,通过互联网上异构、自治的服务为用户提供按需即取的计算;云计算的资源是动态、易扩展、虚拟化的,通过互联网提供;终端用户不需要了解“云”中基础设施的细节,只关注自己真正需要什么样的资源以及如何通过网络来得到相应的服务。当网络虚拟空间的各类云技术已经广泛应用之时,当大数据时代闯入寻常百姓家之日,就是以电子书包为代表的多元云技术应用的开始。

一、课堂中的网络云平台

2013 年 10 月 23 日,周兆富老师应邀到石门实验学校听潘锦文老师八年级物理“光的直线传播”这节课。潘老师从手影实验入手引入新课,用激光打靶实验证明光的直线传播,用激光点燃火柴说明激光是有能量的。在教学过程中,令人感到吃惊的是在评讲学生前一节课做过的题时,教师能清楚地知道每道题有多少学生错,错在哪里。在课堂教学过程中,他用手机操控多媒体平台的进程,可视频学生现场完成作业的情况,也可调出任何一名学生前一天完成作业的实际照片。周老师想:潘老师这堂课好像有一个教学网络云平台在支持他,否则他不可能有这么多的即时资源。潘锦文老师的背后到底有什么样的网络云平台?是谁为他的课堂教学提供强大的后台支持?带着这个问题,2013 年 12 月 5 日,周老师又一次走进石门实验学校,潘老师向他详细地演示和讲解了所使用的网络云平台。多媒体平台、智能手机、平板电脑和便携式无线路由是潘老师构成课堂网络云平台的全部硬件设备,通过 WiFi 将这些终端设备以无线方式互相连接,在课堂上一个小小的网络云平台就形成了。

在课堂教学进程中,潘老师通过手机把学生实验情况、视频、学生答题的照片通过微信公众号传到公司的后台,公司对相关信息迅速进行分析并反馈到课堂。有趣的是学生答卷的照片很大,为了减少流量,他们通过 QQ 上的截图软件,实现了图像清晰、

① 周兆富. 云技术在中学物理课堂教学中的应用[J]. 物理教学探讨,2014,32(2):78-80.

所占空间小、传输速度快的目的。

二、学情实时监控与分析

教师如何了解学情，在教学过程中学生学到了什么、学到了什么程度，对教师把控教学的难度、进展的速度和呈现的方式方法至关重要。如何在师生互动中实现教师对学情的真正了解？网络云平台利用智能手机抓拍或录制视频功能，把课堂教学过程中即时生成的影像传到后台，通过微信小程序对学情进行分析，教师可调用某一学生的资料进行点评。学生与学生，教师与学生的协作便在网络环境中即时实现。利用网络功能，学生可听可看，可在讨论、交流中表达自己的观点、看法，使知识的保持、能力提升的效果大大优于传统教学，从而形成一种崭新的学习方式。

在潘锦文老师的课堂上能即时反馈学生完成作业情况，对学生完成试题情况进行评价。如图 3-15 所示，这几张教师从学生作业本上拍的照片，已经成为课堂教学的生成性资源，如教师需要知道学生作图题是如何画的，学生想知道作图过程中自己的问题出在哪里，教师可从云平台“我的图片”的预览中找到一系列相关图片，从这些照片中找出具有代表意义的典型问题图片，把此图由预览状态转为播放。这种用学生自己出现的问题进行解读的教学方式，是防止学生犯同样错误的有效办法。

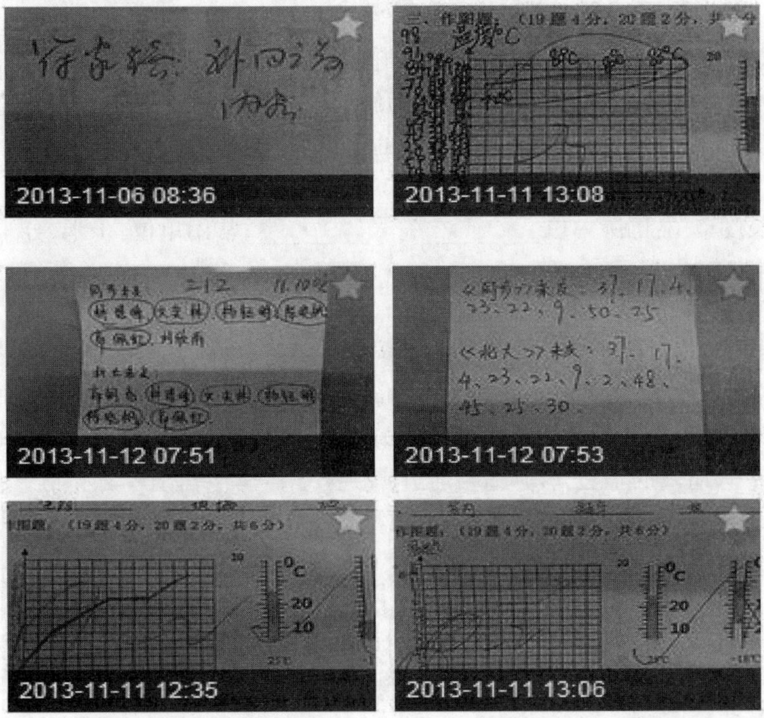

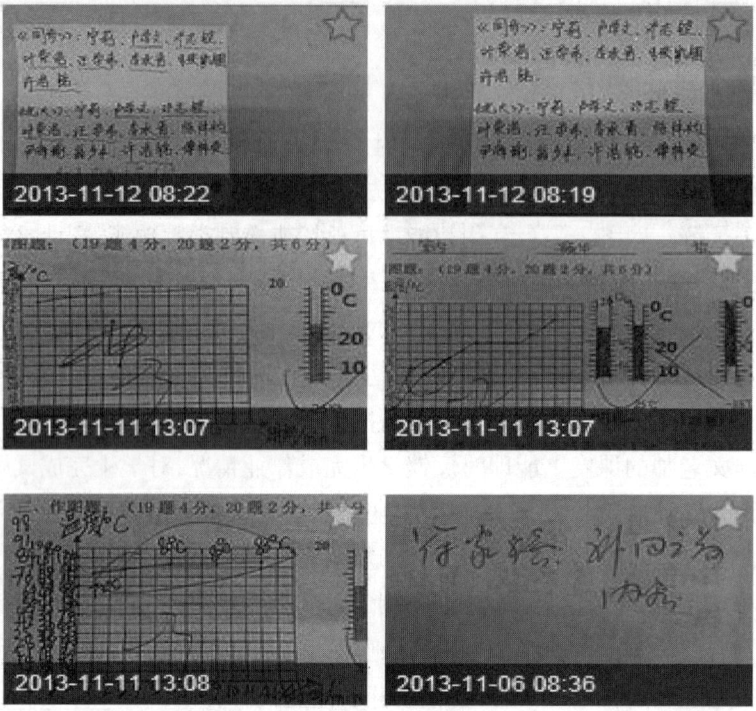

图 3-15

如何对学生的作业进行点评？学生的问题可能出现在哪里？这也是习题课教师需要关注的问题之一。网络云平台很好地解决了这一问题，使教师对于课堂教学过程中此题讲与不讲，讲什么的判断有了真实的依据。

例 1. 长度测量。

（1）长度单位：国际单位________，符号________；常用单位：千米、分米、厘米、毫米、微米、纳米。

（2）测量工具：____________________。

【点评】这是一道关于长度测量的简单作业问题，从学生答题的统计可看出正确 83 人，错误 13 人，这样的结论显然与教师的感性判断不相符合。教师如何对待此问题，八年级物理入门的教学进度和难度应如何调节，本界面给出了判断的参考。

经过一段时间的学习，教师需要通过考试来了解学生对所学知识的掌握情况，而由于每个教师教的学生较多，很难对每道题学生的答题情况进行定量统计，网络云系统很好地解决了这一问题。

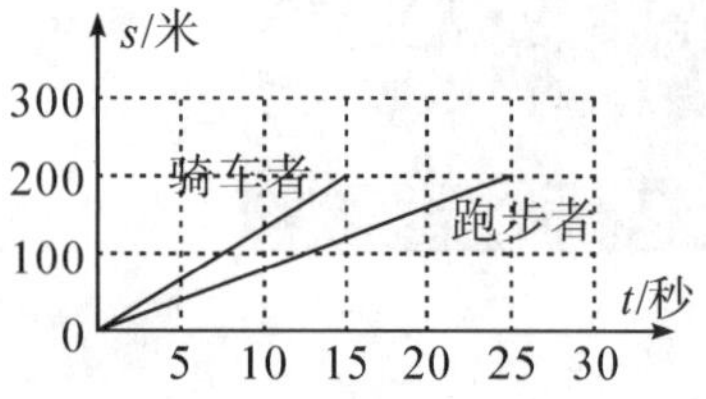

图 3-16

例 2. 图 3-16 是一个骑自行车的人与一个跑步的人运动时的路程随时间变化的图像。

（1）跑步速度是多少？

（2）骑车者如果按原来速度再骑 300 米需要多长时间？

（3）如果两人一直运动，那么 30 秒后两者相距多少米?

【点评】在八年级物理教学质量检测第一阶段试卷中的第25题,作为计算题的第一题(整卷共27题),命题者认为经过一段时间的学习,大部分学生应当能正确做出此题,但云平台给出的考试自动统计结果显示有96人出现了错误,这可引发师生对教与学的重新思考:教师需要对教学重新定位,学生需要对学法和分析解决问题的方法进行思考。而本题的举一反三和课堂提问等栏目给师生提供了更多的交互资源。

三、电子书包应用的得失

电子书包是利用现代信息和教育技术构建的面向学生个性发展的综合服务系统,采用“学习终端+教育内容+服务平台”的模式,具有家校沟通功能、多元的互动功能。以云课堂为中心的电子书包可实现云端支持无限拓展,海量资源所需随取,音频、视频、图像、课堂教学实况和各类电子资料的随机上传,满足多种应用模式要求,整体提升电子书包使用效率,为教育带来无限可能。

2013年,佛山市南海区共有15所中小学33个教学班的1595名学生和140名教师参与到电子书包的实验教学之中,大部分学校是刚刚步入实验进程。在实验时间较长的高中和初中各抽取1所学校对使用电子书包情况进行调研和统计,得出了可能引发争议的结论。

罗村高中2012—2013学年高一期末成绩分析2个实验班总体保持上升趋势,其中实验9班成绩提高明显,在9科总成绩排名中,从入学第14名上升到期末第8名的佳绩,是全年级进步最大班级;实验8班也保持在年级第5名。这说明电子书包班比普通班更能较快提高学习成绩,这种教学实验是有效的。

但对2个班在物理学习过程中的成绩对比情况并不乐观,高中电子书包实验班一般在高一比较正常,高二由于重新分班,受选择文理学生不同和电子书包的成本等因素影响,其使用率有逐渐下降的趋势,这也使电子书包的使用学校进入了一个比较尴尬的境地。

旗峰中学是南海区“智能课堂(电子书包)”项目的一所实验初中,2012年9月,南海电子书包项目全面推广与实施,该校2个实验班:初一(1)班和初一(8)班,开展了1个学期的语文等3科电子书包教学实践。从分差进退的数据对比可见,2个实验班经过1个学期的实验,考试成绩与级平均分的差距都有了明显的进步,8班是全年级进步最大的班级。

班级	开学考试		期末考试		分差进退
全级	175.82	分差	242.38	分差	
1班	199.87	24.05	276.63	34.25	10.20
2班	166.55	-33.32	245.25	-31.38	1.94
3班	167.05	0.5	213.92	-31.33	-31.83
4班	170.62	3.57	220.37	6.45	2.88

续表

班级	开学考试		期末考试		分差进退
全级	175.82	分差	242.38	分差	
5 班	170.84	0.22	240.29	19.92	19.70
6 班	180.68	9.84	265.42	25.13	15.29
7 班	175.64	-5.04	233.60	-31.82	-26.78
8 班	197.08	21.44	281.47	47.87	26.43
9 班	171.52	-25.56	229.37	-52.10	-26.54
10 班	168.34	-3.18	237.71	8.34	11.52
11 班	165.83	-2.51	222.17	-15.54	-13.03

在初一学年 11 个班共 539 位学生全部学科总成绩年级排名中，实验 1 班、8 班有 5 名学生跻身年级前 10 名，有 9 名学生进入前 20 名，年级后 30 名学生无 1 人。即在个人成绩年级排名靠前的学生中，实验班占多数，且没有后进生，这反映出实验班学生整体水平较高，学生学习积极性较高，电子书包学习效果好。2013 年 6 月，对 4 个实验班学生及家长等进行问卷调查，结果显示，66.7%家长认为"电子书包发展前景非常好"，65.3%的学生对"电子书包课外辅导学习是有效的"观点非常同意。同时，有 66.8%学生认为利用电子书包学习培养了自主合作学习的能力，有 69.3%的学生觉得电子书包上课更有趣、更让人愿意学习。初一统考和初二期中考试数据分析显示，运用电子书包的班成绩普遍偏高。

四、电子书包的资源建设

12 月 6 日，在南海旗峰中学，黄子健主任、张剑华等物理老师对电子书包使用情况进行调研后认为，电子书包在初中物理教学过程中，对以中层生为代表的大部分学生是有效的。他们每天给学生安排 1 小时的时间利用电子书包进行自主学习，教师在网上发布学习内容，包括视频、课件和疑难问题解读等，学生则在人机互动过程中解决问题，此后的课堂教学教师需要讲的内容减少了，学生自主学习的空间就大了。教师还可根据学生情况布置分层作业，并通过网络了解每个学生解题时间和答题状况等情况。

（一）系统资源库为学生提供了丰富的资料

在电子书包"资源中心"中有多种形式的资源，如在电子书包中提供了"系统资源库"和"个性化定制"2 个方面内容，其中"系统资源库"中提供了各学科多元丰富的知识，师生可根据需要进行检索。如在初中《物理》人教版原教材"声音的传播"这节内容中有 25 个图片、视频、音频、交互练习等方面的资源供学生选择，学生自主选择相关内容进行学习，可极大地提高学习效率。"个性化定制"则是师生根据自己需要，从网络等方面寻找并添加更多的具有个性化的资源。

(二)组卷系统让教师命题更具有针对性

考试是检测教与学情况的重要手段,也是促进学习的一种方法,考试的质量对教学质量的提高有很大影响。命题质量是决定考试质量的重要因素之一,如何使命题更轻松、更科学、更具有针对性,电子书包的组卷系统给出了很好的答案。在使用电子书包的自动组卷系统时,首先要确定的是试题的难度,确定难、中、易的比例,然后确定各类题型的数量,从系统中可看出每类题型题库中的题目数。

根据教师的要求系统会自动组卷,教师对试卷进行评估。教师要查看每道题的情况,若有不适合的题目教师可以换题,可把新选的题目放入"淘题车"。若想换的题在该题型中所有备选题都不符合教师的要求,还可以自编试题加入"淘题车",此题也自动进入题库之中。试卷中对每道题都有相关的答案,学生可在电脑上完成答卷。对于选择题,系统可自动进行评价,其他类型的题目还需教师手动批改,系统对学生的答题情况可自行生成记录,方便教师评讲和对学情进行分析。对整个班级,系统可生成每道题学生答题的对错情况,自动组卷系统中强大的成绩分析功能可对学情进行准确的定性和定量分析,为及时调整教学方法和学习进程提供参考。

(三)错题本把错误变成资源

课堂是学生犯错误的地方,失败是美丽的、错误是精彩的,关键是如何把失败变成前进的动力,让错误成为战胜困难的资源,这就需要学生把做过的错题记录下来形成错题本。让学生在失败中吸取教训,从错题纠正中走向进步,错题本起了很大作用。电子书包错题本清楚记录了每个学生错题情况和每道题整个班级学生正确率。

例 3. 某兴趣小组的同学在研究凸透镜成像规律实验时,记录并绘制了物体离凸透镜的距离 u 和实像到凸透镜的距离 v 之间的关系图(图 3-17),则凸透镜的焦距为(　　)

A. 10 厘米　　B. 20 厘米　　C. 40 厘米　　D. 60 厘米

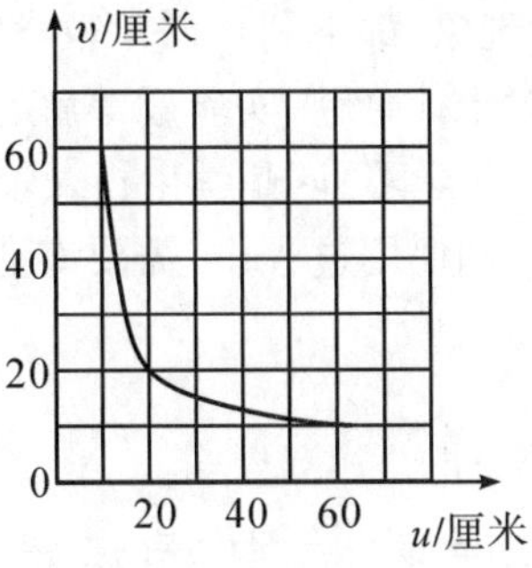

图 3-17

【点评】电子书包提供了错题本,在例 3 所示的选择题,学生共做过 30 次,其中做错 10 次。作为选择题的第一题,如此高的错误率是不正常的,教师可根据错误率的统计情况思考出现问题的原因是什么,应如何对待,怎样防止学生犯同类的错误。这对教学过程中了解真实的学情是有帮助的,为教师的进一步教学提供了重要参考,同时也提醒学生知道如何改进学法、突破难点。

(四)云课堂与现实课堂相结合的双课堂教学

“双课堂”是基于网络云系统的“虚拟课堂”和“现实课堂”的结合，虚拟课堂为学生提供了海量资源，学生可在教师的指导下，选择性地阅读或参与到互动之中，广泛、多样的信息和快捷的呈现形式使学习方式变得丰富多彩。在课前，教师要根据学情制定好学习目标、预习提纲和相关的学习材料，就重点、难点问题设置讨论主题，供学生在课前预习，同时设置对应的预习检测题，检查学生的预习情况。教师要浏览学生论帖、检测题答题情况、留言帖等预习中的反馈信息，做到对新课教学心中有数。

在实体课堂中，教师要根据学生预习反馈的情况，将教学资源进行整合，在老师的指导下让学生实现有目的、有计划的学习活动。设置恰当的点拨材料和课堂讨论主题，学生通过课堂学习将之前有疑问的地方搞清楚，再配以适量的巩固练习进行巩固和加深。在现实课堂中由于不同学生学习能力不同，教师可指导学生利用不同的资源实现学习目的，学生在课堂上选择不同的方式、不同的例题和习题进行网上学习。借助在线讨论的方式，教师和学生针对文本进行平等的、深入的对话，师生在开放的空间里畅所欲言，不管是能力强的还是能力弱的都有话语权，改变了学生学习和表达方式，使学生的素质也得到不同层次的提高。

“双课堂”环境下，教师要对海量信息资源给学生适度的指导，防止多余资源冲淡学习主题的现象出现；要寻找云课堂与现实课堂相结合的最佳方式，防止出现过分依赖信息技术的极端现象的出现。老师还要针对学生学习中出现的一些常见的重难点问题进行必要的点拨和讲解，但是一定要精讲。在实验课堂教学过程中，不要过分依赖虚拟的实验，要重视真实的实验，演示实验或者学生实验都要在真实情景下通过实验器材动手完成，让学生去体会和感受实验的乐趣，还原物理学科的本质。

据调查，目前电子书包上课还存在许多亟待解决的问题：一是教师的信息技术水平需要进一步提升，以适应电子书包教学的需要；二是电子书包的个别学科和个别章节存在资源不足或资源过乱的现象，都不利于课堂教学的进行；三是学生解题只局限于选择题可由系统生成结论，对于计算题、实验题等解答复杂的题需用键盘输入给师生学习带来非常大的麻烦，不利于学习；四是学生投入较大，在大范围推广和使用方面遭遇瓶颈；五是电子书包的推广和使用过程中，需要专业研发团队与学科教师形成更广泛的有效互动机制。

第二节　物理教学中新媒体应用案例①

当人类走进多元交互的自媒体时代，借助以手机为代表的互联网终端设备，每个人都可做到以现代化、电子化的手段，向不特定的人群或者特定的单个人传递规范性

① 周兆富.让学生在自主选题与命题过程中提升创新能力[J].物理教学探讨，2017，35(8)：7-10.

及非规范性信息，每个人都有媒体传播与互动渠道，都是知识传递和新闻故事的传播者。在自媒体时代，教育也应当融入大数据时代的变革，借助以手机为代表的互联网终端设备，构建师生之间、生生之间、学生与全媒体之间的多元互动平台，把传统的教学方式与创新的教学手段相结合，教师在教学和引领学生学习过程中，在师生多元互动、学生自主学习和创新教育过程中，借助新媒体手段为提升物理教学成绩服务。

一、运用新媒体实现因材施教

教育的目的是让学生学会知识、掌握方法、提升能力。知识的传播是在师生互动，学生之间互动，学生与教材、教辅、作业和新媒体之间多元互动中获得的。随着信息技术的发展，手机、电脑和各类电子器材终端为学生获取知识和多元互动成为教育发展的必然趋势。互动的目的是让学习者认识、理解和掌握知识，能运用知识解释和解决具体的问题；互动的关键是问题或话题设置是否有效，能否引发学生的兴趣和思考，让学生自主生成知识，提升解决问题的能力。如教师批改作业、试卷和课堂提问是了解学情最重要的方法，但传统了解学情方法有一定的局限性，信息技术的发展从技术和工程角度为教师了解学情提供了许多有效的方法和途径。

下面通过几个典型案例来说明如何运用自媒体技术了解学情。

案例1：珠海九洲中学彭思维的平板电脑与互联网

在彭老师“探究焦耳定律”这节课中，教室中设有多媒体平台，师生每人手中1台平板电脑。教师手中的平板电脑可掌控全班学生的情况，可调出任意学生的电脑并投影到屏幕上；学生可通过平板电脑联网收集资料，完成学习内容和对实验情况进行拍照或录制视频。

课堂上教师用平板电脑查看学生野外探险方案并为其点赞，学生分别阐述自己的设计方案，在课堂搜索电流热效应实例，教师引导学生设计并实验，学生选择实验案例，师生共同选择相关方案并进行点评。

【解读】互联网如何在课堂中发挥辅助教学的作用，彭老师的课堂给出了具体的答案。学生身在课堂，可通过互联网看到外面的世界并搜索相关内容，使之为学生的方案设计提供有效的资源；教师调控并通过课堂、网络对学情进行全面掌控，及时发现问题并展示出来，让学生之间相互点评，在师生互动过程中充分体现了学生的主体地位。教师对学情的全面了解，学生个性化自主学习和多元设计与成果的展示，使互联网在教学中的作用得到了发挥。

如何让自媒体终端设备发挥其应有的作用，对教师和学生在信息技术应用方面都提出了新挑战。有趣的是师生不必了解技术的构建细节，但必须会用，只有运用自如才能让自媒体设备为教学提供更好的服务。

案例2：石门实验学校潘锦文老师的互联课堂

在潘老师“液体的压强”课堂上，用手机拍摄、存储图片、视频数据同步到云端，把相关数据整合到云平台的小程序中形成系列可用资源，把网络上的物理海量题库资源通过云平台进行科学调用、整合和处理；在每道题后的超链接能实现对学生上课表现情况的分析，对题目对错的分析，并即时调整参数，了解学情，方便与家长的及时沟通、反馈;经常用手机把课堂即时生成的影像传到后台作为对学情分析的原始资料。

潘老师通过师生之间的交互,通过海量数据智能挖掘,结合教学实际精准了解学生的考点掌握情况,学生也可对自己掌握的知识了如指掌。教师可以掌握学生答题情况 ,学生可以查看自己的信息,观看视频解答,举一反三,实现课堂教学数据的实时记录。

【解读】了解学情对教师了解教学的难度、进展的速度和呈现的方式方法至关重要。如何在师生互动中实现教师对学情的真正了解,利用手机抓拍或录制视频功能,把课堂中即时生成的影像传到后台作为对学情分析的原始资料,通过师生之间的交互,实时获得学习情况的第一手资料,教师也可调用某一学生的资料进行点评。学生与学生,教师与学生的协作便在网络环境中即时实现。利用网络功能,学生既可听又可看,又可在讨论与交流中使知识的保持、能力提升的效果大大优于传统教学,形成一种崭新的学习方式。

二、用新媒体让学生自主生成

现代教学运用信息技术方式和手段很多,教师也应当在物理教学过程中充分调动学生学习的积极性,让学生在课前参与学习过程中,运用全媒体的手段提前介入学习状态,利用先进的技术为课堂学习提供教学资源;在课后延伸过程中把从物理走向生活,从生活走向物理的理念落实到学习过程中,把生活中的相关内容转化为学习的资源,成为提升物理核心素养的源泉。

案例 3:让学生命题、组卷和撰写科学论文

2004 年 7 月,周兆富老师在佛山市高明区第一中学担任高二教师时,给高二的学生布置了 3 道暑假作业题:“①请写一篇和本学期所学物理知识有关的论文或故事,要求有学科知识和对人文故事的描写,可插入照片、录音或微视频;②请命一套本学期期末考试题,要求:选择题 8 题、实验题 2 题、计算题 3 题,全班平均分 70 分,要做出双项细目表;③对本学期所学物理知识进行归纳并写出总结性的文章,文章包括本学期所学的物理概念基础知识、基本概念、基本规律、基础训练和例题。作业可采用手写或电子稿的形式,内容可采用文字、图片、图表、微视频、微实验、超链接、实验、虚拟实验等内容,通过邮箱、QQ、网页、纸质和全媒体等形式呈现。”

开学前后,周兆富老师邮箱陆续收到学生大量作品和学生自制网页的超链接,其中让人惊喜的是部分学生还把相关的物理实验的视频、生活中的物理及高科技内容配上了解释,试题和解析的质量也非常高。开学后,周兆富老师专门组织了全体高二学生物理命题评比活动,让学生当评委,对每个学生的试卷进行评价打分,并发放了相关证书。

【解读】本案例中的学生用新媒体记录生活中物理的做法与教师组织的展示活动都给学习带来了全新的资源。教师若能引领,让学生从电梯、空调、冰箱、汽车、风雨雷电等中寻找定性和定量的物理知识,学生对问题调制、拓展和解读会还教师系列惊喜,教师的教学资源也会变得更加丰富。

大数据为教学提供了更广泛的合作空间,在资源过剩时代,如何科学利用资源是师生共同面对的话题。学生如何成为学习的主人，能否让学生为教学提供资源，寻找生活中的物理并把这些资源运用到教学中，学生在学习过程中期待自己提供的资源在课堂中展示出来，也希望将自己生成的知识和同学共享，使课前参与和课后延伸有了新的内涵。

三、在创新的教育中提升素养

当创新教育走进学校、走进各类比赛活动的同时，教育界达成的共识是要培养创新人才必须从教育入手，创新教育需要复合型人才。许多学校负责创新教育的教师都是物理老师，物理教师在担任创新教育的同时，需要完成物理与其他学科的融合：物理同计算机融合有了3D打印、机器人、游戏设计与智能化的创新活动，物理与艺术融合则创新作品中有了更多美的元素和动人的旋律，物理与文科融合则有了写好教育故事的大量资源。学科间融合将是未来创新教育培养核心素养的必由之路。

案例4：科技创新展示活动中的“磁力运输车”和“创意造物”

佛山教育局与香港教育局曾组织了一次科学与科技创新展示交流活动，在佛山科技创新展示活动中有一个“磁力运输车”项目（图3-18）深受学生欢迎。此项目参赛者需由2个以上学生组成团队，现场利用器材制作磁力运输车，制作时间60分钟，用同名磁极互相排斥（异名磁极互相吸引）原理令车子前进至少1.5米。车子运动过程中不得与磁铁接触，车子必在规定轨道内运动，当有1个车轮出轨时，以车厢的后端距起点的位置为活动成绩。

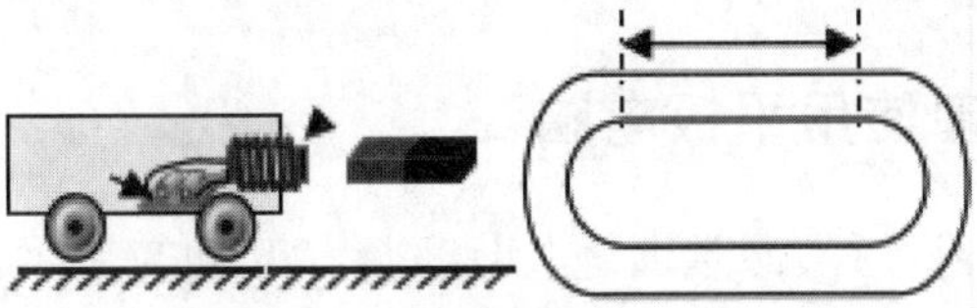

图3-18

学生们在比赛现场设计、制作和使用磁力运输车，磁力运输车所需的电磁铁由学生自行缠绕而成，他们还需选择适当的电源，比赛过程需要团队合作完成各阶段的任务，并完成评委询问的3个问题：本实验的创新之处是什么？还有什么不足？如果有机会可做哪些改进？比赛设有学生评委和志愿者。

还有一个项目是“创意造物”，此活动主要内容由“交通总动员”“动物总动员”和“家”等题目组成，学生须由3人组成团队进行合作，利用轻黏土和其他基本物料素材在30分钟制造出创意物件。活动期间团队内可进行讨论研究，但不得与他组讨论，保证作品原创性。学生完成作品后，每组需提交一份约300字的作品说明。

【解读】科技创新活动要同学科建设密切结合，没有学科知识的创新将成为无源之水。创新教育的主体是学生，学生需要在教师的引领下自主完成，这种现场设计、现场制作、团队合作、自主说明的创新方法对提升学生的创新能力有很大的作用。磁力运输车集电磁学、动力学于一体，又是探究实验的一种完整体验，在电磁车的缠绕和磁力运输车的制作过程中体验工匠精神，在实验操作过程中感受科学研究过程，对问题的描述过程中实现科学与人文并举的精神。

问题是思维的起点，是走出迷茫推动学习的动力；问题又是创新的前提，一切发明创造都是从问题开始的。本案例中创意造物问题的起点很低，但给了学生无限创新空间。学生的各类原创作品中首先要考虑的是力学知识、美学问题、结构问题和材料问题，还同时涉及电学和磁学知识，每件作品都融合了不同学科的内容，其知识的内涵需要教师和学生共同挖掘，当学生的创新能力得到提升的同时，学科知识和解决问题的能力也得到了提升，写作过程也走出了言之无物的困境。教师在准备参加活动和指导学生过程中，也要重新学习大量的本学科以外的知识，利用互联网提升自身的素质，这种教师主动融合对个人成长和学生发展都是有好处的。

第三节　让手机为教学与教研服务案例

在课堂教学过程中，恰当地把信息技术融入教学之中，以形象具体的“声、文、图、像”创造教学情况，解读教学问题，使抽象的教学内容具体化、清晰化。合理地使用信息技术手段可使学生的思维活跃，科学地记忆知识，积极主动地思考和探究，从而提高教学质量、优化教学过程、增强教学效果。本文从学生用平板电脑上课的豪华型信息技术应用，和教师通过自己的手机辅助课堂教学 2 个方面，以课堂实录和案例解读的方式给出多种参考答案。

一、让学生合理使用平板电脑

合理地把学生学习过程、课堂训练、实验过程、互动与展示情况用视频或图片记录、反馈或展示，可使互动形式多样，达到提升课堂效果的目标。

案例 1：顺德江义中学张铜老师的“欧姆定律”课

课堂上学生每人 1 台平板电脑，在探究电流与电压的关系时，张老师在黑板上粘了本节课需要的电流表、电压表、开关和电池等实验器材，多媒体平台弹出实验所需的电路图（图 3-19）。张老师请学生根据电路图，用导线把实物连接起来，然后让学生在平板电脑上用线把虚拟的实验器材连接起来。在此过程中，老师可以从电脑平台观察到所有学生完成实物连接的情况。

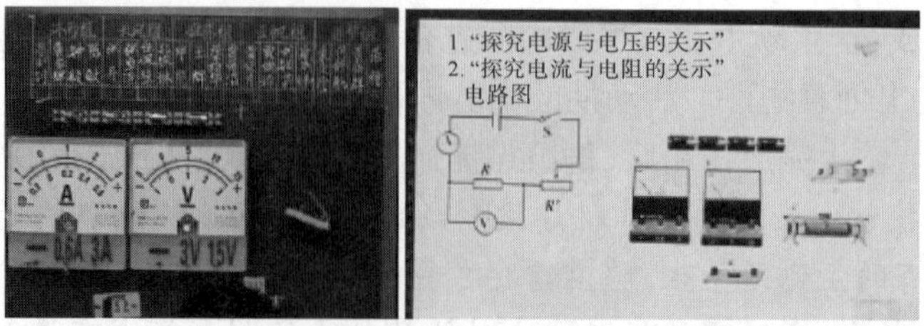

图 3-19

在学生完成当堂训练阶段,用笔在纸质教辅上完成并拍照后上传到教师的服务器上,张老师根据学生完成情况,让学生站在阅卷老师的角度相互评价。

在佛山市中考研讨会上,张老师以本节课为背景,做了“对信息技术在物理教学中应用的探讨”专题讲座。在此次讲座中,张老师介绍了手机电脑同屏软件、拍照上传、交互式电子白板教学,分享了学生的实验操作或实验结论等内容。张老师还对“手机电脑同屏软件+手机快速扫码识别软件”“快速扫码软件, 可用于登记作业、记录评价、学情追踪”等内容进行了解读。

【解读】本节课是新媒体与实验完美结合的示范课,课堂很好地实现了用平板电脑现场了解学情和即时反馈,做到了板书与实验的完美结合,用问题与实验过程引领学生的自主生成。

课堂教学中运用信息技术要防止对新媒体的过度依赖,要在传统教学与现代技术融合过程中,不忘落实核心教学目标和提升学生素质的宗旨,在物理课堂中不能用虚拟实验代替真实的体验,不能用电脑屏幕代替板书,不能用平板上的操作代替纸笔的功能。新技术理念下的教学要把符合学生认识规律的内容渗透进来,要让适合发挥技术优势的领域发挥作用。在本案例中,教师把实验器材、电路图、实物连接,通过电脑屏幕展现出来,实现了信息技术与实验及纸笔考试相结合;教师让学生选择、让学生换位思考并评价,对学生思维能力的训练和规范解题有很大帮助。

二、让手机成为辅助教学工具

在“互联网+”理念的推动下,如何让手机进课堂,手机在课堂教学过程中充当什么角色、发挥什么样的作用,是教师必须思考的内容。手机进课堂可推动构建师生积极互动的新型教育模式,催生教与学的双重变革,生成、交流、展示、体悟成为课堂生态的主体,实现了泛在、移动、个性化的学习方式,学生的学习热情和积极性显著提高。

案例 2:珠海九洲中学彭思维老师的“电阻”课

2018 年 10 月 22 日,在佛山市聚焦课堂的同课异构活动中,珠海九洲中学彭思维老师上了“电阻”的手机进课堂示范课。在课堂引入阶段,彭老师首先把手机和电脑平台进行连接,手机铃响后接到同事发来的一段视频,告诉他有 1 个邮件请他打开,当老师打开邮件后发现是 1 个已经启动的定时炸弹。此时,电话铃又响起,对方告知他须剪断电阻最大的线,老师让同学试着剪,结果剪错了,于是引入了本节课。在学习本节课的基本概念后,再与学生共同探讨影响电阻大小的因素。在安排实验任务时,每组学生有不同的主要实验任务,完成后还可做其他实验老师强调实验时需思考的几个问题:“你研究哪个因素?”“你选哪些实验器材?”“你观察到什么实验现象?”“你用了什么科学方法?”“你通过实验得到的结论是什么?”在实验过程中,老师对学生的实验不断提出问题,如“铜的电阻一定小吗?”“请补充一下。”“你的问题是什么?” “为什么?”老师在不断追问和启发的同时,还用手机把学生实验过程和相关内容录像和拍照,然后把关键事件传到电脑平台请学生共同研讨。教学结束前,回应拆弹的话题并颁发了拆弹部队优秀学员奖。

【解读】课堂上教师要思考为什么让手机进课堂,手机能解决课堂的什么问题。

彭老师利于手机的通讯功能知道有邮件,打开后有炸弹并需要用有关电阻的知识进行解决,在学生猜想电阻大小过程中进入主题。手机带来的视频信息和放大后定时炸弹的猜想,让学生迅速进入学习状态。在实验过程中用手机采集学生操作的有效信息,展示后共同研讨,发挥了手机特有的作用,达到了让学生选择、参与、评价的目的。

三、用手机记录课堂教学方法

教师发展同课堂教学有着密不可分的关系,听课、记录也是教学常规工作之一。传统的听课是用听课笔记,写上课题、上课教师、教学目标(三维目标)、教学重点难点、教学过程、教学内容、反思和建议等,久而久之,听课笔记成为一个应付检查的课堂教学流水账。偶尔想写一写文章,又找不到听课笔记,多年的教学实践经验不能转化为教师成长的动力。

案例 3:周兆富老师的手机云笔记

周兆富老师 2012 年在手机上安装了一款有道云笔记,每次到学校听课都用云笔记记录课堂教学的一些关键事件,如教师的板书、学生训练,有时还把学生或教师的精彩语言用云笔记的录音功能录下来。在评课时,上课老师有时会说自己教学效果非常好,此时把手机中拍摄的学生训练情况给他看:几十个学生的解答均错,还有不会的,请问效果如何?这样用事实说话,上课老师就能反思,提高自己上课的效果。周老师 10 年来上千次走进课堂,积累了所有的听课笔记,成为教学研究的重要资源。

近年周老师又用手机录制每次所听的课,重点录制学生的实验过程、师生互动过程、教师的语言风格。在录制时重视整节课的过程,也注意有针对性地录制一些细节,有时还把有价值的墙报和宣传情况录下来。有一次在小学听课,周老师偶尔发现隔壁班级综合实践的生态课堂内容很精彩,便举起手机把学生用各种果蔬装扮自己表演、教师引领学生思考、让学生民主评价、师生精彩互动的过程录制了下来。

【解读】信息技术的应用必须落实到课堂教学和教研过程中。课堂是教师成长的沃土,教师需要从课堂汲取营养,向课堂学习、向师生学习才能促进教师的不断成长。问题的关键是学什么?如何学?这就需要听课,听课则需要记录,在听课过程中记录发生在课堂的一些关键事件,寻找可模仿和复制的先进教学方法,智能手机的使用为完成以上任务提供了方便。

写文章、搞课题研究、介绍经验、做专题讲座时需要大量的案例,这些案例就产生于您曾经听过的课。有时我们想起了曾经的精彩但忘记了时间和内容,有了简捷、精炼的电子听课笔记,问题就会迎刃而解。另外,录制真实的课堂,对其进行剪辑,寻找到精彩内容,就是讲教育故事、传递正能量的最好方法,也是促进教师成长的有效途径。课堂改革的根在课堂,深度教研的经验也在课堂,对课堂的深度研究和对学情真实情况的了解也应在课堂。信息技术的应用,手机的便捷操作,让课堂为教师发展提供了有利的条件。

第五章　中学物理名师工作室活动案例

第一节　省级名师工作室案例

谭诗清名师工作室成立于2012年，是广东省教育厅2015—2017年首批优秀工作室，也是2018—2020年广东省名师工作室，并连续2届成为省优秀教研室。谭诗清名师工作室主要从骨干教师的培训、青年教师的培养、工作室的建设、工作室的成果辐射等方面进行教研活动，在课程改革实践等方面都取得了一定成绩。

一、青年教师跟岗培训活动

“广东省谭诗清名教师工作室”自2012年成立以来，至今已培训共10批学员，大都是来自全省各地市的物理骨干教师培训对象。

（一）跟岗培训计划

（1）指导思想：通过工作室成员和研修人员的集体备课、双向听课、评课、研讨、讲座、课题研究等形式，促进学员实现“让骨干教师成名，名教师更出名”的双重目标，使其成为所在学校和本地区教学的引领人。

（2）跟岗对象：工作室研修人员和省、市级骨干教师培养对象，每批学员6~10人，每批跟岗时间大约2周。

（3）基本制度：①考勤制度；②集体研讨制度——组长负责班组日常工作及组织相关集体活动；③档案制度。

（4）主要任务：①完成跟岗学习计划与个人专业发展计划；②建立和完善个人博客；③听、评课不少于10节，上课不少于2节（含1节汇报课），听、评课记录和上课教案存档；④开发1节优秀课例（文字或光盘，PPT，整节课录像，分亮点切片段分析）；⑤完成分课题开题报告，并进行部分课题研究工作；⑥写3篇教学反思和2篇读书笔记；⑦撰写跟岗学习日志，每天发布于个人博客。

（5）工作安排（略）。

（二）导师对学员指导培训案例

高伟是来自深圳龙岗的第一批跟岗学员，在工作室跟岗期间，谭诗清老师对高老师的一节展示课——“多彩的物质世界”复习课，进行了课前梳理指导。经过教研打磨，2012年10月18日下午第8节，高老师的展示课上得非常精彩，高老师对课堂的掌控能力非常强，折服了在场的所有老师。

谭老师的点评总结:复习课本来是最难上的一种课型,但高老师今天实现了完美的突破。点评总结为以下几点:

(1)课前把学生分成不同的小组,印制预习导学案发放给学生,布置学生在课前20分钟完成,通过现场批改了解学情,在课堂上有的放矢进行课堂教学,实现了先学后教,以学定教。

(2)语言精练到位,对学生的评价精彩纷呈,充满激情,提问恰到好处,真正做到了有效提问,能激发学生思维的乐趣,并培养学生严谨的学习态度。

(3)思维导图的板书方式,把不同类别的知识点串在了一起,便于观察和记忆。脉络更清晰,条理更加分明,练习设计合理,难易适中,有梯度,既贴近中考,又贴近生活。

(4)小组自主完成复习内容,组长在课堂上向全班同学展示,真正把课堂还给学生。学生大胆质疑,大声争辩,辩明了是非,充分体现了学生的主体性,体现了新课标精神,培养了学生的能力。

【点评】盐步中学正在推行课堂教学改革,要求打造"乐学、善思、巧练、多悟"的课堂,高老师的展示课就是一个最好的典范!高老师的展示课给盐步中学的老师们指明了教学的方向——把课堂真正还给学生,因为学生的潜能是无限的。

二、到薄弱学校的送教活动

截至2020年11月底,"广东省谭诗清名教师工作室"送教下乡近40次,足迹遍及广东省各地市部分中学。

2014年12月24日上午,由广东省教育厅主办、河源市源城区教育局承办的"南粤名师大讲堂·走进源城"系列研讨活动中,广东省名教师工作室主持谭诗清老师参加了"南粤名师大讲堂"初中物理专场活动,通过专题讲座、辩课、论课等方式切磋交流课堂教学经验,共同提高教学水平。

(1)专题讲座:谭老师做了关于"初中物理教师的专业成长"的专题讲座,从"学生为本""聚焦课堂""终身学习"3方面展开演讲。他认为,课堂应创造宽松民主的教学情境,给每个学生成功的机会,关注学困生;优秀教师的成长在课堂,读书是教师成长的必经之路,写作是教师专业成长的突破口等。

(2)同课异构:谭老师与河源市啸仙中学的何丽萍就"光的直线传播"进行同课异构。谭老师的设计,注重在细节的挖掘、教学环节的衔接、思维方法的培养、整体的流畅等方面做文章,整节课从光影视频欣赏开始,到手影视频欣赏结束,体现了光和影的完美结合。

(3)辩课、论课:谭老师就老师们关心的课堂知识的落实、情境教学的创意来源、如何在应试教育盛行的教育环境中让学生学得快乐和教得高效等问题,与老师们进行了切磋交流。

【点评】"送教下乡"活动,从提高针对性、有效性角度出发,以乡镇教师们需要解决的问题为主要内容,以课堂教学为平台,将先进理念的教学实际与教师培训融为一体,采用专题讲座、示范课、城乡教师互动研讨、结对帮扶、城乡联动互动交流等形式进行。在各种活动中，农村教师与城区学校教师一起上课、听课、评课，一起参与教学研究，一起探讨教学疑难，收效显著。

“送教下乡”工作使送教的骨干教师们深切感受到了乡镇教师的朴实、真诚，以及他们的敬业、奋进精神，使城区教师得到了锻炼和进一步充实，也使送课和受教教师丰富了从教经历，提升了对课标的领悟、对教材的把握、对教法学法的运用和对课堂的驾驭能力，实现了城乡教师优势互补，双赢共进。

三、指导青年教师教学活动

广东省谭诗清名教师工作室经常受邀到各教育局组织的教研活动中开展学术交流，上公开课和示范课，对教师进行培训等。

（一）区内交流指导

案例：“凸透镜成像规律”复习课视导评课

课题：“凸透镜成像”第2课时。

时间：2017年2月21日第5节、第7节。

班级：盐步三中903班、907班。

上课教师：张老师、叶老师。

此课题作为公开课难度较大，源于考点多、实验能力要求高、对教师功底要求较高，课前谭老师帮助2位老师精心策划，试课后再打磨改进，使2位教师出色地完成了此次教学任务。出彩的地方如下：

（1）共同优点：①让学生阅读教材，对常考点归纳总结，将问题和答案填到思维导图中。②用Flash演绎凸透镜成像，简单、快捷地展示凸透镜成像规律的过程。③用实验唤醒学生遗忘和模糊的记忆，加深其对知识的理解。④采用投影有选择性地评讲，方便后续知识点的扩充和延伸。⑤学生积极参与，每班回答问题的学生都超过10人，课堂气氛活跃。

（2）个性化优点：

张老师个性优点：①教学功底扎实，对考点了解透彻，课堂掌控能力强，应变快，对学生临时提出的问题能迅速做出解答并且转化为问题回抛给学生。②课后不忘总结，让学生清晰地认识和了解教学的内容。

叶老师个性优点：①充分调动学生的积极性，学生举手回答、小组讨论和上台参与人数众多但不混乱，课堂反馈好。②抓住契机对相关内容进行联系和拓展。

【点评】复习课当中尽量减少教师讲解时间，还时间给学生进行题目的熟悉训练，最好做题时间不少于15分钟，并且做到重要的题目堂上训练；提问人数众多，反馈形式为举手回答，但大多都是优生，做题速度较快，此过程中忽略了中层生和临界生。在上课内容繁杂，知识点众多时，要简捷、精炼地对本节课进行小结，让学生知道复习的核心知识。

(二)区外交流指导

2013年4月19日,三水区西南二中举行了“北京、香港、广州、东莞、佛山”联校同课异构教学交流暨学校开放日活动。上课老师是西南二中刁向洋老师和东莞市茶山中学李国排老师,课题是“阿基米德原理”。2位老师2种不同的教学风格和教学方法,令人耳目一新。谭老师被邀参加这次活动,并对同课异构的2节物理课进行了点评。谭老师点评后就“什么样的课才算好课?什么样的老师才算一个好老师?课堂观察点有哪些?给学生思考的时间和空间了吗?”等问题进行了解读。

四、联合教研和名师大讲堂

(一)异地工作室联合教研

2018年1月5日下午,由顺德区教育发展中心主办,广东省“特支计划”教学名师刘朝明教师工作室(顺德)和广东省谭诗清名师工作室(南海)联合承办的“顺德—南海两地名师工作室初中物理教学研讨培训会”在顺德区杏联初级中学举行,南海、顺德2地100多名专家和老师参加了会议。在培训会上,南海区盐步中学叶倩美老师上了示范课“平面镜成像”,谭诗清老师做了“2018中考物理备考策略”专题讲座。

(二)开展名师大讲堂活动

2015年9月16日下午,工作室主持人谭诗清老师应南海区西樵镇教育局邀请,做了“名师应具备的条件与职业素养”专题讲座。针对如何修炼成一名真正的名师,谭老师提出六大招:一是以生为本,呵护成长;二是能力为重,醉心课堂;三是实践反思,凝练成果;四是广泛阅读,视野高远;五是教学智慧,风格独特;六是共享共荣,福泽他人。

2015年12月21日,谭诗清老师应台山市教育局邀请,对台山市各中小学100多名教研组长进行了为期1天的培训。上午讲座的题目是“科组长的角色和职责”,下午讲座的题目是“如何做好科组的管理”。

省名教师工作室是由省级名师引领的教师专业发展共同体,是优秀教师共同学习、互勉共助、集体成长的平台,名师“引领”是关键,“发展”是核心,“研究”是内涵。通过发挥名师的示范、辐射和指导作用,有计划地开展“同课异构”“名师讲堂”“送教下乡”“培训交流”“课题研究”等形式多样的教研活动,可积极引领教师做“思考的实践者”和“实践的思考者”,深化当前教育教学改革,为提高课堂教学质量服务。

第二节　市区(县)名师工作室案例

2020年1月,顺德区任富华名师工作室正式成立并开展工作。工作室以项目形式开展教学研究和培训工作,在区域教育教学、教研教改等方面起到了引领作用,促进了教师成长和学生发展。

一、工作室项目研究

(1)项目名称:学科背景下的初高物理衔接。

(2)项目研究目标:以初高物理衔接为主题,通过教学研讨、培训指导来搭建平台;以研讨课、示范课的形式实现示范引领;通过任务驱动,积极开展命题、微课、专题案例征集或评比活动,积累优质学科资源并共享;以教学实践为基础,选定课题、形成成果,为区域初高衔接和教学改革提供支持。

1)构建基于学段衔接的物理学科区本、校本教研机制,通过学科业务能力比赛、专家指导等方式提升教师的业务能力和理论水平。

2)建立满足学段衔接需求的学科资源库,开发系列学段衔接课改精品课,加强交流合作,提升学科教学水平。

3)总结初高中衔接的特色和规律,丰富初高衔接理论,推广应用。

(3)研究内容:

1)根据项目研究的任务和项目组成员的特点,分工合作,完善研究方案。

2)走进初中和高中的物理课堂,了解课堂中教学的形式、教学的方法、教学的节奏、教师的要求、学生的参与等之间的差异,寻找平衡点。

3)访谈初中和高中物理教师。访谈内容包括教师对学生的要求,初中老师眼里的高中老师,高中老师眼里的初中老师等,通过理论研究和教研活动,形成教研合力。

4)对比初中和高中物理学科在教材、内容、教法等各个方面的差异,整合并开发学段衔接的教学内容、教学课件、教学素材等。

5)通过联合和深度教研,打造学段衔接的精品课堂,以研讨会的形式向全区物理教师开放。通过听课、评课、研讨、主题报告等形式,提升教师对学段衔接的重视程度,对初高中物理教学衔接提出切实有效的教学措施。

6)立足初中实验的现状,充分研究初中和高中物理实验的特点、要求,设计并开发可实现学段衔接的实验,提升学生的实验能力。

(4)研究路径和步骤:

1)做好关于本项目的理论研究与知识储备。

2)关于本项目的实证研究与探索:一是广泛了解初中生和高中生的物理学习思维方式与方法,了解学生物理学习现状。二是广泛了解初中物理教师和高中物理教师在教学行为方面的差异,了解物理教学现状。三是对比研究高中学段物理学习的教法和学法,完成初高中学生学习物理的思维、心理、情感上的差异研究,提出应对策略。

3)总结成果及结题:整理资料,讨论总结,呈现研究成果。研究成果包括与项目有关的问卷调查及分析、研讨材料积累、专业论文、教学课例(包括教学设计、课件、微课、录像课等)、研究报告、教学课程开发呈现、教辅资料编写等,为物理学科初高中学段衔接提供有价值的理论和实践指导。

4)具体研究计划:本项目计划研究时间为 3 年,第 1 年为课题准备阶段,主要为查阅文献,培训学习,研讨交流,调查研究,获取信息,制订并完善研究方案;第 2 年为研究实施阶段，形成过程性研究材料，撰写论文、教学设计、课件、试题等衔接课程资源；第3年为结题分享阶段，全面研究实践过程，提炼总结，形成研究报告，通过教学交流、专题报告，分享研究成果。

（5）研究成果：（略）。

二、成员的专业成长

任富华名师工作室主持人1人，项目主持人4人，其中2位来自高中，2位来自初中；学员20人，其中9位来自高中，11位来自初中。为了工作室研究项目的有序、有效推进，工作室对教师专业成长的服务方式主要有任务驱动式和集中培养式2种。

（1）购买书籍，培养教师阅读习惯：工作室购买了100余本专业书籍，包括物理名师成长感悟、物理教育论文写作、物理教育教学论文、物理课题研究、物理课堂教学研究、物理初高衔接教学设计、物理初高衔接命题研究、趣味物理等方面。为了进一步落实工作室各位教师的读书行动，做到“要读书、多读书、会读书、读好书”，以线上和线下相结合的方式定期开展读书分享会。

（2）定期开展大学科教学研讨活动：在工作室的协助下，大学科研讨活动经历了以下几个发展阶段：初高中老师“共听、共评”1节初中的课，初高中老师“共听、共评”1节高中的课，初高中老师“共上、共听、共评”1节初中的课。接下来会尝试初高中老师“共上、共听、共评”1节高中的课。

目前，每学期初均有1次面向全区初高中教师的大学科教研活动，工作室成员积极承担任务，通过备课、磨课、课堂展示、研讨等环节，全面提升课程研究能力和课堂教学能力。如2020年9月9日，在顺德区京师励耘实验学校，来自伦教翁祐中学的胡春安老师（初中）和来自罗定邦中学的黎莎老师（高中）共上同一个初中课题“阿基米德原理”。胡春安老师站在初中的角度，密切联系学生的生活经历，注重知识的讲解，充分利用实验将抽象的物理过程具体化，利用创新教具优化实验，课堂严谨，讲练结合；黎莎老师立足于初中学生实际，设计环环相扣的问题驱动课堂，着重培养学生的发散思维能力，注重知识的拓展，从内容、教法、学法等方面渗透初高衔接的思想。2位老师的课堂给到会的初高中老师留下了深刻印象。课后，初中老师从学科三维目标、高中老师从学科核心素养视角对2位老师的课堂进行了点评。工作室主持人任富华老师立足中考改革，从命题引领教学的思路，分享了初高衔接如何在试题中落地。接着顺德区高中物理教研员周璐老师围绕初高衔接的话题，给老师们做了一场精彩的微讲座，进一步推进了区域物理学科初高衔接的进程。

（3）借助外力开展培训活动：对工作室成员的业务能力提升培训采取“引进来，走出去”的方式。工作室邀请了华南师范大学李德安副教授从如何实现物理创新实验初高衔接进行培训指导，工作室全体成员参加了由顺德区教育发展中心组织的教科研专家关于广东省2020年度“强师工程”项目集体开题论证会的培训，邀请佛山市物理教研员周兆富老师开展了关于教师如何上课、如何评课、如何命题的综合能力培训。接下来，工作室将组织相关成员分批外出参加物理学科的专业培训，汲取新思想，提升新能力。

(4)高考、中考试题评析活动:2020 年 7 月,当高考、中考结束后,工作室给全体成员布置了评析高考、中考试题的任务。在取消考纲,依据课标命题的背景下,通过对试题的分析,联系自身教学实际思考如何实现学考统一。试题评析可以立足于整份卷,也可以立足于某一个视角甚至是某一道题进行分析,字数不限。老师们都很积极、认真,提交的分析报告共 16000 多字。有的老师视角独特,分析精辟。刘小丰老师以《基于课标命题　凸显素养立意——2020 年广东省初中学业水平考试物理试题赏析》为题写了一篇论文,并发表于 2020 年第 10 期《中学物理》期刊。老师们通过对高考、中考试题的研究,顺着命题人的思路,站在命题者的视角教研、教学,能实现有效教学,精准备考。

(5)"五个一"自我提升研修活动:教师的专业发展除了需要自我激励的内驱力,还需要外界的鞭策力。针对工作室成员的专业发展规划,提出"五个一"要求:①上 1 节公开课。上课的课题尽可能围绕初高衔接这个主题。②命 1 份题。可以是内容范围较小的阶段性测试题,也可以是内容范围较大的中考、高考模拟试题。要求独立命制、改编或原创超过 30%。③写 1 份专题研究心得。围绕初高衔接的某个点,从理论或实践层面进行分析,撰写研究心得。④参加或指导年轻教师参加 1 次教学、解题、命题或教学设计比赛。⑤写 1 篇论文。参加区级或以上评比获奖,或者投稿发表。

三、工作室专业指导

顺德区任富华名师工作室主持人和 4 位项目主持人都是区物理学科名教师,工作室 2 位导师分别为市区物理教研员,20 位学员都获得了不少区级以上荣誉,是学校物理学科教研教学的后起之秀。全体成员在课程、教学、教研、课题等方面的研究均有较高的水平,在区域内能起到专业引领和辐射的作用。

(1)疫情期间录制微课:为了有序有效开展线上教育,充分发挥名师的示范引领作用,整合资源,尽量在备课方面解放一线教师,在顺德区教育发展中心的统筹下,在工作室的安排和指导下,通过打磨和审核,在疫情期间共录制八年级高质量的教学同步微课 34 节、九年级精细化的专题复习微课 29 节,上传到区资源平台,供全区师生选用,以缓解一线教师组织线上授课的燃眉之急。

工作室全体成员积极响应广东省教育厅的号召,组建团队为粤课堂在线学习平台九年级物理录制了 6 个星期的课程,多达 15 个专题,录制了八、九年级 4 节学法指导课,分析了八年级线上教育检测试卷,在广东教育微信公众号介绍了本工作室。

(2)到区内镇街、学校开展教研教学指导活动:工作室秉承"求真 悟理 引领 服务"的宗旨,在不断提升工作室成员专业能力的同时,鼓励成员到区内镇街、学校开展教学指导活动,既服务了区域教学,同时又倒逼自己不断学习,提升专业水平。指导活动包括镇街教研活动公开课点评、学校常规教学视导、学校教师命题能力提升专题讲座、公开课打磨、送课到薄弱学校等。另外,有区内选手参加上一级的比赛,工作室也会竭尽全力帮助选手提升能力,力争佳绩。2020 年佛山市青年教师能力大赛,顺德区初中物理学科通过选拔,有 4 位选手脱颖而出参加市赛,工作室全体成员为选手出谋划策,举办专场研讨会。在研讨会上,先观看选手现场模拟比赛,然后逐一点评,之后由专家指导,在为选手树立信心的同时,帮助选手找出增分点。有的老师甚至帮助选手打磨课件,寻找课题素材,改进实验,亲自示范等。4位选手不负众望,在市赛中有2位获得了特等奖(全市3个特等奖)。

(3)到区外开展教研活动:工作室老师多次到省内教育欠发达地区送课,开展讲座,分享教研和课改成果,给当地物理同仁启发,抛砖引玉。工作室去英德市给全市100多位物理骨干教师做专题讲座,分享了几个主题:立足新中考,解读课程标准;取消考纲、课标命题背景下初中物理教学如何转变;中考改革背景下实验教学、学生实验操作该如何重新定位,促进了当地实验教学的发展。

第三节　镇、校级名师工作室活动案例

为了实施名师工程,充分发挥名师的示范、引领、指导作用,促进优质教育资源共享、教育均衡发展、教育质量全面提升,推进课程改革和课堂教学改革,打造各镇(乡)和学校教学品牌,许多镇(乡)和学校建立了名师工作室,并开展了系列强师工程。本节以顺德区伦教街道刘小丰名师工作室为例,对镇(乡)和学校工作室开展情况进行案例简介。

一、跟岗学习和送教活动

为了进一步提升工作室成员及街道初中物理教师的上课、观课、议课水平,学习先进的中考备考经验,结合街道备考实际,改善并提升九年级中考备考教学教研质量,伦教街道刘小丰名师工作室到广东省谭诗清名师工作室跟岗学习1天。活动中首先由广东省谭诗清名师工作室2位核心成员同上“焦耳定律”一课,评议课后,谭诗清老师分别做了“在同课异构中寻找撰写论文的元素”和“物理中考高效备考策略及实施”专题讲座。

2019年11月,伦教街道刘小丰名师工作室到清远市连南县涡水中心学校开展送教活动,刘小丰工作室助手胡春安老师上了“热机”示范课,在课堂教学过程中,胡老师把微课、板书、教材融为一体,通过师生互动、目标设置与问题引领形式,传递了先进的教学理念和方法。在此次送教活动过程中,工作室主持人刘小丰老师做了“创新物理实验与学科素养发展”专题讲座,双方老师就课堂教学、教研组建设与教师专业发展合作问题进行了研讨。

二、开展同上课改课活动

2019年5月启动顺德区中小学“同上课改课”送教课堂教学改革研讨活动,伦教街道刘小丰名师工作室应邀参加杏坛、龙江、勒流3个镇街的“同上课改课”活动。初中物理学科以“探究影响滑动摩擦力大小的因素”为例,深入研究基于核心素养背景下如何更好地提高实验教学质量。

(一)通过主题教研推动课堂教与学方式的转变

(1)更新课程理念:本次活动的主题是“同上课改课”,“课改课”的重点是符合课程理念下“如何改”。把“探究影响滑动摩擦力大小的因素”作为“课改课”,通过课例研究如何在课堂教学中落实核心素养理念问题。

(2)提升教学水平:来自4个镇街的6位老师上了同一节课,分别展示了不同的教学设计理念、不同的教学组织形式、不同的教学风格,使上课和听课教师在教学设计能力、教学方法手段的选择、教学语言的把握、板书的设计、实验器材的选取等方面有了整体提升。

(3)在反思中提高科研能力:教研室专家对上课与听课教师多角度、多层次进行教学反思做了专业的指导,指导的内容包括做好课堂实录、自主反思、同事专家点评、二次反思、整理笔记等。各位听课教师从课程理念、教学设计、实验教学与创新、板书设计等方面进行了反思。

(二)在实验教学与创新中提高学生物理学科核心素养

(1)在创新与实验中提升探究能力:如在“摩擦力”引入时,通过“拔河比赛”导入新课,大力气的男生反而输给了小力气的女生的实验让学生迅速进入学习状态。新课教学过程中首先让学生参与教材的分组实验,然后引导学生寻找实验操作中存在的问题,找到解决问题的方法,设计出用电动机拉动木块的创新实验;接下来继续改进,全班同学分组实验,体验相对运动的妙处;最后教师展示“摩擦力演示器”,学生探究该仪器的工作原理以及实验过程。

(2)在实验教学与新技术的融合中深度学习:用“手机屏幕同步”功能直接投影出来,这种教学手段将现场操作即时同步展示,情景真实,反馈高效,对规范实验操作效果良好。如在电动机拉动与使用摩擦力演示器2次演示实验中,由于器材比较小,采用手机屏幕同步,将实验器材及过程放大,并动态展示弹簧测力计示数,实验过程清晰可见。

(3)应用DISLab(数字化信息系统实验室)技术增强对核心知识的理解:用力传感器取代弹簧测力计,通过数据采集器与电脑连接,系统自动采集实验数据并以图像的形式呈现,很好地培养了学生的读图能力。

(三)在有效评价与互动中提高科学思维能力

在常规实验中通过引导学生对实验操作的评估与交流,培养批判思维,鼓励学生大胆提出改进方案,培养创新思维;在对创新实验的观察与体验中,培养学生的逻辑思维能力,注重学生自主生成知识,发挥学生主体地位,从课堂导入到实验再现,再到实验分析评估,每一步都注重学生的参与,通过激励性语言评价,引导学生分析和解决问题,让学生在合作中提升,在探究中创新。

三、在全国展示课改成果

伦教街道刘小丰名师工作室受北京师范大学课程与教学研究中心之邀，分别到福州、武汉、成都等地上课。2019 年 11 月 18 日，在武汉上课的课题是“基于酒精浓度检测仪的学生自主命题”，课例的选题来自工作室课题研究的最新成果。从人教版教材素材出发，设计出“酒精浓度检测仪模拟工作电路”并现场应用，通过现场查酒驾演示，引发学生思考，引导学生运用欧姆定律等核心知识进行命题展示与交流。该课例获得一等奖。

2019 年 5 月 27 日到成都展示“课改课”，活动主题是“中学物理实验教学改进与创新专题研究论坛——基于数字化实验应用与教学设计观摩研讨会”，旨在开启实验教学创新路径、推动物理实验创新发展。活动吸引了来自全国各省、市、区、县物理教研员、教科院所物理学科教师、物理名师与骨干教师。其中，“初中物理实验教学改进优化组合同课异构学术研究交流课”由广东代表、伦教翁祐中学刘小丰老师与四川代表、成都石室中学的同行展示同课异构课“探究影响滑动摩擦力大小的因素”。本节课在广东省周兆富名师工作室的共同指导与打磨下，体现了以下 3 个特点：在常规实验与创新实验中提高了学生科学探究能力，在实验教学与新技术的融合中促进了学生深度学习，在有效评价与师生互动过程中提高了学生科学思维。

在 2018 年 12 月福州举行的“初中物理教学策略研究论坛”上，工作室应北京师范大学课程与教学研究中心之邀，派刘小丰老师展示了“物态变化复习”研讨课，对如何通过创新实验提高复习课的质量提供了很有价值的研究课例。该课例获得本次活动一等奖。

第六章　学生命题与评题的课改案例

第一节　学生选题、命题和评题案例

创新能力的重要指标是能够发现问题、提出问题和解决问题，我国学生解决有固定答案的问题能力非常强，但发现和提出问题的能力较弱，为了提升学生的创新能力，在发现问题、提出问题与解决固定问题之间搭建桥梁，让学生选题、评题和改编题是提升学生创新能力的有效方法之一。佛山的许多初中物理教师已经把让学生选题、评题和命题作为课堂教学改革的重要工作来落实，开展了长期系列推荐让学生选题、评题、命题的教研活动。

一、对学生命题在备考中作用的探索

2015 年 3 月，在"佛山市《2015 年中考考试说明》解读研讨会"上，汾江中学副校长吴嘉乐老师做了"学生命题在备考中作用的探索"经验介绍。

案例 1：吴嘉乐"学生命题在备考中作用的探索"

吴老师讲道："在过去教学中经历了以讲为主的满堂灌时代，灌不进去，就让学生做题。题量从涓涓细流变成了汪洋大海，学生就像泰坦尼克号一样在题海中慢慢地沉没了，成绩也在下降。怎么办？"

吴老师谈到指导学生在命题中落实教学目标时，讲了一个学生命题和满分试卷的故事："2014 年中考，我的学生李智毅物理考了 100 分，这无疑是放了一颗卫星。成绩取得并非偶然，我和这位学生有一种互动，开展了一系列的实践，很有趣。班里面的同学常称呼这位男生为'李老师'，现在我的教学资料抽屉里、电脑文件夹里还有这位'李老师'命的题。在教学中我经常让他命题，他命题的过程就是提升的过程，也给其他同学带来了很大的帮助和提升。让学生命题是经历了从无到有，从粗到精的过程，随着命题次数的增加，学生逐渐增长了经验，慢慢地在老师稍加指点下便能出一份较好的试卷。通过让学生命题，我发现学生群体有比较明显的变化。"

吴老师讲道："让学生出好一份试卷，教师必须认真研读《中考考试说明》，在教学中培养好学生主动学习、主动复习的良好习惯，把部分学习内容前置，先学后教，让学生带着问题走向课堂。学生提出问题过程就是命题过程，教师给予学生命题的具体指导，学生会还教师系列惊喜。"

吴老师说："让学生尝试命题先从'山寨'开始，先让学生寻找课本上的、教辅用书上的历届中考题，对它进行改编，当改编不能满足学生的需求时，再让学生独立命题。尝试时间可适当长一些。在起步阶段，我选取学习小组组长承担命题工作，时间也选

在课前，每天都抽出时间对命题组成员进行培训，或与他们一同命题，介绍命题的方法与技巧，师生互动、交流，创造出自我命题的融洽环境。”

吴老师认为让学生命题不要大而全，如单项选择题，要指导学生研究单项选择题的命题方法和技巧，研究干扰项迷惑性的设置，研究题干形式的多样化，研究命题考查知识的角度和范围等。鼓励学生命题不必过高过细，也不要大而全，但要注意每个题目都必须配套完整的解题方法，避免只顾找题目、设计题目而忽略对知识的思考。老师把学生命题收集起来进行审阅，对学生的试卷应该多表扬，以树立学生的自信心，要指出优点和问题。好题目不要束之高阁，教师可把收集到的题目经过调整修正后，以课堂练习、作业、测验、校内考试等形式巩固下来，使之正常化、经常化。

吴老师把小组合作中的学生命题奖励分为2类：一是学生选取有用的题目的发现奖或伯乐奖；二是学生的原创发明奖。原创很难，但很有效，在原创命题中，要给出其标准的解析，要给出评分标准，命的题不宜太多。在小组合作里面，关键的是在命题过程中，学生对知识、对问题和解析的思考，这样才有效，才能达到教学所需的目的。让学生评题也是吴老师的常用做法，在学生命题、做题之后，还要让学生进行试题讲评。让学生兵教兵，是深度挖掘“学生命题”效益的重要组成部分。既然命题是依据某些知识点、循着特定的思路，如果能够明确这道题考查的核心内容是什么，考查的目的是什么，把题目讲好弄清楚，就如同“孙猴子钻进铁扇公主的肚里”，做题就不会再难了。

【点评】任何教育方式都不能追求唯一形式，只讲不行，只做题也不行，只是命题更不行，教育是一种综合的行动，就像庄稼需要浇水、施肥、晴天和阳光，也需要风雨交加和电闪雷鸣。

把命题权交给学生，学生感到自己成了老师，很兴奋，很自豪，有了成就感。此时，学生积极性会很高，会在老师的指导下积极地准备，积极寻找阶段性的重点和难点，认真书写或用电脑排版，出好一份高质量的考题。在试题的讲评过程中，学生表现得十分到位，充满着趣味与智慧，老师总会惊讶于学生的表现。学生命题能很好地促进自主学习，让其感悟到学习的快乐。

学生要出好一份试卷，必须对知识认真把握，细细梳理出重点和难点，这个过程是不断探求、强化思考、深度学习的过程。评讲题目、督促同学订正的过程，又是辨别真伪、巩固知识的过程。学习比较好、学有余力的尖子生，要出好一份试卷，他们会感到当领头羊的压力，在畅游题海、筛选优化、博采众长的命题过程中反复斟酌考察角度、范围、能力要求，把自己代入命题者角色的这个过程，知识能力会得到大大提升，比单纯的讲、练、评更有效。

二、在学生命题过程中提升教学成绩

2016年10月11日，在佛山市初中物理中考备考研讨会上，许海中学王才海老师做了“通过学生命题提升教学质量”专题发言并展示了相关的示范课。

案例2：王才海老师“通过学生命题提升教学质量”发言与课堂实录

王才海老师主持让学生命题的课题，进行了多年的实践和研究。王老师在为什么要进行学生命题教学时，提出了“让学生成为知识的主人，让师生减少对题海的依赖，让师生了解相互的思维方式”3 个观点。

王老师在开展学生命题教学时，主要做了 6 项工作：①帮学生梳理清知识结构；②开展各种形式的命题；③对命题资源进行拓展；④把命题教学融入学生作业中；⑤命题教学和课堂小测与课后过关结合；⑥建立学生自主命题集。

王老师在对学生命题教学应该注意的地方时说：“注意简易可操作性，并不是一定要命考试题目，选择合适的展示方式，小组合作交流带来更好效果，命题教学应该与传统教学相互补充。”

【点评】让学生命题不是中层生和尖子生的专利，学困生也能命题。如王老师在讲座中举的例子，让学生把简单计算题中的单位改一下，也是命题的一种；学生在对题干的编辑过程中要思考知识与问题的关系、问题的设置和解析的方法、考查的内容与相关的知识，对于各种问题的系列思考既是深度学习的过程，也是提升的过程。当学生把简单题改难或把难题改简单后，他对知识应用的思考和收获要比刷题效果好。从王老师的发言可以得到“做题不如选题、选题重在评题、评题还需改题、改题不如原创题”的结论。

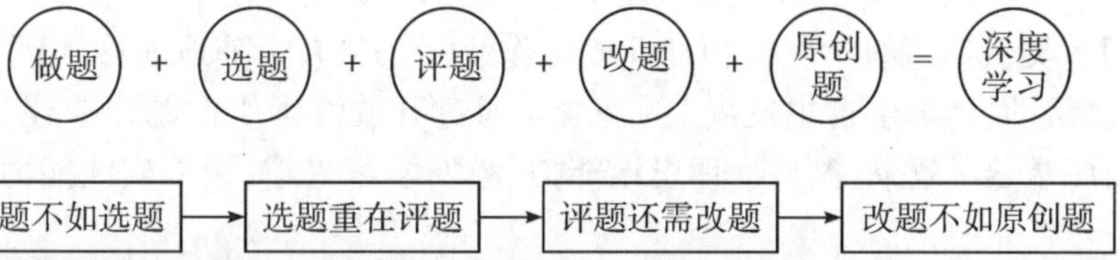

案例 3：王才海中考复习课“机械、机械效率”课堂实录

师：“生活中的机械有哪些？”

生 1：“滑轮、杠杆。”

生 2：“斜面、轮轴。”

师：“轮轴比较复杂，我们重点复习滑轮、杠杆、斜面。请每人命 1 道机械作图题。”学生开始作图，教师巡视，命好题的学生自由上黑板展示。

师提示：“中考机械作图注重基础，不用搞得太难哦。”师：“还有哪些同学也完成了？请到黑板上板画出来供大家欣赏，并请注明出题组号。”陆续有 6 位同学自由到黑板的不同位置上板画所设计的机械作图。

师：“请以小组为单位，讨论交流所作图类型是否全面？”台下同学互相交流自己作的图，并评议黑板上板书的作图题。

师：“现在黑板上有许多不同类的机械作图，请大家评价一下。”

师：“这第 1 道题是关于杠杆的，本题需要画什么？”

生：“画最省力。”

师：“出题说的还不是很全面，我们应该怎样说呢？”学生纷纷议论。

师：“请说说改变题目的要求，使题目更全面、更具体。”

生：“使杠杆平衡时，画出用最省力的方法来提起它。”

师：“第 5 道题也求最省力，差不多一类的，没问题吧？”

生：“没有。”老师给出 100 分。师：“这题线画得怎样？”

生：“不够直。”

师:"对,滑轮也要画得标准一些。"老师给出 80 分。

【点评】本节课教师根据考试要求和学生学习实际情况,针对教学重难点精心设立教学模块,通过教师的引导,让全体同学参与编制相关题目,然后通过交流展示,教师进行适当分类整编,让同学们自己去完成各类型解题,最后通过师生之间的交流评价和启迪点拨,让同学们领悟掌握不同类型题目的解题要诀,提高分析问题与解决问题的能力。"学生编题做题"的生本复习课堂模式激发了学生潜能,使其把枯燥的复习课堂变成了展示才智的舞台,通过参与,交流互动,启迪引导,一方面关注了学困生,大大减小了差生面;另一方面使学生思维创新能力得到激发培养,使优秀学生脱颖而出,达到了大面积提高教学效率之目的。加上王老师机智幽默,善于引导,课堂民主,师生关系融洽,教师的人格魅力也在课堂上得到充分体现。"学生自己编题做题"课堂教学模式基本成熟,并已取得很好的教学效果,值得教师们学习实践。

三、让学生研究和命制物理开放问题

南海区西樵镇教育局教研室主任李术广老师组织全镇教师,在学生中开展命题活动,利用各类假期组织学生做物理开放性作业,落实"教学阵地前移、以学生为主体、教师提供帮助、让学生自主发展"的理念。通过开放性学生命题作业让学生巩固知识、诊断课堂学习效果、提高物理思维能力、激发学习兴趣、锻炼实践能力、转变学习方式。

案例 4: 初二物理寒假开放性作业——汽车中的物理

内容: 请了解和探究汽车应用了声、光、力、热、电等物理知识。

作品内容和要求:提交一份体现亲身参与过程的活动报告,包含活动背景、目标、对象、方法、过程、收获与反思、家长评价、老师评价等。

◆学生作业:806 班黎家钊"汽车的物理知识"。

◆目标:详细了解汽车的物理知识。

◆对象:汽车。

◆方法:通过课本知识了解、课外书本查阅和寻找他人咨询。

◆过程:观察汽车的结构,查询相关知识。

◆相关知识:

(1)力学方面:

1)底盘质量都较大,可以降低汽车的重心,增加汽车行驶时的稳度。

2)车身设计成流线型是为了减小汽车行驶时受到的阻力。

3)前进的动力——地面对主动轮的摩擦力。

4)在平直路面匀速前进时牵引力与阻力互相平衡,重力与支持力平衡。

(2)声学方面:喇叭发声要响,发动机的声音要尽量消除,这是在声源处减弱噪声。

(3)光学方面:

1)利用凸面镜对光线的发散作用和成正立、缩小虚像的特点,使看到的实物的像小,观察范围更大,从而保证行车安全。

2)汽车头灯装有横竖条纹的玻璃灯罩。汽车头灯由灯泡、反射镜和灯前玻璃罩组成,根据透镜和棱镜的知识,车头灯玻璃罩相当于透镜和棱镜的组合体,在夜晚司机不仅要看清前方路面的情况,还要看清路边行人、路标、岔路口等。透镜和棱镜对光线有折射作用,所以灯罩通过折射,根据实际需要将光分散到需要的方向上,使光均匀柔和地照亮汽车前进的道路和路边的景物,确保行车安全。

3)轿车上装有茶色玻璃,行人很难看清车中人的面孔。茶色玻璃能反射一部分光,还会吸收一部分光,这样透进车内的光线较弱。要看清乘客的面孔,必须要从面孔反射足够强的光透射到玻璃外面。由于车内光线较弱,没有足够的光透射出来,所以很难看清乘客的面孔。

(4)热学方面:

1)发动机常用柴油机或汽油机,它们是内燃机——利用内能来做功。

2)发动机外装有水套,用循环流动水帮助发动机散热——水的比热容大。

3)汽车的后窗玻璃板中嵌有一道道的电热丝,可以防止车内形成的雾气附着于玻璃上。

(5)电学方面:

1)汽车的发动机常用低压电动机启动:电动机是根据磁场对电流的作用原理制成的,工作时把电能转化为机械能。

2)汽车电动机(汽车电机)常用车载电瓶(蓄电池)供电,汽车运行过程中可以利用车轮带动车载发电机发电,给蓄电池充电。给蓄电池充电时,电能转化为化学能储存起来,此时蓄电池是用电器;用蓄电池给电动机供电时,化学能转化为电能,此时蓄电池才是电源。

3)车载蓄电池还被用来为汽车上配装的空调、电扇、收录机、CD 机及各种用途的电灯供电,方便地将电能转化为机械能、声能、光能等。

学生收获:通过这次的开放性作业,增加了对生活中的物理知识的了解,认识到生活中到处都体现着物理学的规律,物理学渗透在生活的各个领域,两者相互渗透、相互影响。我们要认真学好物理,并将物理应用于生活。

家长评价:理论与实践相结合,是个不错的活动,能让孩子学习到更多的物理知识。

老师评价:假期开放性物理活动作业能够让学生更多地联系社会、了解社会,利于让物理走向生活、让生活体现物理、让学生学以致用,加深体会,拓展物理知识,培养观察能力,提升探究解决问题的能力,拓宽视野,拓展思维。

【点评】物理开放性作业是学生从物理走向生活,从生活走向物理的良好途径。当学生把生活与物理结合到一起时,学会了从生活中寻找物理元素,从物理中发现生活中的乐趣,对于巩固知识、提高能力有一定的帮助。学生在自主建构中生成知识、发现问题,从而达到理念的升华、学习方式的变革,可激活学生的潜能。建议在开放性作业中增加让学生根据所研究的内容模仿教材、教辅和各类试题进行命题,教师给出学生命题范围、题型、知识点、分值分配、参考答案和相关实验等。学生完成以上系列问题,提升核心素养,应试成绩也会有一定的提高。

第二节　在学生命题过程中提升创新能力案例[①]

我国学生解决有标准答案的问题的能力非常强，对于选择、填空、计算、实验类问题可轻车熟路地找到答案。但社会的发展和国家的昌盛需要更多的创新型人才，因此对学生开展有效的创新教育，已成为课堂教学中必须渗透的元素。学生不愿或不会发现和提出问题成为创新教育的最大障碍。如何实施创新教育，让学生走出传统学习方式的困境？让学生自主选题、说题与评题，就是培养创新能力的有益尝试。

一、在选题、评题中培养创新能力

问题是思维的起点，是走出迷茫、推动学习的动力；问题又是创新的前提，一切发明创造都是从问题开始的。在传统的教育理念下，教师经常把学生"全懂了""没有问题了"作为实现教学目标的重要标志，在这种体制下培养的学生只会解决有固定答案的问题，而不能提出和发现生活中与学科有关的问题。培养学生的问题意识和创新能力是教师应当承担的历史责任。根据学生的认识规律和学习习惯，培养学生的创新能力就是要在"发现和提出问题"与"解决固定问题"之间搭建一个桥梁，这个桥梁要让学生由解题的定向思维转向对问题的选择和鉴赏。

案例 1：王映林老师的"寻找最有意思的题"教学

石门实验学校的一群学生最期盼王映林老师每 2 周 1 次的"寻找最有意思的题"的课，每名学生都要从互联网和纸质资料中寻找自己最心仪、又同本节内容有关的优秀习题，在小组内阐述所选的问题、分析解决问题的过程与方法、通过实验验证问题的结论，并对同学的选题和表述从"知识技能指数""新颖有趣指数"和"思想启迪指数"3 个方面进行评价。其课堂教学流程如图 3-20 所示。

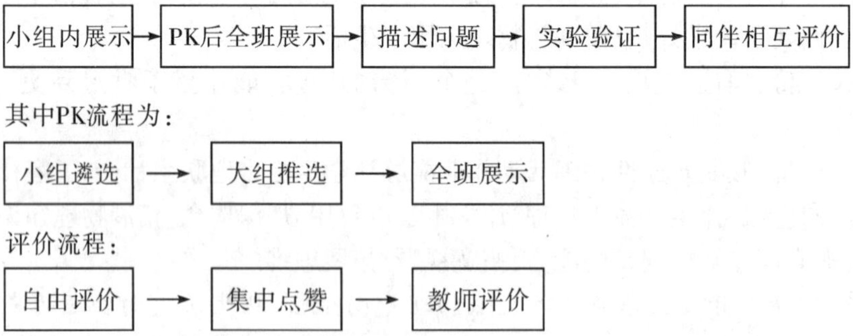

图 3-20

有关"压强"的选题：

第 1 组题目：最近网上流传有网友只用 1 张 A4 纸就能承受 30 千克重物的图片，

---

① 周兆富. 让学生在自主选题与命题过程中提升创新能力[J]. 物理教学探讨，2017，35(8)：7-10.

这是真的吗?

他们把1张A4纸拆分成8小条并卷成圆柱体,在其上平放每本重约1千克的《英汉词典》8本。又请体重约为70千克的王老师站上去,8个小圆柱体安然无恙。学生对实验现象和原理进行了解读。

全班学生对该选题分别从“知识技能指数”“新颖有趣指数”和“思想启迪指数”3个方面进行评价。伍诗怡同学说道:“‘知识技能指数’给4颗星,本题用了压强知识,解释得非常清楚。‘新颖有趣指数’给5颗星,没想到一张A4纸能承受王老师的体重,这很新颖。‘思想启迪指数’给4颗星,本题说明生活中蕴含着丰富的物理知识,我们需要观察思考并理解更深层次的东西。”

第2组题目:空气密度随着距地面高度的增加而减小,现将1个氢气球由地面静止释放,气球在上升过程中其运动情况将如何变化?

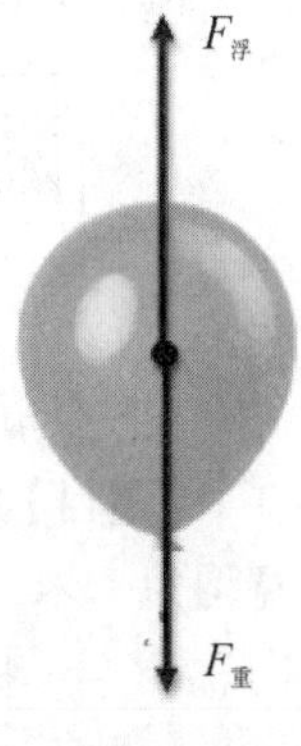

图3-21

学生认为气球可能在上升过程中由于内外压强差,体积不断变大,破裂后落回地面。若制作气球材料的质量非常好,在上升过程中体积不变且不破裂,由于空气密度和压强在上升过程中不断变小,气球所受的浮力也变小。设气球上升到距地面高度为h时所受的重力和浮力相等,气球上升到高度h之前,$F_{浮}>F_{重}$,气球加速上升;当$F_{浮}=F_{重}$时,由于惯性,气球会继续向上运动;此后$F_{浮}<F_{重}$,气球减速上升,到达最高点时速度为零。由于此时$F_{浮}<F_{重}$,气球会加速下降,到达平衡位置后气球由于惯性仍向下运动。由于$F_{浮}>F_{重}$,气球将做减速运动,速度为零后又加速向上运动。如此往复,气球将在平衡位置($F_{浮}=F_{重}$)附近做上下往复运动不会停下。在本节课结束前,学生分别对本节各小组推选的4道题从“知识技能指数”等方面进行投票,教师做了全面点评并投出自己的选票。

【点评】因中、高考各题很少给学生语言和文字表达的机会,造成学生表达能力下降,不会用完整、精练的语言对生活中问题的物理过程进行完整描述。“寻找最有意思的题”的课堂教学给了学生充分的选择权、表达权、实验权和评价权。学生在选择问题的同时参与竞争,在语言表述和实验的同时接受质疑和评价,教师给学生更多的机会,学生还教师系列惊喜。

第1组学生从网上选取问题,通过语言描述和实验验证,在一系列选择和准备描述过程中,学生对有关压强概念和相关物理知识的理解远远超出了单独做题或实验的效果。学生对相关问题的寻找、判断和选择过程,就是对基础知识的运用、巩固和复习过程,在准备、解读、实验和评价中体验实验与探究的过程,掌握了科学研究的基本方法,在多元互动过程中使语言表达能力、实验动手能力、相互交流能力及创新能力都得到了提升。

第2组学生从网上寻找到选择题并改编为简答题,其改编过程就是创新过程。在解读时由于受实验条件限制,学生通过受力分析、画过程图和理论推导的方式,完成了气球升空后的系列理想实验。在完成本题的过程中,学生的逻辑思维能力、推理能力都得到了提升,创新理念已经根植于内心深处。

二、在多角设问中学会创新思维

传统的课堂教学，教师只重视训练学生解答已经提出的问题，并要求学生按一定的解题模式去反复强化训练，忽视了如何引导学生发现和提出问题、探索解决非常规问题，严重地影响了学生创新意识和创新能力的培养。受传统教育的影响，让学生主动发现并提出问题很难，而教师设置情境或相关的条件，让学生改变问题的说法可降低创新教育的难度，也可增强学生学习的兴趣。

案例 2：佛山一中柯尊淦老师的“电磁感应综合应用”复习课

流程如图 3-22 所示。

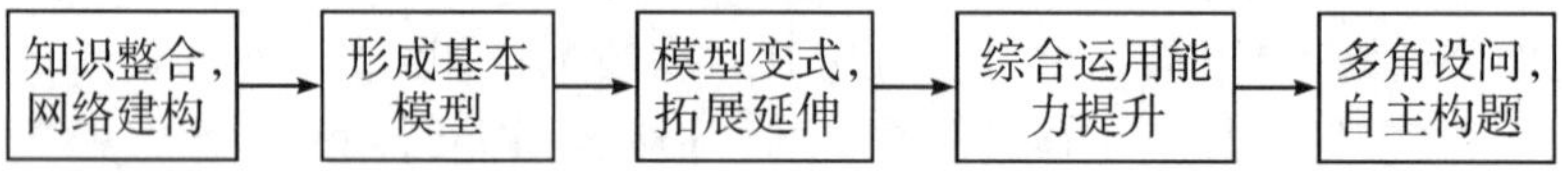

图 3-22

在“多角设问，自主构题”环节中，其题干如下：

【题目】光滑的倾斜角为 30°导体轨道（足够长）与水平光滑导体轨道连接。轨道宽均为 1 米，电阻忽略不计。匀强磁场Ⅰ仅分布在水平轨道平面所在区域，方向水平向右，$B_1=1$ 特斯拉；匀强磁场Ⅱ仅分布在倾斜轨道平面所在区域，方向垂直于倾斜轨道平面向下，$B_2=1$ 特斯拉。现将 2 个质量均为 0.2 千克、电阻均为 0.5 欧的相同导体棒 ab 和 cd 放在如图 3-22(a)所示的轨道上，并同时由静止释放。（$g=10$ 米/秒^2）

【问题】根据题设条件，设置不同的问题并提出解答策略。

在教师的引导下，学生提出了以下问题：

（1）求导体棒 cd 沿斜轨道下滑的最大速度。

（2）设导体棒 cd 运动到最大速度的过程中电路产生的热为 0.45 焦耳，求此过程中 cd 沿斜面向下运动的位移及通过 cd 棒横截面的电荷量。

接着教师又提出以下问题：

【问题】根据题设情景，修改题设条件，设计问题并提出解决策略。

根据以上要求，学生又设计出以下几个问题：

（3）若将磁场 B_1 大小不变，方向变为垂直导轨平面向下［如图 3-22(b)所示］，设导轨均足够长，经过足够长的时间后，ab、cd 的加速度大小为多少？

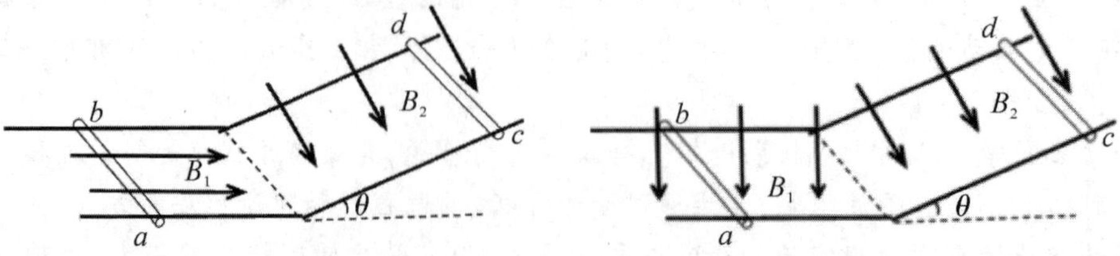

(a) (b)

图 3-23

(4)若 cd 与斜面光滑,ab 与导轨摩擦因素为 0.25,磁场 B_1 大小不变,方向变为垂直导轨平面向下,设导轨均足够长。当 cd 运动速度为 0.5 米/秒时,求 ab 导体棒的速度及加速度为多少?经过足够长的时间后,ab、cd 的加速度大小为多少?

【点评】要把问题设置好,必须对题干所涉及的内容进行认真阅读与理解,根据所学的知识预设问题,对解决问题的过程与方法进行思考。根据题设情景,修改题设条件,设计问题并提出解决策略时,问题设置的难度和广度都增大了,学生面对的是更高、更难的挑战,迎来的是创新思维能力的提升。

三、在改编命题中养成创新习惯

让学生自主命题,通过对问题的提出、设置、描述和解决形成问题意识,养成善于创新的思维习惯,实现科学创新思想与传统物理教学完美的结合。

案例 3:王才海老师的自主命题课

让学生自主命题已经成为许海中学王才海老师的常态课,他经常用丰富、有趣的语言对命题范围和难度进行调控,要求学生从数据、语言文字、表达方式、情景、解题过程、评价方式等环节进行自主命题。

其流程如图 3-24 所示:

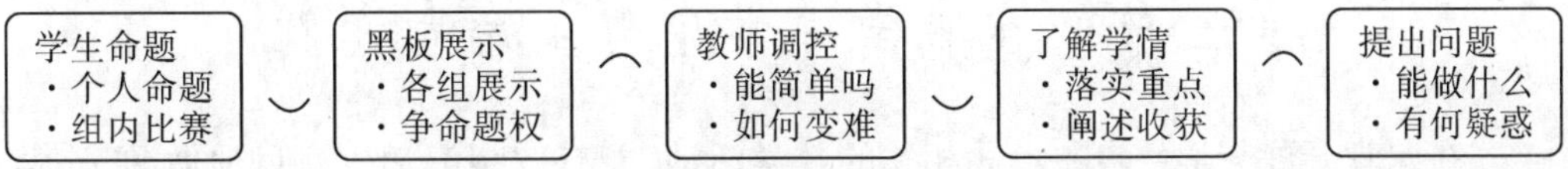

图 3-24

王才海老师在第三届佛山优秀课堂教学展示活动中上"欧姆定律"课。教师:"你们尝试过命题吗?"学生:"没有。"教师:"想不想尝试?"学生:"想。"教师:"好。黑板上这道题很简单,想增加一点难度怎么办?"学生:"换单位。"教师:"非常狡猾。换单位可能有多种选择。""还可以提高难度吗?如果没有降低难度也行。""谁愿意在黑板上展示你的命题?数据要简单,不要太难,难了也没问题。"于是有 2 名学生主动在黑板上直接命题。

教师巡视并指点学生的命题:"想一点办法,增加一点小难度。"命题结束时,教师把一道命题投影到屏幕上:"电阻 15 欧,电流 220 安,这个定值电阻两端电压是多大?这道题好不好?"学生:"好。"教师:"很好。但是有缺点呀,谁能发现?"学生:"电流太大。"教师:"一个灯泡电流没有 220 安,但题的结构合理,如果多一些生活经验就完美了。"教师又找到另一个学生的命题展示:"这道题太好了。'家庭电路中的小灯泡,用电流表测得它的电流是 300 毫安,求电阻是多少?'3 个物理量只给了电流,怎么做呀?"学生抢着回答:"家庭电路电压是 220 伏。"教师:"他把条件隐藏起来,藏得好。""还有没有增加难度的办法?"课后学生表示:"今天学会了欧姆定律应用,学会了命题,今后我们会发现许多问题,也可以命出更多、更好的题。"

【点评】由"课堂教学流程图"可知,学生命题从个体独立思考开始,在组内每名学生都有展示权和评价权。同时,小组命题代表有权在其他组寻找同学解答本题,解答正确可获命题权。在此过程中,为了防止命题越来越难或超出学习范围,教师的调控作用很大。“了解学情”的目的是让学生在命题过程中形成知识体系,用已经掌握的知识解决问题。“提出问题”中“能做什么”和“有何疑惑”2个问题,可作为任何一节课的最后环节,这2个问题给了学生思考的理由和空间。

王才海面对没命过题的陌生学生,从简单题改编开始,通过换单位降低了命题难度,让每个学生都有命题能力。“想一点办法,增加一点难度。”从这几句简单的语言可以看出,教师在学生命题过程中不断进行命题方法的指导,情感价值观的渗透,使学生在情景设置和调整已知、未知的关系过程中命出心仪的问题。

如何把课堂教学与创新教育结合起来?本文提供了系列参考答案,让学生从选题开始,降低了走进创新思维的门槛;给出题干让学生设置问题,为创新能力的提升搭建了阶梯,让各个层次的学生发现和提出问题的能力都得到了提升。走在物理课堂教学与创新教育的路上,只要教师有培养学生创新能力的意识,可采用多元立体的方法,根据学生已经养成的学习习惯,通过潜移默化、润物细无声的方式,把培养创新能力的元素渗透到教学过程之中,让学生自主构建创新与传统学习的桥梁,打通创新教育任督二脉。

第三节　在教学中学生自主命题案例

在课堂开展与学生自主命题相关的教学活动,能有效缓解学生盲目地做题,让学生从知识点出发,理清知识结构,锻炼学生如何利用所学知识发掘问题、解决问题,能进一步开拓学生的视野、提高学生的学习能力。

一、学生命题对提升成绩的作用

这就好比教师把一些新知识的“砖瓦”递给学生,让他去掂量,怎样把这些“砖瓦”用到正在建筑的知识体系的“楼房”上去。① 通过学生命题教学,学生从传统的“看房者”而变成更有创意的“建房者”。

1. 让学生变成知识的主人,增强学习的信心

在学生命题教学中,学生不是被动地接受题目的考查,而是主动地建构知识,感受到自己就是问题的发现者、知识的使用者,面对题目中出现的陷阱不再惧怕,主动出击,对各类问题进行归类梳理与使用。通过命题教学提升了学生学习兴趣与学习能力,使课堂气氛更加活跃,学生学习信心更足,带来了良好的教学效果。

2. 让教师减负,减少学生对题海的依赖

学生命题教学是一种较好的使得学生既少下题海而又能获得足够的解题经验方

① 蔡姬.小空间　大奇迹——读雷夫·艾斯奎斯《第五十六号教室的奇迹》[J].教师博览(科研版),2011(7):12.

法。学生的全员参与,能在短时间内主动发现,并相互发现、相互分享许多仅靠做练习题代替不了的宝贵信息,能很好地拓宽学生的知识面,加深学生对所学知识的应用和理解。

学生命题增加了对知识的处理能力,学习知识时不是被动地等着知识来考自己,而是主动地去思考如何灵活使用这些知识。不同的学生会有不同的想法,构成了教学中丰富的资源。把学生命题的资源科学分类,合理地用于课堂,能减少教师的工作负担。

3. 让学生了解知识,教师了解学生的思维方式

通常普通的习题训练反馈能暴露学生错在哪里,学生命题训练还能够从不同角度暴露学生为什么错了。相比传统习题训练,学生在自主命题过程中所暴露的对知识点的掌握情况来得更加直接,两者相结合更利于开展好教学工作。

学生命题时能把自己在常规学习中发现的错误与经验,尝试放在自己的题目中考查,从而达到多个问题的高效整合。一个学生发现的问题往往能带动全班的思考。观看学生所命题,教师能做到对学情心中有数,了解学生在学习知识的过程中到底是怎么想的,为做好教学工作提供了良好的基础。

二、开展学生自主命题教学方法

(一)帮学生梳理知识结构

构建知识结构是命题教学的前提,学生的命题水平要和对物理知识的认知水平相符合。要使得命题教学能顺利开展,必须帮学生梳理知识点。传统的教学是先进行初级题目训练,然后构建好知识结构,通过强化训练储备知识再进入高层题目的训练。学生命题是把学生放在掌握知识结构的位置,利用学生做题的时间来进行命题教学,厘清知识的来龙去脉,修建好通往高层题目的道路。

常有教师存在学生命不出好的题目浪费时间的困惑,其原因是对知识的铺垫不足。在命题活动前要对学生交代清楚必需的知识要点。例如:在教欧姆定律时进行计算题命题训练,首先学生要对欧姆定律计算公式有清楚的认识,其次要掌握教材中的例题,才能有效合理地开展命题教学,学生才能有充分的信心对已掌握的知识进行拓展,把自己的知识储备调动起来,命题热情与水平自然水到渠成。随着学生知识结构的不断完善,教师对学生命题目的和要求可以越来越高。构建好相应的知识结构包括:①物理概念的掌握;②例题的规范学习;③做好关键笔记;④思维导图的梳理,等等。

(二)指导学生模仿

刚开始学习时学生的能力有限,他们命题的主要形式是进行题目的模仿。学会模仿是学生掌握命题技巧与方法的关键。学生如果不能体验到自己思考的自豪感,就不会继续进行深度思考。为了满足学生的心理要求,要设计能让学生通过仿写过程找到命题的方法，才能够有效地开展学生自主命题，让学生找到成就感。在仿写的过程中应明确引导思考的方向，注重引导学生从以下多个仿写点对题目进行思考：①考查哪些相关公式或知识点；②采用什么表达方式；③数据如何做到简单合理；④采用哪些单位换算；⑤题目如何设置陷阱，等等。学生通过以上内容对题目进一步思考，可提高其对所学内容的理解，以后在审题、做题等环节，也会更加留意题目中各类型的细节与陷阱。学生在学习自主命题知识的过程中，能学到如何避免解题犯错，养成良好的个人解题习惯。

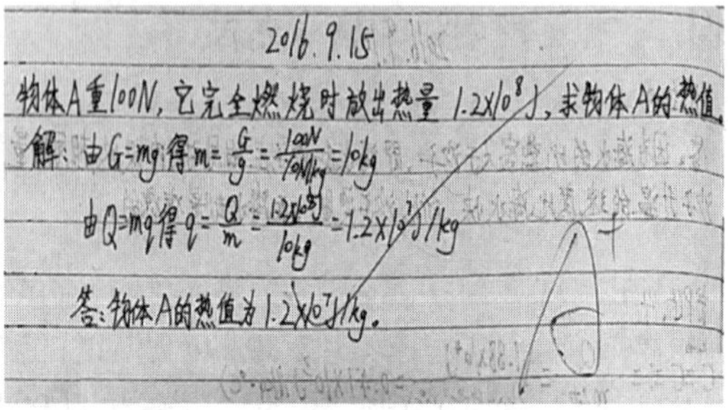

图 3-25

(三)课堂师生互动命题活动

1. 教师对学生的命题

学生良好命题习惯的养成离不开教师合理的指引，“学生命题”离不开“教师命题”。在要求学生自主命题之前，教师根据教学所须掌握的知识点进行命题，利用命题使学生尽快熟悉掌握知识点。如在学习密度计算时，在学生掌握了公式、单位以后，教师就可以在黑板上命题。可以先询问学生打算在题目中求哪个物理量，接着追问为了求出这个物理量，需要在题目设定哪些已知量。这些需设置的已知物理量条件，可以由老师和同学们一起给出，这样能让学生充分参与到命题的过程当中，在老师引领下很快地学习到命题的方法和注意事项。

教师在课堂命题中还常通过改变已有题目的条件，让学生进行思考，或进行命题的拓展(改变难度或改变题型)。教师把命题时的想法和层次要求都告诉学生，同时把命题过程直观地展示给学生，起到示范和指引的作用。

2. 学生间的相互命题、答题

命题教学中同时有教师、学生的命题和解答，这是一个互动过程。教师要在课堂中提出问题让学生回答，还要多创设条件让学生提出问题，让学生指定同学回答，让学生在多个教学环节都能参与到命题过程中。由于学生与学生的关系和教师与学生的关系不同，学生的专注程度会更加高，兴趣也会更加浓厚，还常常会带来一些更有趣的效果。学生间的相互命题，还可以把加、扣分的竞争机制引入课堂，让教学活动变得更加丰富，课堂氛围自然也会变得更加活跃。

(四)用好常用的几种课堂命题形式

1. 常规命题

学生利用所学的知识,用书写(或绘制)的方式,在本子或黑板上出1道常规的题目。这种命题形式最常用于计算题、作图题、填空题和设计性的实验题,因为这类命题方式的表达比较简练,在课堂内外都便于操作,效率高,既可以锻炼学生的书面表达能力,又易于学生在命题过程中思考理解知识点,达到良好效果。

2. 变式命题

变题是常用的教学方法,是把改题、变题的机会交给学生,让学生自主地去变题、让学生参与答题。如某题学生会了,教师常常根据经验改变数据或者换个提问方法,看学生还会不会,以此来巩固所学知识。若采用学生自主命题,可以继续追问学生:“如果由你来改,你打算怎么改条件?你打算求什么物理量?谁来回答这个问题?这个数据科学吗?还可以改哪里?”这样在巩固知识的同时激发学生思考,强化其对知识的掌握与理解。

3. 提问式命题

提问式命题能锻炼学生的口头表达能力,节约书写时间,具有易于操作、简化问题、高效性强等特点。学生不掌握的知识点,教师可以对他进行提问;学生掌握的知识点,也可以学生自主命题的形式,并由该学生指定其他学生回答。如学习串、并联的电流规律时,在学生学习得出电流规律以后,可以问:“我们已经学完串、并联的电流规律,你觉得利用这个规律可以怎样出考题?你能说出关于电流规律的题目吗?”让学生口头说出题目,用简单的提问把学生从原来对知识的记忆过渡到对知识的应用。

图3-26

4. 活动式命题

学生命题教学并不是一定要命考试题目,而是一种由学生利用已掌握的知识进行自主创设条件的发散性思维,它甚至可以是1个课堂小结或者1个课堂小游戏。有时我们需要的是利用命题活动有效地吸引学生掌握知识。

如在“凸透镜成像规律”这一节课中,为了让学生能更好地熟悉成像规律,可以邀请学生在黑板上和老师(或学生和学生)一起进行互动。老师拿着蜡烛,学生手里拿着光屏,老师把蜡烛放在成像规律图上的任意位置,学生马上要把光屏放在对应的位置上,挑战成功的学生小组将获得加分;或者教师拿光屏,学生拿蜡烛,交换着进行互动。学生上台来挑战时,台下的学生因为要判断台上学生是否正确,对全体同学都是很好的锻炼机会。还可引入 PK 机制,在挑战过程中学生精神高度集中,很快就掌握了需要记住的知识。互动游戏带来的兴奋和学到的知识,比单纯练题效率高很多。

(五)对命题资源进行拓展

对命题资源进行拓展是整个命题活动中最具魅力的一步。学生的想法具有灵活多样性,学生的思维也带有很强的随机性。命题教学过程除出现常规的题目以外,学生往往能想到我们教学当中没有关注到的亮点,也有可能在命题的过程当中出现各种各样的错误。这些亮点和错误都是命题教学中宝贵的资源,教师可以利用这些资源进行知识拓展,使学生从多个角度全面认识物理知识。如学生命题时候的数据如何做到既简单又合理,需要对实际生活中的物理知识有更进一步的认识,不但会做题、会思考,还要了解生活中的相关知识。如果出了题目使用 1 千克汽油的汽车才行驶 1 米,那其他学生肯定会给他无形压力,让他以后更加留意生活中的实际情况。教师多收集学生命题过程中出现的错误,并进行归类,用合适的方式展示出来,对学生能起到很好的促进作用。

对于没有出现拓展所需“亮点”的命题,可安排一些“小意外”,引导学生把关键点提出来。如在命欧姆定律计算题时,有个班的数据十分普通,这时候教师可以在巡视学生时私下对个别学生提示:“220 伏的这个条件你可以想办法隐藏起来吗?”“这个 3 伏你能用怎样的表述把它藏起来吗?”如学生把条件改成“在家庭电路中”“2 节新干电池”,教师就可以在评讲的时候获得更多的素材。

(六)把学生命题、教师命题融入作业之中

作业,是学生长期学习过程中所不可缺少的。命题环节如经常出现在作业中,学生会更加重视并养成习惯。作业以常规命题为主,如计算题、作图题等。每天的作业中学生命题以一两题为好,不宜过多。过多的命题会使学生失去兴趣,而命题思考的时间不足可能导致命题流于形式,命题效果也会打折扣。

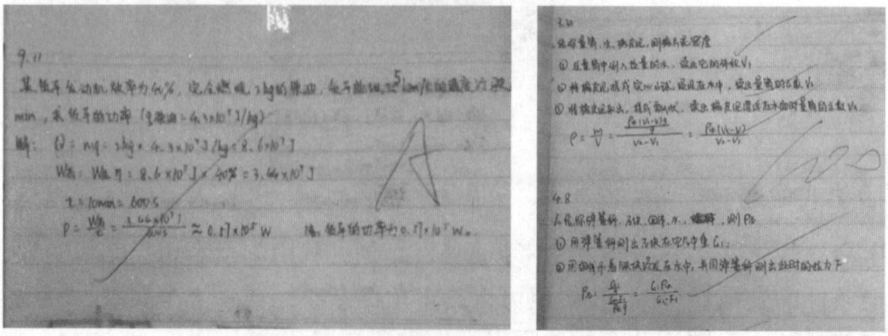

图 3-27

（七）命题与课堂小测及知识过关相结合

学生对课堂小测比较重视。在小测环节里引入学生命题环节，让学生针对某一个知识点命题，可促使学生更加需要自主命题，加深对所学知识的理解。如在学习光的反射、折射时，过关小测就完全可以让学生上台出题。学习区分串联、并联电路时，也可以让部分有信心的学生上台画图让大家判断。学生命题的小测题能减轻老师的负担，让学生更容易突破难点。

对于不过关的学生往往要落实补测，常用的补测方式除了让该生改正题目，还要让他再出 1 道相当的题目，写出答案才算补测过关。这样做对学生的心理有非常积极的作用。

（八）建立学生命题集

把学生所命题目存储起来，利用电脑云端建立学生命题库。每年都不断地将一部分优秀的学生命题材料整理加入学生命题库中（标明年级、班别、姓名），对学生命题积极性有着非常大的促进作用，对老师今后的教学也是宝贵的资源。当学生命题库累积到一定程度，教学也会变得轻松，题库中的题目还可以让学生（科代表）来选题并布置作业。

三、让学生自主命题的实施经验

（一）对于学生的发现必须给予诚挚鼓励

学生所学的知识对于老师来说往往是“陈旧”的，而对学生却不是。他们对知识有着太多的新鲜感，所以教师要主动接近学生的心理感受，在学生发现 1 个问题，或者归纳 1 种方法的时候，老师应该怀着惊喜的感情，并毫不吝啬地给以真挚表扬。无论学生发现的问题是正确的还是错误的，对于教学都是一笔重要的财富。

（二）学生命题教学应注意简易可操作性

要把学生自主命题落实在教学中要突出解决的问题上，保证教学效率。命题的情景、数据要尽量简单，有时候题目只要把关键的地方正确表达出来就可以。

如在“机械效率计算”训练中，在学生具备相关能力后，进行了学生命题 8 分钟活动，让部分举手学生上黑板命题（其余学生在课桌上命题），5 分钟归纳总结。由于机械效率的题目如果像试卷那样用详尽的文字表示，学生难以在有限的时间内完成如此多的内容，而且黑板也难以大量展示，要求学生简要表示就可以，大大提高了命题的效率。至于学生的文字表达能力训练，可以另外设计其他环节完成。

（三）选择适合学生命题的展示方式

要把学生所命的题目以合理的方式展示出去，是提高命题效果的关键。目前教室里的主要展示平台是黑板与投影，学生的作业本、学案纸上的命题展示主要通过投影仪;而黑板面积大,能同时展示多位学生的命题情况,同时对不同学生进行点评对比,现场感强烈。所以在展示学生课堂命题时,最好让多位学生(2~6名)上台,并投影一些不同特点的题目,在展示环节充分渲染学生的优点,激励学生共同发掘学生命题的闪光点,从不同角度充分掌握知识。

(四)命题教学是传统教学的补充

学生自主命题和传统教学必须有机结合,才能发挥其作用。并不是每节课都要开展命题教学,在教学过程中相应的习题训练还是十分必要的。学生命题与做题有机结合可提升教学成绩。

(五)小组合作交流带来更好的效果

把所学的知识拿来命题对于学生来说是件新鲜事,学生乐于把自己的发现拿来讨论分享,也更加喜欢展示自己考考他人。如果学生命题能充分与小组加、扣分结合,能大大提高其命题的积极性。

四、教师没有准备习题的习题课

王才海老师在中考一轮复习“机械的相关作图与计算”这节课时,没有给学生准备习题,题目完全从学生自己的水平出发,让他们做知识的主人,通过自主命题来达到提高知识认识的目的。

案例:王才海老师的“机械的相关作图与计算”复习课

师:“通过上节复习有关机械的相关知识,你们还想不停地做题吗?”

学生异口同声地说道:“不想!”

师:“好,希望大家能从一个普通的做题者变成一个高级的命题大师。要求每位同学出1道关于机械的作图题,从自己的知识认识水平出发,难度不限,题目最好以基础为主。”

学生们很高兴成为学习的主角。教师邀请6位学生在讲台的黑板上出题,其他的学生在练习本上出题并通过投影展示。全班同学所出的题目包括杠杠、滑轮、斜面等各种机械,还有1道属于斜面和滑轮的组合题。

教师鼓励学生:“同学们的题目可真棒!很全面,各类机械都涉及了。”

教师让学生巩固基础题,观察和思考如何把简单题变成难题。

教师追问:“这几题,你都会做吗?你觉得哪些是基础的?哪题是最难的?这道你认为比其他题目难的题,它难在哪里?”

生:“这道题把2个机械结合在了一起。”学生思考、分析后认为,原来结合在一起的2样机械,分解开以后也是一样简单。

教师追问:“通过这位同学的题目,以后我们会解决基础的题目,把2样基础合在一起增加难度的方法也要会。你以后会这样来增加难度吗?”

“除把2个机械结合增加难度外,还有其他增加难度的方法吗?”

“还有谁觉得自己的题目和他们是不同类型的?请上台用投影展示。”

通过教师的启发与学生的主动思考，在巩固基础的同时大家提出了很多提高难度的好方法。有同学提出了要把机械与浮力结合在一起来增加难度，有同学提出了要把力的大小等条件隐藏起来增加难度，有学生提出要改变绳子的方向、改变滑轮的组合来增加难度……

邀请学生上台完成作图题训练，并让同学们打分，在打分的同时强化巩固做题与答题的规范性。

完成作图题后，利用黑板上留下的几个机械图，各自给出合适的数据要求学生们再出 1 道计算题，依然以基础为主。学生根据上一节课对机械相关计算的认识，纷纷填入数据进行命题。部分能力较强的学生开始思考如何使题目显得有点与众不同，为此他们的思维更加活跃，激发出强烈的创新能力，达到了分层提高学生素质的目的。

在接下来的课堂教学中教师依然引导学生分析所给的物理量之间的联系，让学生在命题与做题的过程当中找到解答机械相关计算题的规律。让学生在熟练相关规律的同时，注重结合自己的命题体会来剖析如何从基础题发展到难题，并找到解决难题的阶梯，消除学生对知识处理的恐惧感。整节课包括从与机械相关的作图题到计算题及推导题，都能在学生的命题当中得到落实。

【点评】一节没有准备习题的习题课，让学生在不断主动思考、分析中得到深化并得以提高与落实，与传统教学中学生在训练习题当中被动地发现问题有着很大的区别。传统的学生做题训练要达到掌握运用知识解题的效果，需耗费大量时间，经过众多题目的辛苦训练，而在这节课中是以学生亲身参与体会，学生真正地投入了主动思考，理解起来也就格外自然、亲切、易懂。它能更好地从不同角度更全面地掌握好知识，切实地让学生作为知识的主人进行学习，让教师成为知识的引路人。

第七章　命题培训与比赛活动案例

第一节　省级命题培训与交流案例

教育行政部门、学校、家长和学生都重视考试，特别是重视考试成绩，也就是考试的结论，但对试题质量的鉴定，对命题问题的重视程度，对试题分析的关注度不如对考试结果的重视，这种重视问题结构的失衡正是反对应试教育的根源，也是产生教育诸多问题的症结所在。① 考试的效果由命题质量决定。为了提升教师的命题水平，近年来国家和各省、市有关教育部门对试题命题都很重视，陆续组织了各类命题培训等相关活动。

一、全省考试命题技术培训

案例 1：2019 年福建省举办中小学教师试题编制能力提升研修班的通知②

为了提高教育质量监测背景下教师的试题编制与组卷能力，全面提高教学质量，结合福建省中小学试题编制与组建工作实际情况，福建教育学院培训中心拟举办 2019 年福建省中小学教师试题编制能力提升研修班。

（1）研修主题：中小学教师试题编制与组卷能力提升。

（2）研修目标：通过专家分析与导引，让参训教师领会质量监测理念，更新考试测评评价观念，掌握试题编制的基本原则与方法，以及组卷的基本环节和程序，提高教学的实用性，增强日常教学中试题编制的针对性，实现教师教学和学生备考的效益最大化。

（3）研修内容：培训课程由专业理念提升、专业知识拓展、专业能力提高 3 个模块构成。

1. 专业理念提升

（1）模块目标：从国家招生考试改革的视角看命题要求的变化，从核心素养及高中新课程标准角度分析中高考试题命题特点，了解近年中高考试卷整体的质量分析情况。

（2）模块内容：①考试测评从能力立意到素养导向；②高规格考试命题特点与质量分析。

---

① 周兆富. 物理试题编制原理与技术[M]. 广州：广东教育出版社，2015：198.

② 关于举办 2019 年福建省中小学教师试题编制能力提升研修班的通知[EB/OL].［2019-09-05］. http://www.fjteacheredu.com/pxgg/20190905/10423.html.

2. 专业知识拓展

(1)模块目标:学习试题编制的基本原则与方法,组卷的基本环节和程序。

(2)模块内容:①试题评价方法与学科试题编制技术;②学科测试组卷的基本环节和程序;③高规格考试试题点评与命题过程分析。

3. 专业能力提高

(1)模块目标:增加学科试题编制与组卷的实践能力,回顾反思、总结提升,探寻学科试题编制与组卷的新途径、新方法。①命题素材资料的获取方法与考点整合;②利用获取的素材资源命制原创试题的实践操作;③原创题展示与说明,组卷能力诊断与评析,专家现场点评。

(2)研修方式:主要采取任务驱动、理论引领、主题研讨和实践操作相结合的方式开展研修活动。注意理论指导下的实践和实践中的理论应用,提高研究的针对性、实践性和有效性。

(3)研修对象:①小学学段;②初中学段;③高中学段。

(4)课程安排:

时间		研修内容	研修形式
第 1 天	下午	报到	—
第 2 天	上午	考试测评:从能力立意到素养导向	专题讲座
	下午	试题评价方法和学科试题编制与组卷技术	专题讲座
第 3 天	上午	1. 大型考试命题特点与质量分析 2. 考试试题点评与命制过程分析	专题讲座
	下午	命题素材资料的获取方法与考点的整合	实践操作
第 4 天	上午	分组命制试题	实践操作
	下午	原创题展示与说明,专家现场点评	交流研讨, 专家点评
第 5 天	上午	返程	—

【点评】本通知全面阐述了命题培训的目标、模块和内容,全面地对培训过程进行了描述,对课程内容进行了细致安排。通知对培训过程的详细安排决定了培训的有效性,同时也对命题的重要性进行了说明,为各级教育部门开展类似的培训给出了很好的样本。

二、命题培训的选择性作业

在广东省教育部门组织的命题培训过程中,为了提高培训效率,提升培训学员的命题水平,在集中培训前,主办方对全体学员进行了网上培训,请专家对全体学员做专题讲座,对学员进行了分组,每组设置了组长并提前开始培训工作,使培训成为系列化。以下是培训中第 8 组组长周兆富老师给本组学员培训前后的选择性作业:

案例 2:培训班第 8 组培训前自主命题要求

(1)请各位学员自由组成 2 人一组的命题小组,各小组按选择题、填空题、实验题、计算题、综合题认领命题内容。

(2)各小组根据《课程标准》三级主题做出双向细目表,命题前请把考查内容填入此表。

(3)各小组按中考要求,试卷全部是改编或原创题。改编题写出原题、改编内容和改编原因。

(4)每题要求给出参考答案和评分标准,写出命题目的、考查内容、难度预测和课标要求,写出命题报告。

【点评】从命题前自主命题要求可知,学员需自愿组成命题小组,2 人一组,这对学员的沟通能力提出了要求;而学员提前进入命题状态可使培训效果更好,也充分体现了学员是学习主人的思想。

案例 3:第 8 组命题培训后选择性作业

为了让培训成为您成长路上的重要里程碑,使培训对您所在的地区和学校命题有引领和辐射作用,建议您能完成以下选择性作业。

(1)撰写"参加省命培训的感悟"的文章上交给单位,其内容如下:①以案例+故事形式写我学到了什么,做了什么,能改变什么。②以论文形式写对命题改革的思考,由省命题培训引发的思考等文章。③申报相关命题研究课题。

(2)开展命题展示或比赛活动:①展示您的命题并点评;②组织开展教师命题比赛活动;③开展让学生选题、说题、讲题、评题和改编题活动。

说明:以上要求是希望能把培训成果转化为您成长所需的能量,为您的教学成长提供可持续发展的方法与路径。如您因工作较忙或其他原因,完全可忽略此选择性作业。

【点评】这是一份很有创意的作业,其上交学校或单位的作业提升了学员如何传递培训信息的能力,向本单位交代此次培训我学到了什么,有何感想,对学校未来工作提出建议。"参加省命培训的感悟"作业为教师成长提出了多种可选择的路径,是教师成长的指南,而命题展示和比赛活动的组织则是全面巩固学习成果的一种方式。

三、命题培训的体验和心得

案例 4:刘小丰省级命题骨干培训心得

本次省级培训经历,将我的思绪拉到了 2015 年参加佛山中考命题时的情景。当年跟着周兆富老师走进命题场,度过封闭的 20 多个日夜,打磨 2 份试题的一幕幕场景,仿佛在省命题基地里重演。此次培训虽然只有短暂的 3 天,却让我有如"涅槃重生",对中考命题也有了新的认识。

(1)本次命题为"用命题引领教学"播下了种子。考试和命题是教学的指挥棒,来自 21 个地市的共 80 人参加了培训,这些骨干教师回去之后必将为当地的命题研究带来新的气象,将培训的理念落地并传播到广大一线教师之中,助推命题与教学改革。

(2)本次培训给今后的考试命题指明了方向,使考试与教学不再"波澜起伏",给未来的考试命题方向画出了路线图;本次培训使未来考试和教学不再“跌宕起伏”,在平稳中发展;本次培训让老师明白了各类题型的命题技巧,每一道题都经历设计、编制、打磨、评估等一系列操作过程,更重要的是能够站在全省的高度设计一套立体感强,兼顾水平测试与选拔功能的试题。

(3)对压轴题如何让顶尖学生脱颖而出的思考:命制压轴题的许多细节需不断打磨。周老师借鉴了 PISA 测试做法,将最后一问设计为开放性问题,让学生结合表达式说明理由,旨在综合考查学生的探究能力、创新思维以及文字表达等能力,只有高素养而又学习十分严谨的孩子才有可能得到满分,这些就是优秀高中首选的人才。

【点评】参加省级命题培训是教师成长的重要过程,在培训过程中教师们应当学会站在更高的视角理解命题,在对全省各市、县各类学校学情全面了解的情况下判断试题的难度,要对命题技术进行一次较全面的学习,知道命题除考查和分层作用外,更重要的是对未来教学的指导作用,要对每道题可能产生的考查效果、指导作用都进行深度思考。

第二节　佛山市教师命题展示活动案例

佛山市教育局教学研究室从 2011 年开始组织全市物理教师开展命题比赛活动,另外还在每年一届的“佛山市初中物理优秀课堂教学展示活动”中,多次同步举办“教师命题”和“实验创新”展示活动,其活动对提升教师命题水平和教学质量起到了一定的推动作用。

一、教师命题比赛活动

案例 1:2011 年佛山市中学物理教师命题比赛的通知

为了加强我市中学物理教师队伍建设,促进教师成长,提高教师的试题编制能力,更好地发挥纸笔测试评价对教学的促进作用,决定举行“2011 年佛山市中学物理教师命题比赛”。现将有关事项通知如下。

(1)比赛形式:

1)比赛分初中组和高中组 2 个组。

2)比赛采用现场电脑命题的形式进行。举办方提供命题资料,参赛者从中选题、改编试题或原创试题,根据命题要求进行组卷。

3)命题比赛采用分组选拔推荐形式进行,各区、镇教研室组织初赛,按分配的名额(见附件)选出优秀选手参加佛山市总决赛。

(2)内容范围:

1)初中以人教版《物理》教材为参考,选取八、九年级某章的内容。

2)高中选取粤教版高中《物理》选修教材某模块的内容。

(3)命题要求:

1)每位参赛者须在 150 分钟的时间内独立编制一份章节或模块测试卷,题型分为选择题和非选择题 2 类。要求语言简洁无歧义，插图准确清晰。具体要求比赛时将在各位参赛选手的电脑上公布。

2）试题设计须依据《课程标准》要求和相关考试规定范围、内容和要求，在强调基础、主干知识考查的同时突出能力立意，符合当前我市的教学实际。

3）初中组试题总体难度要求与现阶段佛山市中考物理试题难度基本相当，高中组试题总体难度要求与广东省高考理科综合的物理试题难度基本相当。

4）测试卷题量：初中按学生 40 分钟内完成答题，高中按 90 分钟内完成答题的要求设计。所需设计的测试卷中，部分题已由比赛组织者给定不可更改，参赛者需根据本模块（章）知识面的覆盖及重、难点的要求设计其他试题，与原给定的试题一起组成 1 份完整的模块（或一章）测试题。

5）参赛者所设计的试题由“原题”“改编题”“原创题”3 种类型的试题组成。“原题”与“改编题”必须选自举办方给定的资料或由给定的资料改编，不是出自给定资料或由给定资料改编的视为无效题。“原创题”可由参赛者赛前准备（可用 U 盘导入自己设计的测试卷中）或现场原创，整份卷中“原创题”不得超过 2 题，超出的试题视为无效题。“原创题”若与其他选手的试题雷同，视为无效题。选手必须在每题前注明该题属于上述 3 种题的哪一种。

6）在试卷设计的同时要求给出参考答案和评分标准。

7）电脑现场命题的文字编辑与作图等的操作平台为 Office Word。

（4）评奖办法：……

【点评】从通知可知，此次命题采用现场命题，比赛时间为 2 个半小时，命题对教师能力的考查是比较全面的，命题组织者为参赛老师准备的题库，其中 50 道原题是考查参赛教师选题能力，50 道有瑕疵的题考查教师掌握学科知识的基本功，1 道必用参考资料的原创题考查教师的审题能力，自由选取资源的原创题考查的是教师提取信息的能力和创新能力。

二、征集原创与改编题

案例 2：佛山市第七届初中物理专题复习原创（改编）题征集活动通知

为了推广课堂教学的先进理念，促进实验教学的开展，为学校发展和教师成长搭建平台，决定于 2019 年 5 月 21 日举办“佛山市第七届初中物理优秀课例展示暨专题复习原创（改编）题征集活动”。

（1）命题要求：

1）命题以小组形式参赛，每小组由 2 人组成。

2）题型与数量：计算题 1 题、综合能力题 2 题、实验题 1 题。

3）题目必须是原创题或改编题，并要求从命题思路、评分细则、考察目的等方面进行命题说明；改编题需提供题目原型和改编思路。

4）命题依据：课程标准、广东省中考考试大纲、初中《物理》教材、近 5 年广东省中考题。

5）难度：参照近 5 年广东省中考对应题目。

(2)命题题型:计算题、实验题、综合题(阅读)。

(3)参考答案说明:从题目答案、评分标准和详细解析等方面说明。

(4)命题说明:从考查的知识、方法、与中考方向联系等方面阐述。①命题依据;②对原题改编的目的;③对课本内容进行了深挖;④附原题;⑤双向细目表;⑥参考答案及评分标准。

附:专题复习原创(改编)题命题评分标准

项目	内容标准	分数等级			得分
		高	中	低	
格式(10)	1. 版面、字号、字体符合中考卷面要求	10	8	6	
试题质量(60分)	2. 试题正确,没有知识错误	10	8	6	
	3. 试题规范,考点分布合理,符合考纲标准,双向细目表清晰准确	10	8	6	
	4. 题目有新意,切入角度恰当,测试目标明确	10	8	6	
	5. 题目的表述准确、简明,不玩文字游戏	10	8	6	
	6. 题目的难度合理,有较好的区分度	10	8	6	
	7. 选择题干扰项有效,能反映考生的典型错误	5	4	3	
	8. 非选择题的答题量与赋分值合理	5	4	3	
命题意图(10分)	9. 每一题的命题意图、考查目标表述清晰	5	4	3	
	10. 试题呈现的内容与命题者的设计意图吻合	5	4	3	
参考答案(20分)	11. 参考答案及解析准确、规范、简洁	10	8	6	
	12. 评分标准可操作性强,易于控制评分误差	10	8	6	
总计					
评委意见	签名:				

【点评】本次命题比赛突出团队合作,要求2人一组进行集体命题,命题虽然只有4道题,但需对命题进行说明,写出题目答案、评分标准和详细解析等方面说明,从考查的知识、方法、与中考方向联系等方面阐述,找出命题依据,对课本内容进行了深挖,附原题并做出双向细目表,经历这个过程就是对命题者进行一次全方位的系统、科学的命题培训。

三、参加命题大赛感受

案例3:来自南海大沥海北中学赵志强老师的电子邮件

2011年佛山市中学物理教师命题比赛刚刚结束,佛山市教育局教研室周兆富老师收到一封来自南海海北中学的电子邮件：

我是南海区大沥镇海北中学的赵志强，今天早上刚参加完你组织的命题比赛。我在学校担任教导主任，对本次比赛也是当仁不让，主动申请参加的，因为我觉得这样的比赛很有意思（去年的解题比赛也很好，我获得了二等奖），能考出物理教师的综合素质。不过本次我真有点遗憾，只看了“命题比赛规则”，以为原创题只要有 2 题就行，2 道原创题都是用了自己设计的。怪自己没有看清楚“命题素材”中第三部分“原创题素材”的要求：其中一题必须使用以下素材……

从比赛现场回来，下午上第一节课是浮力的复习课，我马上借用其他老师提供的“原创素材”复述情景进行改编陈题。我在课堂和学生分享了在本次命题比赛中的得失与感受，学生仿佛有种身临其境参赛的感受，课堂上也特别有劲，有些还说以后考试要认真看清题目，不要像赵老师一样粗心。我认为这样就变得更有意思了。获奖是其次，重要的是通过参赛让物理教师有收获、有感触、有促进，我是这样认为的，我想我本次参赛的作用已经发挥出来。谢谢周老师你提供了这样一个锻炼交流的好机会。

在此我也代表学校邀请周老师有时间多关注我们全新的大沥镇海北中学，更希望在不久的将来你能来我校指导工作。

海北中学赵志强 2011 年 11 月 30 日

【点评】这是参加命题比赛老师的真实信件。从这个事件可以看出，命题比赛对教师的促进作用是很大的。正如赵老师在信中所讲：“获奖是其次，重要的是通过参赛让物理教师有收获、有感触、有促进，我是这样认为的，我想我本次参赛的作用已经发挥出来。谢谢周老师你提供了这样一个锻炼交流的好机会。”命题比赛对教师成长和学生发展有一定的促进作用。

第三节　教师命题比赛活动案例

课堂教学与考试是学校教育工作的重要内容，命题研究则是提升考试效率，正确处理课堂与考试关系的重要步骤，科学和具有针对性的命题对促进课堂教学和评价改革，提升教学的有效性作用是显著的。

一、狮城中学命题研究与改革

案例：狮城中学命题研究与培训活动

在初中的物理教学中，如何开展命题研究与改革，提高训练价值，从而提高教学质量，成为目前极为重要的教学研究课题之一。狮城中学近年来在物理学科命题研究与教学改革方面重点做了以下工作：

（1）加强“命题研究”校本培训，提高教师的命题能力。

学校聘请佛山市教育局周兆富老师做“通过有效命题提升教学质量”的专题讲座，组织所有学科老师学习培训，并组织教师进行“学习心得与体会”的交流活动，进一步深化与提高。同时，学校分期组织“命题研究”的校本培训，让教师熟悉命题原则，掌握命题方法与分析技巧，知道命制试题需要注意的问题，认识命题的重要性和不同难度的试题对教师和学生产生的正效应和负效应，通过命题研究与实践，提高教师命题的能力。

（2）实施有效的“命题”管理，确保试题质量。

1）成立命题管理小组，选派骨干教师、高级教师担任小组成员，负责命题研究的组织和日常检查管理工作。日常命题由命题组长组织备课组集中讨论，进行修改，反复研磨后由命题组长审核通过签名付印，严格把好命题质量关。

2）每次大测后，命题小组按照学校对命题“一分三率”（“一分”指平均分，“三率”指优秀率、良好率、及格率）指标的要求对试题进行评价。

3）组织教师参加镇、区及市组织的命题比赛，促进命题能力的提升。

4）建立题库，实现资源整合与共享。

（3）在物理命题研究与改革中实践和体会。

1）要求做到新旧知识反复练。平时的测试题，要求按一定比例渗透旧知识，以缩短学生对知识的遗忘周期。

2）要求使用原创题和改编题，杜绝“复制+粘贴”，促进教师去钻研教材、钻研题目。原创题方面主要有：①紧扣课本中的“实验”原创；②紧扣课本中的“图片”原创；③紧扣课本中的“问题”原创；④紧扣生活生产实际原创；⑤紧扣时政科技发明原创。改编题方面主要有：①紧扣课本中的“习题”改编；②紧扣题库的“旧题”改编；③紧扣前面训练过的“错题”改编；④紧扣历年的中考题改编；⑤紧扣历年的竞赛题改编。

3）注重命题形式和训练形式。日常教学的主要命题形式有：①将知识点归类（现象类、原理类、图片类、工具类、方法类等）来命题；②将物理过程分散来命题。在分类基础上，编制小题，提高训练效率和运用知识能力；通过对比知识点来命题，把类似的易混淆的知识合起来一起训练。

训练形式有：基础知识全面练，重点知识反复练，关键知识突出练，技能知识专门练，类似知识对比练，易错知识强化练。对于尖子生的培养，侧重综合能力题的训练，主要从历届物理竞赛题、中考题进行改编，实现“基础渗综合，综合补基础”。

4）改革题目答案的编写。要求不只是以往的题目答案呈现，还要把解题思路、方法与规律、错例与错因等编写进去印发给学生。充分发挥学生求知的主动性，让学生学会研究，多思考，更全面吃透课本知识，提高能力，从中也减少教师讲解分析的时间，提高课堂效率。

二、华英学校教师的命题比赛

为了增强教研活动的针对性与有效性，使物理教师深入研究考纲、研究教材，对学科内容有一个整体把握，达到提高教学质量的目的，华英学校物理教研组组织了教师命题比赛。这是对教师钻研能力的考查，是培养学习型、反思型、研究型教师的有效途径，是促进教师专业化发展的良好方法。

（1）比赛理念：本次比赛的目的是让教师体会到命题不仅是为考试评价服务，也是为平时的教学服务，可促进教师对课标、教材、试题、学情的研究，借助比赛学习命题策略和技巧。

(2)比赛方案:

1)总体要求:题目必须是原创题或改编题,并要求从命题思路、考查目的等方面进行命题说明;改编题需提供题目原型和改编思路。试题后要求附参考答案、考核目标说明、创新点说明、评分细则。

2)题型与数量:综合能力题2题,其中1题必须是材料阅读题,另外1题可以参照近3年广东省中考最后1题。实验题1题,必须是探究型实验,可以参照近3年广东省中考最后1道实验题。

3)命题依据:《课程标准》、广东省中考《考试大纲》和中考题。

4)难度:参照近3年广东省中考对应题目。

5)比赛形式:以小组合作参赛,每小组由2人组成。

(3)准备工作:

1)组织学习和研究物理《课程标准》、教材和《考试大纲》。

2)组织研究广东省中考试题的题型、题量、难度与区分度等。

3)组织学习中学物理试题命制技术与原理。

(4)分组情况:本次命题比赛采用师徒结对的形式进行组合,一位有经验的骨干教师带一位年轻的徒弟。师父是合作中的引领者,同时也是结对的受益者,他在成就徒弟的同时也成就自己,达到了师徒双赢的目标。

(5)命题模板:

科目:物理	命题人:	编号:
要求	1. 综合能力题2题(各6分)、实验题1题(7分) 2. 难度:参照近3年广东省中考对应题目	
命题区		
参考答案	(从题目答案、评分标准和详细解析等方面说明)	
命题设想	(从考察的知识、方法、与中考方向联系等方面阐述)	

(6)评分模板:……

(7)评委评分:

1)为了比赛公平,科组长只负责组织,不参与评分。

2)评分时,在评比题目上写上编号,科组老师不记名互评进行量化打分,并在评分表上写上评委意见。

3)计算成绩时,去掉1个最高分和1个最低分,然后取平均分。

(8)比赛结果:……

【点评】华英学校的命题比赛突出团队作用,2人一组的命题活动让教师们在合作命题过程中相互学习、相互研究、共同成长,是对教师培训的一种有效方式。命题过程是一个长期研究、学习和提升的过程,在命题过程中学"课标""教材"和"考纲",写出命题意图、改编和原创理由,指出原题的出处。本次命题比赛,加强了学校青年教师队伍建设,促进骨干教师与青年教师之间的业务交流,鼓励青年教师在实践中探索,在探索中成长,提升自我综合能力。老教师率先垂范、帮扶引领,起到了很好的模范带头作用;新教师初生牛犊不怕虎,敢闯敢干,厚积薄发,终获佳绩。

三、汾江中学的学生命题活动

(一)从满堂灌到题海战术的成败感受

1. 赢得区状元后成绩下滑的精彩课堂

2004年学校的高中撤并,吴嘉乐老师到初中部任教。带着高中的知识体系下到初中,每节课天南地北,课堂轻松,学生喜欢。第一届学生2005年参加中考,班里面有2个男生取得99分,相当于禅城区状元。未来的几年里,课堂依然精彩,但成绩明显下滑。吴老师发现,过往的课堂是虚假繁荣的课堂,嘻嘻哈哈之后学生脑袋里面没有留下什么,课堂里缺乏必要的、系统的习题训练,学生对知识的遗忘率高。学生常说:"老师您说的我都懂,但看着题目我就不会做了。"这说明学生运用基本知识、基本技能解决问题的能力和水平比较差。

2. 题海战术下的低效课堂

经历前面的变故,吴嘉乐老师的课堂走到了另一个极端:课堂变成简单机械的讲练结合,授课、练习、评讲、再练习,不再吵吵闹闹,笔尖的沙沙声代替了欢呼声和掌声。这个做法立竿见影,一个学期,学生成绩有了明显进步。找到了法宝,那就加码,逐渐地,每天3题、5题。学生还不懂吗? 多做几题,1份卷、2份卷……在多不胜数的练习之下,那感觉是没日没夜,昏天黑地,学生累、老师也累,练习毕竟要批改,既伤害了自己身体,也伤害了学生身体,更伤害了师生之间的感情。最后成绩怎么样? 成绩提高是有的,特别是中下层的学生有明显的进步,但尖子生基本没有上升空间。这是教学历程里的第2个误区:题海战术。

(二)在指导学生命题中落实教学目标

在对过往2个误区的反思中,怎么样才能立足现状,让学生的成绩更好,吴嘉乐老师在学校先后进行了导学案的研究、小组合作学习,其中让"学生命题"的实践活动带来的是成绩实实在在的提升。

1. 巩固基础

学生要出好一份试卷,必须对指定范围的内容有系统的认识:认识知识的结构,认识知识的重点和难点,掌握一定的出题方法。一方面要培养好学生主动学习、主动复习的良好学习习惯,另一方面教师可以用好导学案等工具,把相当部分的学习内容前置,先学后教,带着学生走向知识,提高课堂效率。

2. 尝试命题

(1)先挑选5~8名成绩优秀的学生率先尝试命题,不可要求过高、过细。他们可根据自身的学习情况,模仿课本上的、教辅用书上的、历届考题上的题目,对它进行改造,最后再完全自己独立命题。尝试时间可适当长一些。在起步阶段,一般是选取学习小组的组长承担命题工作,时间也选在课前,每天都抽出时间对"命题组"成员进行培训,或与他们一同命题,介绍命题的方法与技巧,师生互动、交流,创造出自我命题的融洽环境。

(2)刚开始命题,也不要大而全,从选择填空到综合能力一起来命一份完整的试题。这个量非常大,真正的命题组也要个把月的时间,更何况是初中学生,因此教师要有计划,集中在哪一种题型上尝试。例如单项选择题,全面指导学生研究单项选择题的命题方法和技巧,研究干扰项迷惑性的设置,研究题干形式的多样化,研究命题考查知识的角度和范围等。

(3)鼓励学生命题时,不仅要给出完整的解题方法,而且让命题组给出命题的思路。命题思路可不拘一格,可以是考查的角度、考查的范围、考查的能力要求,也可以是自我命题的特色,至少要在命题过程中说出来。

3. 拓展提升

老师可将学生命题收集起来进行审阅,对学生的试卷多表扬,以树立学生的自信心。多指出试卷的优点,同时也要指出需要注意的问题。接下来教师就要在指导上多花工夫:①创设丰富的题目情境;②注意题目的规范性;③难易合理,注重设问的梯度性;④开放性试题。

4. 推广使用

作为离不开实验的物理学科,可把命题的题型推广到实验题、计算题,把题目组织成完整的试卷,让学生独立完成一份试卷的命题。好题目不要束之高阁,教师可把收集到的题目,经过调整修正后,以课堂练习、作业、测验、校内考试等形式巩固下来,使之常态化。

学生对本班同学所命的题目表示出极大的兴趣和期待:有的是想看看学霸的题目,自己做得怎么样。有的是老师的题目,看看班里面同学能否达到预设的目标。有时候老师补充一句:××小组的这份题目,设想大家能得到70分,不少同学就说70分这么少。这样在学生中,能够形成较好的学习氛围,树立良性的竞争意识。

一份好试题的使用,不能仅停留在做完的层面上,要给学生带来思考与收获。讲评题目方面,不要老师全部包办,应当留时间给学生,让学生上阵讲评,让学生兵教兵。这是深度挖掘“学生命题”效益的重要环节。命题是依据某些知识点、循着特定的思路,如果能够明确这道题考查的核心内容是什么,考查的目的是什么,能把题目讲好,就如同“孙猴子钻进铁扇公主的肚里”,做题目就不会有什么畏难情绪了。

吴老师常用2方面的做法:一是集体讲评。让出题者讲命题的意图、命题的思路,然后讲评。在这个过程里,鼓励善于思考的学生提出自己的观点或对命题者提出质疑,出题者和质疑者的思维在剧烈碰撞中擦出强烈火花,这些绝对不是虚假繁荣,都是充满智慧的对话,最后教师给予适当的点拨,效果很好。二是小组合作。利用好小组合作学习,给一部分同学当“小老师”的机会。利用课前先给小组长评讲(也可以是组内成员轮流的形式),理清解题思路,确认最优的解题方法,让“小老师”全部先过关。在教师辅导过程中,还要让“小老师”试讲,指导他们讲解的方式、技巧等各方面,树立他们的信心。在课内“小老师”上岗时,教师还要多巡堂,及时了解各小组情况,及时对各小组没有分析清楚的问题给予指导或小规模讲授,以增强活动的实效性。在“小老师”兵教兵的过程中,学生的参与性、活跃度都非常强,即使是性格相对内向的同学,也敢于表达自己的思考,提出疑问。

【点评】指导学生编好试卷不是一朝一夕的事情,必须经过长期的训练,从早培养。随着学生编写试卷次数的增加,他们逐渐增长了经验,有的学生无须老师指点便能出一份较好的试卷。他们已经不再局限于书本上的知识,而是开始到处搜集资料,从而提高对重点知识的理解。同学之间互做讲评,表面上他们是对答案,其实又是一次练习、复习的过程,这正体现了现在提倡的“要教学生学习,就要教会他们利用一切可以利用的资源”这一理念。同时,教师在审阅试卷的过程中也能了解到不同层次学生对知识的掌握情况,以便于教学的开展。让学生命题,学生的态度有比较明显的变化。把考题的拟定权交给学生,学生一下子成了老师,往往很兴奋,很自豪,很有成就感。他们都很投入,积极性很高,绝大多数同学会在老师的指导下,积极地准备,积极地复习,积极地寻找阶段性的重点和难点,认真书写或用电脑排版,努力出好一份高质量的考题;在考题的评讲过程中,学生表现得十分到位,充满趣味与智慧,老师总会惊讶于学生的表现。这些活动很好地促进学生自觉学习,让学习有了浓郁的乐趣。

学生要出好一份考题,必须对一定范围的知识认真把握,细细梳理,理出重点和难点,这个过程是一个高效学习、不断探求、筛选知识的过程。评讲题目,督促同学订正的过程又是一个辨别正误、巩固知识的过程。在这样的过程中,学生的学习能力逐步得到提高,学习效果自然会越来越好。尤其是学有余力的尖子生,要出好一份试卷,他们感到自己有一份领头羊的压力,阅题无数、筛选优化、博采众长,去编写一份能代表自身实力的高质量题目。在命题过程中,他们反复斟酌考查的角度、范围、能力要求,在把自己代入命题者角色的这个过程中,知识能力得到了极大提高,比单纯的做题、讲评、再做题更有效果。